ジガ・ヴェルトフ監督
『カメラを持った男』
（1929年）

陶酔映像論　目次

❷聖性を呼ぶ

❸愛するエスノグラフィ

❹転生する記憶

❺陶酔のドキュマン

陶酔映像論

はじめに

陶酔（ecstasy エクスタシー）という言葉ほど定義の難しい言葉はない。

陶酔はただの自己陶酔や快楽感情を指すのではなく、恍惚や法悦の様相の頂点を示すのでもなく、無限性や全能感をもたらす特別な精神の位相へ人を誘い、人間の個性や人格といったものが失われた意識変容状態が現れてくる。しかもその意識変容の表れは、宗教的な神秘体験や精神錯乱、忘我や歓喜のクライマックス、薬物中毒や催眠状態、トーテミズムやシャーマニズムのトランスなど多岐に渡る。

それにしてもなぜ人は陶酔するのだろうか。その理由も一定ではなく、状況や環境により大きく変化してゆく。エクスタシーはあらゆるものの背後で、私たちに呼びかけてくる深い流動状態への限りない接近と言えるかもしれない。

エクスタシーとは「エクス」と「スタシス」の字義通り、存在の文脈を抜け出るという意味である。私たちの通常の心的状態が奪い去られ、日常の制約から自己を解放し、生の直接性へ向かう。世界からも、自己からも抜け出て（エクス）、その連関の外へ立つ（スタシス）ことがエクスタシーの原義である。

私たちの知覚や感覚は、その体系の中で常に考えている言語体系によって曇らされている。外部世界を知的操作による記号に置き変え、事物からの言葉を聞き取れなくなっている。陶酔はそのバリアを崩し、自己と世界の遮蔽物を取り除き、その間を流動化しようとする。そして陶酔の記憶は闇の中で光芒とした縁取りをつくり、忘れ難い痕跡を残す。

本書は人間の本質的な認識論として陶酔と映像の繋がりを探究したものである。映像は柔らかく揺れ動くエクスタシーである。映像はエクスタシーの記録ではなく、エクスタシーそのものであり、映像の内部で人の陶酔と同様の化学変化が起こっている。映像という濃密な森へ誘われ、すべてを光と闇に還元しながら、陶酔の核心を見極めさせようとしている。映画史や映像史に陶酔の穴が空けられ、まだらな地図のようになっている。映像が発明されたのは陶酔の新たな花を開花させるためであった。この本には映像がエクスタシーの変容物質であることを思いださせる道が描かれる。人と世界が一瞬結びつく瞬間を定着させた陶酔映像という花の収縮の香りを感じながら読み進めていただきたい。

1

来たるべき映像のために

／絵画・写真・映画

映画の未来の陶酔のために

――ジャン＝リュック・ゴダール「イメージの本」

1. 新しい絵画へ

ジャン゠リュック・ゴダールの最新作「イメージの本」(二〇一八)は、映画を新しいマティエールとテクスチュアを持つ絵画にしようとする。ゴダールは危機に瀕した映画を、素手で絶望の絵画に組み替えようとする。多層な質と量を孕んだ新たな次元の絵画へ。絶望に縁取られた小さな希望の絵画へ。

映画で象徴的に使われているレオナルド・ダ・ヴィンチの《天を指し示す指》(《洗礼者ヨハネ》の部分)だけではない。青騎士派のアウグスト・マッケの淡い水彩画やアルベルト・ジャコメッティの錯綜する線、アンドレ・ドラン、ユジェーヌ・ドラクロア、グスタフ・クリムト、ギュスターヴ・カイユボット等々、古今東西の絵画を色調や質感を変化させながら「イメージの本」では散乱させているのだが、そうした断片的な絵画の連鎖形式を言っているのではない。この映画は絵画の引用の綴れ織りではなく新しい絵画を開くという意志に貫かれている。映像や情報がますます不透明化してゆく時代にあって新たな視覚／知覚の生成と、その生成による視覚／知覚の退行というパラドクスを示しながら、その透明性と盲目性を政治、倫理、哲学、美学などの領域へ解放しつつ、その意志は貫かれる。

フィルムの物性を歪め、脱色し、トーンを変調させ、粒子を拡大し、焦点をボカし、異なるフレームに転移させ……ゴダール自身のナレーションや音／音楽もあちこちの位相を彷徨い、アクセントが移動し、リズムが乱れ、ノイズが挿入され、ついには吃音や舌音のような識別不能な呪いの声が発せられたりと、多様なマティエールが歴史の層をつくり、時の襞と化し、記憶の縁飾りに変化し、新しい言語をつくりだす。

「イメージの本」

「イメージの本」は〈絵画〉〈映画〉〈テキスト〉〈写真〉〈音楽〉を重層的にコラージュし、「ゴダールの映画史」（一九八九）の形式をなぞりながら、時代の暴力や不和への怒りを激情のスタイルで発散させ、「何ひとつ望みどおりにならなくとも希望は生き続ける」と繰り返し、暗闇で震えながらこの世界が向かう未来を切り開く。

「イメージの本」が公開される前に予告編を見た時、とても驚いた。アルベルト・モラビア原作でブリジット・バルドー主演の「軽蔑」（一九六三）は、実名で登場するフリッツ・ラングの大作「オデュッセイア」の脚本の手直しを要求される脚本家の夫と妻に訪れる愛の終焉を描くゴダール映画だが、そのラスト音声の引用と電子的なビープ音で始まり、不穏さを孕んだハンス・オッテの楽曲が染みこんでゆく映像はまるで一九五〇年代のアメリカの実験映画のような趣きを呈していたからだ。

「イメージの本」は①リメイク ②ペテルブルク夜話 ③線路の間の花々は旅の迷い風に揺れて ④法の精神 ⑤中央地帯という5章から成り、①映画（シネマ）②絵画（タブロー）③言語（テキスト）④写真（フォト）⑤音楽（ミュージック）の5つの要素がコラージュされている。

例えば黒地に白の大きな「CINEMA」という文字を透かし出すように高速で映像が流れる。「CINEMA」の後ろに映像の層があるだけではなく、その前にも映像が走り、多義的な意味を喚起してゆく。文字の手前にも背後にも映像がいつも蠢く。しかしその映像は判別不能であり「砂漠での祈り」や「馬に乗って疾走する人々」といった情景が瞬間的に感知できるだけだ。文字と映像の繋がりも希薄で、レイヤーの前後関係も特別な決まりがある訳ではない。しかし曖昧で不明瞭ではあるものの、その層のモンタージュの現場で何かただならぬことが起こっているという気配だけは真実性を帯びている。

二十一世紀に入りゴダールは「アワー・ミュージック」（二〇〇四）や「ゴダール・ソシアリズム」（二〇一〇）等で、部分的に新技術を駆使しモンタージュとコラージュの実験を繰り返してきた。さらに言えばここでは前作「さらば、愛の言葉よ」（二〇一五）のような物語映画から、再び「ゴダールの映画史」のようなモンタージュ中心の手法へ回帰が試みられようとしている。「イメージの本」は改めてモンタージュやコラージュの意味を現代において再考する映画と言えるだろうか。

2．イメージの通路

ここで「イメージの本」におけるモンタージュの新たな位相へ光を当てるために現代美術の側から実現されたゴダールの展覧会へ目を向けてみたい。

一九八九年にパリのポンピドゥ・センターで開かれた「イメージの通路」展は、ゴダールに捧げられたメディア横断の特異な展覧会だった。ドクメンタ8の総監督も務めたカトリーヌ・ダヴィッド、クリスティーヌ・ヴァン・アッシュ、レイモン・ベルールによる共同ディレクションである。この年は「ゴダールの映画史」が発表され、写真術誕生一五〇年にあたる記念すべき年でもあり、「イメージの通路」展はそうした歴史的な年における「映画／写真／絵画」の流動する位相を予告する画期的な展覧会となった。メディアやテクノロジーが進展し、多くの映像が瞬く間に旧来のシステムに回収され消え失せてゆく時代に、「実験を恐れず探究を続けよ」と言い続けたゴダールの思考を様々なアーチストや映画作家の作品のモンタージュにより空間化し、具体化してゆく内容といっていいだろう(1)。

二十世紀末から二十一世紀にかけて、映像は根本的な変容を迫られてきたが、この展覧会では、絵画、写真、映画、ビデオ、CG、アニメーション、メディアアート、インスタレーションといった異なるイメージ表現が同一会場で重合し、反響し、錯綜し、絵画↓写真↓映画↓ビデオ↓CG↓VRといった直線的なイメージ進化史の枠組みが崩れ、モンタージュの生成現場や映像の多重性を体感できる場として構成されていた。

最終的に「写真」や「映画」といった形で分類されてしまう映像の歴史には、実は一方通行の通路などありえず、ランダムな迷路状の導線により多元的に結ばれた映像メディアに、他の映像メディアの性質が神経のように深く入り組んでいる。あるいは「映画と写真」というように、その「と」の部分にこそ映像メディアの本質は潜んでいる。だからビデオアートのパイオニアであるビル・ビオラとゲイリー・ヒルの、テクノロジーとメディアの混成を通した映像の相乗効果は、ローテクノロジーではあれ、ハイテクノロジーに勝るとも劣らない効果を生み出しえてきたのだ。ゴダール映画でもイメージの速度、精度、リズム等々の技術変換による効果は拡張された視界や不可視の深層世界を肉眼化し、そうした視覚的事実によって多様な知覚領域の更新を促してきた。

同じ年に発表された「ゴダールの映画史」は、映画史という巨大なアーカイブに潜む不可視の映像の潮流を抽出し、映像と音響により歴史を再構築する作業だったが、基本的にはまず一つの断片を設定し、その断片に何を対置しうるのかを想定し、その断片と断片の関係をさらに次の断片へ繋げてゆく「ワン＋ワン」の思考実践から生まれている。その思考実践により生まれる運動を現前化させる。ある映画を切断し断片化すると共に、他の異なる映画の断片へ接続し、心臓のようなパルスと同調する狂おしいモンタージュのリズムに乗り移らせる。

しかしゴダールはモンタージュを単純な「ワン＋ワン」の実践と考えていた訳ではない。彼にとってもモンタージュは暗黒大陸のように広大深遠なものだった。例えば二十世紀映画史で放置されたままのサイレント時代に予感された新たなモンタージュの可能性を考えてみればいい。サイレント時代のモンタージュの方向性はトーキー時代には物語やシナリオに回収され、クローズアップやナレーションといったトーキーに沿った諸々の映画手法が開発されたが、それはモンタージュの可能性を著しく狭めるものだった。サイレント映画はあの時代に人々が共有しえた唯一の「言葉になろうとしない言葉」だった。それは世界の誰もがそれぞれの母国語で参入できる共通次元を示していた。言葉の手前にあるものと言葉の向こうにあるものを共に感じることのできる術だった。だからサイレント映画は世界中で無声のまま享受されえたのであり、私たちが日常的に使っている言語の初源を暗闇で体感させてくれるものだったのである。

3. 再融合するイメージ

「イメージの通路」展ではその通路を歩むことが映像のモンタージュを実感することになる。観客は展覧会のルートをあらかじめ決められた形で辿るのではなく、ある道から違う道へ、一つのゾーンから別のゾーンへ、自由に脈絡なく飛び越え移動し、異なる映像メディア間の密接な関係や、メディアが重合する狭間の次元を体感できた。

展示会場は二つに分けられ、メイン会場では一五名の作家による展示が行われた。例えばアメリカのニュートポグラフィの写真家ロバート・アダムス、オーストラリアの心理学的写真を志向するビル・ヘンソン、シークエンスや組写真でイメージの対比を重視するフランスの写真家シュザンヌ・ラフォン、アメリカのビデオアーチストであるビル・ビオラやゲイリー・ヒル、フランスの映画作家クリス・マルケルのメディア・インスタレーション、アメリカの実験映画作家で「イメージの本」にも現れるマイケル・スノーのホログラム、カナダのジェフ・ウォールの大型バックライト演出写真、静止画と動画の中間形式を探究するカナダのジュヌヴィエーヴ・カドゥーといったアーチストたちの作品が重なりあうように配置されていた。

もう一つの会場では一五〇本の映画やビデオが連続上映された。ミケランジェロ・アントニオーニ「欲望」(一九六六)、デヴィッド・クローネンバーグ「ビデオドローム」(一九八三)、ロバート・フランク「ヴァーモント・カンヴァセーション」(一九七一)、ウィリアム・クライン「ポギー・マグー、お前は誰だ」(一九六六)、ロベール・ブレッソン「スリ」(一九五九)、その他、ヴィム・ヴェンダース、今村昌平、スタンリー・キューブリック、アンディ・ウォーホル、セルゲイ・タルコフスキー、カール・テオ・ドライヤー、フリッツ・ラングといった人々による映像群は変容する時代のメディア状況を映し出すとともに「ゴダールの映画史」とは異なるもう一つの映画史の巨大な流れをも浮かびあがらせた。

この上映プログラムでは、キューブリックのように写真家出身の映画監督だったり、フランクやクラインのように写真家でありながら多くの映画をつくったり、ヴェンダースのように映画と写真の間を往還したり、スコセッシのように映画内に写真を多用したりといった形で、異なる映像メディア間のインタラクションや視覚メディアの時間特性を再検証する作家が選択されていた。つまり各々の映像の衝突や融合の実験にイメージの未来を見出そうとする作家たちがセレクションされていたのだ。映像の直線的な歴史の流れに対し、通時的ではなく共時的な視点を導入することで、実は異なる映像メディアのぶつかり合いが協同的で共与的な創造行為に変わりうるものであることがこのもう一つの映画史の中で明確に語られていた。

「イメージの通路」展では一八〇ページのカタログが作られ、詳細な作家紹介や作品リストと共に、ジャック・デリダやポール・ヴィリリオらによる興味深いテキストが掲載されていたが、これとは別にフランス文化庁美術館局から、デヴィッド・ホックニー「写真日記」やロバート・メイプルソープ「メイプルソープ・インタビュー」など写真に関する映画やビデオを五〇〇本リストアップした目録が刊行されている。

こうした映像アーカイブを辿る時、私たちが当たり前のように受け入れているアナログとデジタル、一回性と反復、分析と統合、静止画と動画、明示と暗示といった映像区分の有効性を疑わざるを得なくなる。つまり映像にはそうした対立を拒もうとする身振りが本質的に内包されているということだ。二項を設定し、その分離の上に制作するのではなく、映像という巨大な可能性に満ちた不思議な運動に身を委ねながら新たな未来を開いてゆくことの重要性がそこでは繰り返されていた。それこそがゴダールの精神だと言うように。

4. コラージュの廃墟

「イメージの通路」展と共に思い出されるのは、二〇〇六年にパリのポンピドゥ・センターで行われた「ユートピアへの旅／JLG 1946-2006 失われた定理を求めて」展だろう。世界を代表する現代美術館においてゴダールの展覧会を大規模な形で実現することは、それまでありえないことだった。

ポンピドゥ・センターはゴダールの展覧会「コラージュ・ド・フランス」を実現することを二〇〇三年に決定したが、開催直前に突然、中止となってしまう。展覧会の準備途中のことであり、ポンピドゥ・センターの千平方メートルを超える広大なギャラリー空間に工事現場のような残骸が剝き出しのまま放置された。そして急遽タイトルを変え仕切り直された「ユートピアへの旅」展は、この建設工事の足場のような状態のまま、鉄柵、モニター群、配線、工具、TVなどが無造作に散在する、展覧会とは程遠い形で開幕される。(2)

初めゴダールに展覧会の打診をしたのは当時、ポンピドゥ・センターの文化部門を統括していたドミニク・パイーニであり、もともとは毎月一本の映画を九ヵ月に渡り作ってゆくという提案だった。しかしこのアイデアはやがて九本の映画をつくる形から展覧会場を九つの空間にゾーニングし、テーマ別に映像の複製や映画の引用をコラージュ展示してゆくものへ変わってゆく。こうして二〇〇五年には展示空間のマケットも完成するが、マケットを現実化するには予算が足りないことが判明し、パイーニとゴダールは土壇場で決裂してしまう。ゴダールはその後、スタッフの手を借りながらタイトルを変更し、新たな展覧会を組まざるを得なくなってしまった。

「ユートピアへの旅」展は「①一昨日」「②昨日」「③今日」という時間の移行をモンタージュする三部構成に変わった。「①一昨日」は「かつて、あった」というサブタイトルが付けられ、中央部に実現されなかった「コラージュ・ド・フランス」の縮寸模型が配され、周りの壁には展示予定だった多様な絵画やオブジェが置かれた。例えば〈墓(寓話)〉という場所にはアンリ・マチス《ルーマニアのブラウス》やニコラ・ド・スタール《音楽家たち》、フランシス・ゴヤ《私はまだ学ぶ》、キューバの詩人ホセ・レサフェリアの言葉「光は目に見えぬものの最初の目に見える動物である」が貼られ、〈同盟（無意識・トーテム・タブー）〉ではレディメイド・オブジェ、機械部品で作られたトーテムポール、ロゼッタストーン、エジプトの太陽神の模型、フロイトの『トーテムとタブー』などがコラージュされ、〈神（アレゴリー）〉ではハリウッドの丘の写真、アラブ人の家族写真、砂漠の遺跡写真、チャップリンの初演サイレント映画、ペルシャ絨毯といった〈ハリウッド＝アラブ〉の観念連合が呼び出され、〈カメラ（メタファー）〉ではフィルムの切れ端、ジガ・ヴェルトフの映画「カメラを持った男」（一九二九）、ゴヤの《ブランコの老人》を再現したマリオネット、白黒のポルノグラフィ、ジョルジュ・バタイユの『呪われた部分』等が並び、老いと死とエロティシズムが喚起される。

「②昨日」は映画そのものに捧げられた。中央部に笹の生い茂る一画があり、壁にはゴダール映画の「ウィークエンド」（一九六七）「ワン＋ワン」（一九六八）「ゴダールの決別」（一九九三）「JLG／自画像」（一九九五）などからの抜粋映像が流され、散在するモニターには「ゴダールの映画史」から召還されたオーソン・ウェルズ、ロベルト・ロッセリーニ、フリッツ・ラング、ニコラス・レイ、ジャン・コクトー、ジャン・ルノワールらの映像断片が映しだされた。ある意味で「ゴダールの映画史」を空間

「イメージの通路」
カタログ表紙

的に再展開し、音響面においても騒然としたメディアの重合状況を生み出そうとする場だった。そして「③今日」は明るく白い空間に変わり、テーマは「家庭における映像の地位」となり、展示空間に入るとテーブル上に二台のTVが置かれ、フランスのTV局TF1とユーロスポーツのチャンネル映像が絶え間なく流れている。その背後に書斎机と椅子、ダブルベットと観葉植物、キッチンとソファが大きな足場を挟んでバラバラに置かれ、一般家庭で映像がその内容とは無関係に垂れ流される今日的なメディア状況が示された。

こうした展示からわかるように「コラージュ・ド・フランス」は、ゴダール的なコラージュ手法を空間として立体化する試みだった。コラージュがその初期には新聞紙や写真、針金やビーズといった絵具以外の様々な素材を同一画面上に貼り付け特殊な視覚効果を生み出す絵画技法だったとすれば、モンタージュはその枠組みを抜け、時間的要素を導入し新たなイメージの重合を生成させる映像技法だった。

しかし「コラージュ・ド・フランス」は公的な美術館の制度や運営に収まることが出来ずに、「ユートピアへの旅」という寒々とした残骸が示されねばならなくなった。創造的な瞬間が引き出される衝突や格闘の場ではなくなってしまったのである。そうした意味でも「ユートピアへの旅」展は、以降のゴダール映画と再モンタージュされることで開示される、まだ見ぬ未来のアーカイブの現実化されたインデックスだったと言えるかもしれない。

5. アーカイブの病と希望

「イメージの本」でゴダールは「われわれに未来を語るのはアーカイブである」と言う。その時、このアーカイブという言葉はどのような意味を持つのか。そもそもゴダールにとってアーカイブとは何を指すものなのだろうか。

一九九四年、ロンドンのフロイト博物館で開かれた「記憶－アーカイブの問い」と題された国際会議の際に、ジャック・デリダは「アーカイブの病／フロイトの印象」という講演を行っている[3]。

その講演は「アーカイブ」の語源である「アルケー」が「始まり」と「掟」を同時に名指す言葉であったという指摘から始まる。つまり「アルケー」は自然や歴史に従う始まりの原理であると共に、規則や秩序に従う法の原理だった。それ故に「アーカイブ」はまず起源や始原的なものへ向かいながら、法規や秩序へも向かうことになる。このようにアーカイブは創造するものでありながら保守する二面性を持ち、革命的でありながら伝統の規範にもなる。

デリダはフロイトの有名な「局所論（前意識、意識、無意識の三層論）」と、それに関連する「記憶のあり様（想起、自発的記憶、抑圧された記憶等）」への構造的な対応を、この「アーカイブの病」で試み、記憶が書き込まれる場所はいったいどこなのかを問題化しようとした。

文字の発達により記憶力の訓練がなおざりにされ、書かれたものへの信頼が増すにつれ、物事を思い出すために自分に頼るのではなく、自分以外に彫り込まれた印により、外部からの刺激で思い出すようになり、自分の力で内部から思い出すことを忘れるようになってゆく。「ダメだ！　自分で思い出さなくちゃ！」というゴダール映画「アルファヴィル」（一九六五）の一節が想い起される。つまり書かれたものの形式という人間が発明した手段は、記憶の秘訣ではなく、想起のトリガーに過ぎなくなってしまう。プラトンが「パイドロス」で指摘したように、それは知恵の外見に過ぎず真実の知恵でなくなる。書かれたものの記録だったアーカイブも同様で、それは記憶を再生するために人工的に外部組織化されたものである。アーカイブは基本的には記録されたものを内側から外側へと構造化する。外部に記載される場所のない、反復や検索の技術を持たないアーカイブはない。外在性を持たないアーカイブは存在しないのだ。(4)

アーカイブを相手にすることは、記憶という自己言及的で相互関係的な怪物と立ち向かうことである。そうした意味でアーカイブは未来に開かれ、未来に役立つ可能性を秘めると、ゴダールは言ったのだろうか。デリダも同様にアーカイブは過去ではなく、未来の問題であり、明日に対する「呼びかけ（レスポンス）」と「責任（レスポンシヴィリティ）」の問いであると指摘する。

考えてみると今や映画はすべての映像や音響をデータとして取り込み、記憶メディアから随時読み出しながら組み合わせてゆくノンリニア編集が当たり前になり、直線的構造を持っていた映画の枠組みは揺らぎ、インタラクティブ・シネマや複数の物語がワンスクリーンで同時進行する映画形式さえ現れている。このような映画の非線形化は物語やシナリオより遥かに深い部位で見る者に作用し、「ゴダールの映画史」はその重要性を先駆的に提示した作品だった。「ゴダールの映画史」はアーカイバル・シネマやモンタージュの資料体であり、ゴダールは映画監督というより、先導し扇動する一人のプレイヤーとなり、多くの映像体験を内部に蓄積させている観客が様々なシーンを自由に繋ぎ合わせ、自分だけの映画史を作ってゆけるような新たな実験の可能性を示した。

コンピュータ処理能力の高度化によりメモリーやストレージの増強が進み、今や電子化された情報が浮遊するデータと化し流れ雲のように世界を飛び回っているにもかかわらず、映像アーカイブの実用化にはいまだに問題が山積みされている。簡単な分類の断片的な映像や文字情報のアーカイブはあちこちにあるが、アーカイブを創造的な編集（アレンジメント）のための、原初的イメージへの直接的なコンタクトの回路とするなら、アーカイブの現在はそのレベルには程遠い。

つまり画像認識システムやイメージ検索技術がどんなに進展したとしても、監督や俳優や制作年による検索とは無縁な、映画のあるシーンへのダイレクトな到達性は精度が低く、手間暇のかかる手続きとなり、人間の想像力と分類の限界もそこに露呈してしまう。

映画は〈映像＋音響〉の産物であり、情報として取り込む時点で既に厄介で曖昧な形式であり、細かな選別の困難さは想像以上のものがある。アーカイブは断片化された映像ではなく、指向された映像へ辿り着く必要があり、それに見合う直感的なインターフェースが出来ない限り、私たちはフラストレーションを抱えたままアーカイブの迷宮を堂々巡りするしかない。つまりこれまでにないアーカイブへの取り組みが不可欠なのだが、オープンなプロセスプログラミング、データ圧縮、ノイズ分別、コントラスト差による画像処理、境界や差異のパラメータ化などクリアすべき課題があまりにも多いのだ。

そうした意味でもアーカイブは実はそれが何を伝えようとするものなのかは、私たちがいくら知りたいと思っても、来るべき時代においてしか知ることはできないものなのかもしれない。未来に対する呼びかけ（レスポンス）はその呼びかけに応答し、反応できるという責任（レスポンシヴィリティ）においてのみ成立する。その時、アーカイブは単なる保存や記録や埋葬のシステムに留まることなく、不分明な死者たちの記憶も招き寄せることができる。デリダが言及した「霊たちのアーカイブ」はこうしたメカニズムを作動させ、それを科学や宗教のように約束や契約へ結びつけてゆく仕掛けだったのだろうか。

6. 〝銀の水〟としての映像

「イメージの本」は、ハリウッドの中東イメージやチュニジアの映像作家ナセル・ケミールの砂漠三部作から、オリエンタリズム批判のエドワード・サイードや「幸福なるアラビアの偶然」を書いたアメリカ人アルベール・コスリーのテキストまで、夥しいアラブ・イメージやアラブ世界への関心で貫かれている。

こうしたアラブ世界の現在への関心が特に鮮明に示されたのが、オサーマ・モハンメドとウィーアム・シマブ・ベデルカーンの「シリア・モナムール」（二〇一四）へのゴダールの言及だろう。映画の原題は「銀の水」であり、様々なメディアの引用映像や遠隔地撮影の映像の連なりから、映像そのもののメタファーとも言える〝銀の水〟が溢れ出す。

監督のオサーマ・モハンメドは二〇一一年のカンヌ映画祭のパネルディスカッションで、シリア政府軍に不当に拘束され政治犯となった人々の釈放を強く訴えたため、脅迫され、フランス亡命を余儀なくされた。亡命先のパリで故国の置かれた凄惨な実状に苦悩するオサーマは日々苛烈さを増す紛争の最前線で繰り返される殺戮の様子を、メディアを通し凝視し続けるしかない。疎外感と無力感、激しい苛立ち、ユーチューブ等にアップされる殺す者と殺される者の記録の洪水に溺れそうになりながら、それらをただ目撃するしかない。まるで世界全体が死と戦争のアーカイブになってしまったかのような状況の中で、オサーマはSNSにクルド語の「銀の水」を意味するシマブと名乗る女を見つける。シリアのホムスにいるクルド人の女性映画作家ウィーアム・シマブ・ベデルカーンだった。

二〇一一年春、〝アラブの春〟に始まった中東における民主化運動はシリアへも波及し、四十二年もの長きに渡ったアサド独裁政権への不満と自由を求める声が市民の大規模デモとなって渦巻いた。しかしやがて政府軍による強硬な弾圧が始まり、凄惨の限りを尽くした拷問や虐殺が繰り返される。自由への希求はなし崩しにされ、一転して暗黒時代に様相を変えていった。映画は冒頭でその経緯を写し出し、数えきれない犠牲者と戦場を捉える映像が連ねられるが、それに留まることなく個人としての死体に刻まれた深い傷痕と絶望に煌めく〝銀の水〟の流れも掬い出す。

破壊され、死者で溢れるシリアの戦場で、あらゆる映像を撮影し続けるシマヴは、オサーマをクルド語で「友」を意味する〈ハヴァロ〉と呼び、異郷で故郷を見つめるしかなく、罪悪感と後悔、無念と絶望の縁で溺れかかるオサーマへ〝銀の水〟の一雫を与え、命の源のありかを示そうとする。

「ハヴァロよ、もしあなたのカメラがこの戦場にあったなら何を撮りますか？」

シマヴの問いの答えをオサーマは真摯に探し求め、やがてシマヴはオサーマの目となり、耳となり、手足と化して荒廃しつくした戦場を彷徨い歩くようになる。

そしてその瞬間からオサーマとシマヴの、映画と愛と架空のシリアの物語が動き始める。映画は対位法のスタイルを借り、シリア内戦の現実を伝えるドキュメントという枠組みを逸脱し、遠く離れた「オサーマとシマヴ」という二人の映画作家の間で交わされる、映画という愛の形式へ変容してゆく。親密な対話と個人的ながら普遍性を秘めた「映画による往復書簡」のような相貌がそこに現れてくる。

SNSでの二人の出会いから思いもよらぬ次元が開けていった。つまり戦禍で荒廃したシリアの現実ではなく、悶々とした日々を送るパリでもなく、「ここ」でも「よそ」でもない想像のシリアが展開される。同時にオサーマとシマヴの新しい映画も始動し、二人の愛の物語も始まってゆく。目を覆うような殺戮の現場をネットワークし、アーカイブ化してゆく映画の前半から、後半は〝銀の水〟に反映する愛と記憶の物語へ変換し、アラン・レネ「24時間の情事」（一九五九）や黒澤明「どですかでん」（一九七〇）といったオサーマ自身の映画史からの引用も交え、「ここ」と「よそ」のありえない交差と創造が現実のものとなる。

7. 死にまみれて、生命の美学

こうした事態はゴダールの「ヒア＆ゼア　こことよそ」（一九七六）を想起させる。一九七〇年代初頭にゴダールはシリア、ヨルダン、レバノンで撮影した映像素材を元にパレスチナ解放戦争の映画「勝利まで」を構想し、パレスチナ闘争に参加し、革命という運動から映画を生み出そうとしたが、最終的に挫折を余儀なくされた。そのフッテージを利用し、フランスで映画を撮ることの新たな可能性を探ろうとしたゴダールが、初めてアンヌ＝マリー・ミエヴィルと共同監督した映画が「ヒア＆ゼア　こことよそ」だった。「ヒア＆ゼア　こことよそ」は「ここ」と「よそ」を連結する映像であると同時に、ゴダール＆ミエヴィルという男女の愛の対話集だった。

オサーマは「ヒア＆ゼア　こことよそ」を念頭に置いていた。しかも「シリア・モナムール」がSNS時代のメディア知覚を基盤にしているとすれば、「ヒア＆ゼア　こことよそ」は当時の新しいメディアとして台頭してきていたビデオ実験を行い、他のメディア素材からも引用し〈自己と他者〉の関係を新たに知覚する方式を模索するスタイルも持っていた。

ゴダールは「よそを持たない場所などこの世にはない」という。よそとはパレスチナ革命の闘争の場であり、ここはTVを見ているフランスの一般家庭である。あるいは「今日」と「昨日」、「映像」と「音響」、「私」と「あなた」でも構わなかった。様々な要素が対比され、繋ぎ合わされる。

「シリア・モナムール」がオサーマ＆シマヴの共同監督作品であり、新たなメディア状況が切り開いた愛の物語であるように、「ヒア＆ゼア　こことよそ」もゴダールと彼の公私に渡るパートナーであるミエヴィルとの初共同監督作品であり、彼らは映像と音の新しい使用法を通じ、情報伝達の位相の検証も試みた。

オサーマ＆シマヴはパリとシリアに分断され、「ここ」と「よそ」に閉ざされているように見えながら、その間を懸命に生き、その溝や亀裂を乗り越えようとする。しかし乗り越えようとすることで互いが手負いの獣のようにズタズタになり、その傷痕が肉体に刻まれてしまう。だから映画には〈肉体の記憶〉しか現れない。

あるいは「ここ」と「よそ」を分離し、再接続しようとする映像の身振りの、無意識的なイデオロギーを無数の他者の眼差しにより炙り出してゆくといってもいい。というのもこの映画は実は一〇〇一の映像から成り、撮影したのは一〇〇一人のシリア人であると始まりで告げられるからだ。その後には「私は見た」というナレーションが続き、シリアの内戦状況を伝えるユーチューブ映像が間断なく流れる。裸にされた青年が拷問される現場、ホムスの町での耳をつんざく轟音、繰り返される銃撃戦、鮮血が飛び散る路上、数多くの破損された死体……正視しがたい映像が目まぐるしく繰り返される。この映画は一種のアーカイブ映画である。オサーマはこう述べる。

「私たちが集めた映像素材はあまりに多数で、あまりに豊富で、こうした素材を使えば映画は無数にできあがることに気づいた。しかし私は説明する映画ではなく、自分にとっての固有の究極的な映画文法を見出すことを厳しく探求してきた。それゆえ無数の得難い映像を泣く泣く落としている。そうした選択と分類の作業は私にとって〝説明する映画〟から〝感じさせる映画〟へ移行する重要な決断だった。シリアの若者たちが初めてカメラを手にして撮影した試行錯誤の映像も大切に使った。それは彼らの初の自己主張だったからだ。映像に怖れ、怯え、不吉、安堵といった感情や感覚がこびりついているかのような、肉体を持った〝確かなショット〟を選ぶことが重要だった。私は悲劇を伝えたかったのではなく、夥しい死にまみれた生命の美学を伝えたかった[5]」

「シリア・モナムール」を見ていると自分の場所が液体のように、〝銀の水〟のように流れだす。揺らいでいるのはシリアではなく、私たちのいる場所である。私たちの現実が流れている。

映画のラストでオサーマは自分の見た夢の話をする。「こんな夢を見た」と黒澤明「夢」（一九九〇）の出だしをなぞりながら、オサーマはバスのボンネット上に生まれたばかりの裸の赤ん坊を見つけ、抱き抱えながらその親を探しだし、ようやく母親に届けることができてホッとしたという話をする。

「オンライン」に気づいたシマヴが、オサーマに「赤」はクルド語で何というかと問いかけ、オサーマは「ソール」と答え、雪の上に血が滴り、「自由」という文字が浮かびあがる。そして「白は？」という問いかけで映画は終わる。

「シリア・モナムール」

〝銀の水〟とは映像のメタファーではないかと記したが、〝銀の水〟とは「生きている記憶」のことだ。その水の瞬きが人間にとって未来のアーカイブであり、励ましであり、大きな罪ともなる。深く刻まれた肉体の傷の上にようやく瘡蓋ができ、その表面が美しく煌めく。

8. 盲者の記憶

「イメージの本」は重層的な知と美の一枚の絵画であり、そこでは表層としての物語から深層に隠された内実に至るまで、いくつもの層に応じた読み取りが可能である。一義性へ向かわず、世界を多岐に渡るイメージの束として捉え、その束は毎時毎時新たなカテゴリーに分類され、混合され、再定義されてゆく。

ホルヘ・ルイス・ボルヘスが失明状態となった晩年に口述筆記された短編に「砂の本」がある。ある日、一人の男が「私」の家を訪ねてくる。男は聖書売りと名乗り、一冊の本を差し出す。不思議な本で広大な砂漠のように始まりも終わりもない。ひとたびページを開けば、同じページに戻ることはなく、本からは次々とイメージとしてのページが泉のように渾々と湧き上がってくる。無限のアーカイブのような本である。しかしイメージは本当に見えているのか見えていないのか。[6]

ボルヘスは自分の失明を、生まれた時から何十年にも渡って、なんら劇的瞬間を迎えることなく続いてきたもの、つまり一生かかって徐々に失ってゆく視覚のプロセスと見なしていた。短編集『砂の本』には「砂の本」と共に「他者」という短編も収録されているが、そこにこんな言葉があった。

「そうだよ。君も私の年になれば、ほとんど目が見えなくなっているだろう。心配することはない。次第に盲目になってゆくことは悲劇ではない。夏の、ゆったりとした黄昏のようなものだ[7]」

八十八歳になったゴダールもこの老境の黄昏に浸っている。「イメージの本」はゆっくり進行し

てきたために気づくことのなかった盲目性の印なのか。世界ができそこないの、しかも悪質な映画の連続のように現れてくる時代の中で、ある種の映画が再び小さな希望のきっかけを与えてくれるのなら、その映画とはいかなるものなのか。「イメージの本」でゴダールは「希望」という凡庸な言葉を繰り返す。世界を言葉の手前で、あるいは言葉の彼方で救い出す方法を映画はまだ持っているだろうか。それはどのようにすれば可能になるのか。

映画で自画像を作るのは不可能とされながら、絵画の自画像を映画で試みようとした「JLG／自画像」には、ジュヌヴィエーヴ・パスキエ扮する盲目の女性がゴダールの元を訪れ、編集助手を志願してくるシーンがある。

「両手はある？」と盲人に聞かれ、両手が見えたら、そのことが確認できたのだろうか。なぜ自分の眼が確かだと信じうるのか。確認すべきなのはむしろ眼のほうではないのだろうか。

ジャン＝リュック・ゴダール
「JLG／自画像」

一九九〇年にルーブル美術館は「パルティ・プリ（PARTI PRIS　断案）という企画シリーズを開始した。ルーヴル美術館のデッサン部門が外部ゲストを招いて企画を委ねる独創的な試みだった。その第一回目をジャック・デリダが請け負い「盲者の記憶／自画像とその他の廃墟」展が開催され、その後にピーター・グリナウェイの「飛ぶ」展（一九九二）やジュリア・クリスティヴァの「斬首の光景」展（一九九七）などが

続いた。(8)

デリダの展覧会は盲人という「見えない者」を描いた様々な画家のデッサンやドローイングを中心に構成され、「見ること」と「描くこと」という絵画の本質的な問題を探究する内容だった。(9)

ルーブル美術館には驚くほどたくさんの盲者の姿が描かれたコレクションがある。描かれた盲者は自らの姿を見ることは出来ず、無防備に画家の視線に晒され続ける。盲者はある意味で絶対的な受動性に佇むしかなく、その慄きや震えがイメージとなる。しかしそのような差別的で一方通行の眼差しを行使しながら、なぜかくも多くの画家たちが盲者をテーマにしてきたのかが、この展覧会の問いかけである。

さらにデリダはその盲者のイメージに見えないことの特権を見出そうとした。視力を失った人間の脆さと寄る辺なさ、その絶望と悲惨は人間の弱さのシンボルとなり、同時に視力を失った人間の異能は呪いではなく祝福に変えられ、悲惨さの中で輝く栄光へ通じるイコンとなる。盲者はその内面において視覚世界に劣らない豊潤な想像世界や論理世界を持っている。それは実は私たちの視覚世界が失ってきたもののシンボルとなる。

「盲者が見るのではない限り、少なくとも彼や彼女の涙が見るのでない限り、およそいかなる愛もありえない(10)」

見ることは信じること、瞬く〝銀の水〟が映しだしていたのはこの盲者の姿だったのだろうか。「JLG／自画像」で白手袋をした盲目の女の手が、手探りでフィルムを手繰り寄せ、大きなハサミでカットしてゆく。女の左手が、自分の右手に触れ、右手は他の物に触れている。触れている右手に左手が触れる。その感覚が他人の手に触れる時にもあってよいはずなのに。まるで自分の左手で自分の右手を触れる時のように。物とは合体しないのだが、この感覚の領域には限界はない。

「もしも肉とは究極の概念であることを示すことができて、二つの実体の結合や合成ではなく、思考するものなら、目に見えるものが自らの関係において私を通過し、私を見る者に変えるのだとすれば、私が作りはしなかったけれど私を作った世界が循環を生み、私以外の体にも魂を吹き込む。今、こうした波のようなものがどのように生じたのか、よくわかる」[11]

盲者の女は滑らかなフィルムから手触りだけで映画を読み取り、そのデリケートな湿度や質感、色感や階調を汲み出すように、迷うことなくフィルムにハサミをどんどん入れてゆく。このシーンは、映像を見るのではなく、言葉を追うのでもなく、触覚や気配から純粋映像を感じとる可能性を暗示する。それは指向対象などお構いなしにフィルムという物質に全てが小宇宙のように凝縮し、多彩な色彩が浸潤し絡みつき、色素や色調そのものが映像になっているような存在の形式である。だからフィルムを手で手繰り寄せるだけで、フィルムという物質が〝砂の本〟となり、そのイメージの噴出を感知できる。盲目の女は、言葉や意味に忠実で正確なイメージではなく、単なる一枚の純粋絵画のようなイメージを汲み取ることができる位相にあり続ける。言葉に吸収され、言語の網に絡め取られてしまう前に、手を使い、はっきりした手ごたえを鷲摑みにする。つまりこれまでの「方法」を変え、世界を再び希望がこぼれる器に変えてゆく。何かに触れ、手探りで物質を確かめ、それを言葉に分節し分類する前に、そのイメージの群れを身体にいち早く装填してしまう。

言葉の手前や言葉の向こうの状況を示し、さらに言葉の手前の身体の位相へ一度落とし込み、言葉を身体へ帰還させる。言葉以前の、揺れ動いている自分を身体へ辿り着かせる。言葉を身体に戻すことは身体を饒舌にすることではなく、言葉の振動を身体に伝え、身体と言葉を同期させることである。そのことの冒険が「イメージの本」の中で一枚の絵画として果敢に試みられている。

（1）「イメージの通路」展は、一九八九年パリのポンピドゥ・センターで開かれた。以下のカタログを参照した。
Passage de L'image, à Jan-Luc Godard, Musée national d'art modern, Centre Georges Pompidou, 1990.
（2）「ユートピアへの旅／JLG 1946-2006」展は、二〇〇六年パリのポンピドゥ・センターで開かれた。Voyage(s) en Utopie, JLG 1946-2006, Musée national d'art modern, Centre Georges Pompidou, 2006.
（3）ジャック・デリダのこの講演は以下の書籍で参照できる。ジャック・デリダ『アーカイブの病／フロイトの印象』福本修訳、法政大学出版局。
（4）プラトン『パイドロス』藤沢令夫訳、岩波書店。
（5）オサーマ・モハンメドの手記と書簡とインタビューより。公式ガイド「シリア・モナムール」（配給宣伝／テレサとサニー／大竹久美子、有田浩介）。
（6）ホルヘ・ルイス・ボルヘス『砂の本』篠田一士訳、集英社文庫所収の「砂の本」より。

（7）ホルヘ・ルイス・ボルヘス『砂の本』篠田一士訳、集英社文庫所収の「他者」より。
（8）「パルティ・プリ（断案）」展はパリのルーブル美術館で一九九〇年から始まったシリーズで、その第一回目がジャック・デリダ企画「盲者の記憶／自画像及びその他の廃墟」展だった。Mémoires d'aveugle, Pari Pris, Musée du Louvre, 1990.
（9）ジャック・デリダ『盲者の記憶／自画像及びその他の廃墟』鵜飼哲訳 みすず書房。ルーブル美術館での同名展のカタログ・テキストを中心に書籍化したもの。
（10）同上。
（11）ジャン＝リュック・ゴダール DVD「JLG／自画像」（紀伊国屋書店）より。

逃げ去る映画／新しい記憶

――ジャン゠リュック・ゴダール「勝手に逃げろ／人生」

1. スローモーション・ゴダール

そのスローモーションはゴダール映画のなかで最も感動的なシーンだった。一コマ一コマの動きに痛切な響きがこもり清らかなものが溢れているので、その前後の物語構造の猥雑さや饒舌さは、この忘れ難い自転車の高速度撮影の美しさを際立たせるばかりだ。子供たちの遊戯のように明るく軽やかなカメラの動き、光の層をつくって伸びてゆく景観、葉の揺れ、律動的な呼吸運動、車輪の回転、リールの流れる幾何学模様、坂道のうねり、木々のダンス、事物の官能的な親密さ、非物質的な液体の霧散……ジャン・ルノワールが「マッチ売りの少女」(一九二八)で見せたバラの蕾の開いてゆく加速度撮影のように、無機物が突然、視覚的に生物の行列に加わってくる驚きと、開花の瞬間のほとんど妖艶といっていい自由奔放さを「勝手に逃げろ/人生」(一九八〇)の自転車シーンは持ちえている。

優美な肉体運動やペダル回転に音楽的な純粋性や絵画的な連続性を秘めたこの動作は、映画がそれによって元気づけられ、美しい印象を人々の心に与えることのできるものだ。カーブを曲がる瞬間ごとに、自転車と女と白い道は生き生きとふくらみだす。見る者の複雑な動きと連動するようなスローモーション、光を踏みしめ、物の精《エスプリ》を吸いこみながら次第に増してゆく精神の高揚、このような自然さや率直さは、かつてのゴダール映画からは感じたことのなかったものだ。ゴダールの指示に従うカメラの触れるものすべてに、独特の動きや性質がすぐさま宿ってしまう。「動き」の深い悦びに満ちた秘密を示し、神秘的なものが少しずつ芽生えている感覚を育み、不思議な香りを放ち泡立つ。明晰さが言葉や反応の背後のいたるところに隠れ、眼に見えず循環している。見る者は動物を思わせる恍惚とした眼差しを注ぐ子供たちのように、そのゆるやかなモーションを無抵抗に内部に滲みこませてしまうだろう。それは現われのきらめきであり、見つめているのは外在する時間ではなく、内から湧き出る時間だ。

物語に挟みこまれるこのスローモーションは、かつてのどんなスローモーションでもない。ある日の午後、小道の砂利の上で、太陽に照らされ、煌き、息づき、干渉する。光も音も浮動する波として見る者に伝わり、自然は光のなかに動揺し、光の音楽で精神はゆらめく。調和の極限にまで達し、和やかに輝いて、外界と内部の空気が通いあう。カメラを媒介にゴダールは再び外気と触れあっている。それは政治的な世界でもなければ、社会化された世界でもない。まぎれもない「世界」だ。まばゆい陽光の下の外気の感覚だ。カメラと連がることで初めて可能になる「外気」の「意識」への侵入である。

「勝手に逃げろ／人生」には、「気狂いピエロ」（一九六五）の無類の解放感や高度な燃焼力よりもっと重層化され濃密な開かれた空間がある。澄みきった眼で見つめられた外界があり、古い主体の意識に捕らわれず虚心に周囲を見廻すことで得られる空間がある。それは精神を外気にあてる描写行為であり、感情の外化だ。だから「万事快調」（一九七二）以後初めての劇場用映画である「勝手に逃げろ／人生」は、緻密な映像分析やモンタージュ理論を云々する映画では決してない。この映画はほとんど耐え難いほどの「映画」の純粋な喜び、哀しみ、切なさに近づかせてくれる作品だ。そのささやき、ほとばしる映像の綾は、見続けようとするたびに深みを増す。

ゴダールはコードのバリエーションより、メロディのバリエーションを強調する方向へ向った。ぶ厚くなった映像を排除し、単純なコード進行でイメージの発想力を自由に解き放つ。七〇年代の学習体験の変化をすり抜け、感情の実質を残したまま、ゴダールは自分の発想能力を全面的に発揮したかった。イメージをあれこれ考え、たくさんばらまく必要はない。素敵なイメージだけを流せばいいと、このスローモーションは語っている。

ゴダールはイメージを蒸溜させた。それに加え、一見単純なイメージの流れを凝縮し、見る者に扉が開かれてゆくようなメロディの可能性を暗示させる実験も試みる。そこではひとつの世界の生というものがすっかり裸のまま官能的な形になってあらわれ、謎めいて輝き始める。

ゴダールは新しい空間の使い方と抒情性を自分のものとした。疲弊した前衛絵画のようなコンポジションを抜けだし、ゴダールは大きく息づき、膨らみ、躍動している。自分の過去の映像へうなずきを送りながら、何か特別なものを今、眼前で見ているという感覚を画面に投影している。「勝手にしやがれ」（一九六〇）以降、「女と男のいる舗道」（一九六二）、「気狂いピエロ」（一九六五）、

「男性・女性」（一九六六）、「彼女について私が知っている二、三の事柄」（一九六七）、「東風」（一九七〇）、「万事快調」と、ゴダールの映像は常に流動状態のなかで、何か失われたコードを捜し求めているかのようだったが、「勝手に逃げろ／人生」ではそれを発見し、その感覚を記憶と記録の技術を駆使し伝えようとしている。世界と対峙するのではなく世界に与えるものを、新しい記憶が投企されうるイメージを見出しているゴダールがいる。その発見は、ゴダールが、「万事快調」以後、「ヒア＆ゼア　ここよそ」やテレビ番組「二人の子供を通してのフランス漫遊」などの新たな技術や教育感化のルートを経て把握した、映像思考をフィルムとして反映させ、解放と閉塞を同時にヴィジョン化する原理に基づくものだろう。

　この原理は単純であるがゆえに、ほとんどの映画作家が見逃してしまうような類のものである。複雑な画像構成やモンタージュを中止し、映像のコード性への屈折をやめ、逆に映像のなかでコード変化をどんどん減らしていって、自由に流れるメロディと基本コード進行を重視する。不自然な動きや中断されたカットがあると映像全体のトーンが乱れてしまうし、故意や人為の介入で突然消したり急な変更を加えたりするとトーンの動きが生きず、統制されたシークエンスのなかで質感やムードを変化させる映像自体の多様な機能を開放させることができなくなってしまう。「勝手に逃

ジャン＝リュック・ゴダール
「勝手に逃げろ／人生」

げろ／人生」の中心映像である拡散的なスローモーションは、そこに何か説明の手を逃れてしまうアンサンブルの化学が捉えられているのを感じとることができる。イメージにはこれが必要だ。それは最も深いレベルでのインプロヴィゼーションに通じるものであり、喜びと哀しみの感情が背中あわせになって発せられ、微妙なリズムの精度を持ち、見かけの単純さのなかに豊かな感情のひろがりがたゆたう。映画はすくなくともその初源においては、こうした完全な自然さを要求する視覚芸術であり、今なおそうしたアートの一形態である。「勝手に逃げろ／人生」はこの新しい効果を持つ映像組織を除けば、おそらくそこに個人的なゴダールのひとつの真実があるだろう、バラバラな個々がバラバラな愛のありかを求めさまようという感傷的なメロドラマにすぎない。ゴダールの新しいフィルムの存在理由は、まさにこの映像組織のなかにしかない。「勝手に逃げろ／人生」はだから、各部ではなく、その組織を中心とする総体として、ひとつの巨大な画面として語らねばならない。

2. 時間は運動する

のちに映写される時よりもカメラの回転を早くしてフィルムのネガを露出すれば画面の動きは普通の速度の何分の一かまでに緩慢化される。そしておびただしい数の画面が一秒間にスクリーン上に出現する。スローモーションとは一秒間に二五〇枚以上の写真を撮るカメラの動きを言う。

〝オリジナルな運動〟としてのスローモーションは、ジョセフ・コーネルがニューヨークのフラッシング墓地を生理的な速度でカメラを廻してとらえた「天使」(一九五七)や、ヴェルナー・ヘルツォークの〝破滅の限界〟を飛び超えてしまうスキー・ジャンパーを描いた「跳躍の孤独と恍惚」(一九七四)や、花環をつけた柩車が葬儀の列から街路へ滑りだしてゆくジャン・クレールとフランシス・ピカビアの「幕間」(一九二四)といった例外をのぞいては、それまで本質的な視覚美のためには使われることはなかった。しかしこの方法により新しい動きを創造しうる。スローモーションは現在を生きることの意味を表現する媒介になる。それは通常の肉眼では見えない、あらゆる瞬間にわれわれから逃れ出ようとする普遍的な生命を規定する。

人間の動作とイメージュは普遍的な連続性によって、空間と時間にお互いにしっかり結び付けられている。「勝手に逃げろ/人生」のスローモーションが感動的なのは、その事実をわれわれに再認識させ、ひとつの動きから次の動きへの移行が、ひとコマひとコマごとに映画とは何なのかを秘やかに問いかけてくるからなのだ。様々な矛盾が融合して緊密な統一体となり、「なぜ美しいか、それは映画だからだ」という問いと答えを、動きが目に見えず凍結されるたびに発し続ける。このスローモーションは、単なる動きにとどまらず、その動きの秘密を探っているという印象を与えるカメラワークと麗しい符合をなす時、発見と意味づけをその内に含んで描写される。

どんな風に木々が踊り、道がうねるかを見て欲しい。どんな風に女が息づき、体を揺らし、ペダルを踏み生を放射しているのかを感じてもらいたい。そんなものは取るに足らないことだ、と人は言うかもしれない。しかし「勝手に逃げろ/人生」の通常の時間的連続イメージを持つ物語からこぼれ出ようとするスローモーションでは、時間的連続イメージは空間的連続イメージと官能的に交感し、なだらかなスロープを見る者の感覚のなかへ巻きこんでゆく。それは乾いた砂の上で飛びはねていた魚を水に放ってやる仕草に似ている。すべてがいっそう鮮明になり、ひとつひとつの動きと速度は、矩形のフレームのなかで円滑的な浮動性を示す。意識の遠近法が崩れ、息切れした世界が解体し、次から次へと動きが新しい光線で照らされ、奇妙な魅力を帯び蘇生してくる。

映画とは移ろいゆくものすべてに関心を持ち、時間を動いているものとして捉えようとする美しい意志のことである。動きは希望の照明であり、精神は運動であり、形や物の創造は認識の複雑さを増大し、波動が距離と時間を直接知覚しうる同じ地点へ連れ戻す。スローモーションは時間に空間が刺さる不可視の美しい瞬間を目に見えるようにした運動と関係の図式なのである。その〝無意識の動き〟を吸い取るカメラの眼差しは、時代の象徴と交合し、親和力をもって閃き続ける。

ゴダールが「言語というのは本質的には私と他人の間にある何かなのです」と言い、それを提示し「生のみを、人々の間にあるものを」描きたいと言った時、彼はスローモーションを念頭においていたのではないだろうか。ゴダールはすでに「気狂いピエロ」の冒頭で、エリー・フォールが『美術史』でヴェラスケスについて書いた文章を引き、このスローモーションの出現をこう予告していた。

「彼は五十歳になって、もはやひとつとして決定的な事物を描こうとしなかった。彼はオブジェの周辺を、大気とともに、黄昏とともに、さまよった。彼は暗闇と透明な奥行のなかに色とりどりの動悸そのものをとらえた。それが彼のタブローの沈黙の交響楽の見えざる中核をなした。いかなる衝撃も、いかなる飛躍も、その歩みを告発したり、中断したりはしない、秘かな、継続的な展開をもって、諸々のフォルムと諸々のトーンを相互に浸透させあう神秘な交換をのみこの世でとらえた。空間が支配する。それはあたかも、大気の波があらゆる表面を撫でながら、そこに透視される輝きにみずからを浸みこませることで形の決定をはかっているようであり、芳香のように、一個のこだまのように、はかりしれない光の埃となって空間のひろがりのなかに漂っている[1]。」

「勝手に逃げろ／人生」のスローモーションと、病める子供たちや小人や道化や幼い王女を描いたヴェラスケスの《ラス・メニナス》に、共通した細かなニュアンスを持った音調を感じるのは間違っているだろうか。ポリフォニックな豊かな拡がりと奥行を、光の粒子の充満を、互いに影響しあい関連する揺れ動く色調のグラデーションを、同じように感じることは場違いだろうか。いやそれらには相通じる、意図された視覚的な感動や抑揚がある。おそらくそれは運動感覚の身ぶりとアイデアを様々にくりひろげていたゴダールが初めて持った自然で明朗な動きのイメージではなかったろうか。ゴダールは「勝手に逃げろ／人生」というスローモーション論で長い間想い描いていた絵画の独自性に匹敵する美しい動きを手に入れ、映画への愛情の新しい形式を獲得することができた。

3. 無声の詩学

映画は写真と同様、その機能性にもかかわらず、形式と画像に関する造形芸術の血を引くものである。すくなくとも初期の映画は造形芸術と密接に結びついていた。映画の動的性格と造形美術の静的性格を対比させるのではなく、静的性格のなかに動的性格を盛りこもうとした造形芸術の運動が映画へ連なっていった。それ故、動きへの欲求が最も激しくなった十九世紀後半の絵画には、映画発明以前にもかかわらず時間と空間が重なりあった映画特有の次元を数多く見出すことが可能である。スーラの《シャユ踊り》しかり、ロートレックの《女曲馬師》しかり、ドガの《競馬》しかり、ルノアールの《草の中を登って行く道》しかりである。ダンスがスーラにひらめきを与え、サーカスがロートレックを刺激し、踊り子や馬がドガを触発し、草原と空のゆらぎがルノワールを魅了していった絵画の〝運動の精神〟の系譜が、その精神の高揚が映画をつくりだした。映画が発明される直前の絵画の黄金時代に、絵画がどのような成果を生みだし、それがどのように映画の種子となっていったのかをもう一度たどることが求められる。これは絵画からダイレクトに映画へつながる連続線であり、絵画→写真→映画と進む直線的軌跡とも、「写真と絵画」をベースにした映画の新たな展開とも、写真→映画をふまえた絵画の再発見とも違う別次元での造形芸術の過程である。

「勝手に逃げろ／人生」でゴダールは映画の始源の位置に身を置こうとしている。造形芸術の欲求のレール上に身を置き、現在とは異なる運動の可能性を秘めた映画への志向と重なろうとしている。絵画は映画が出現する真際において、それ自体がひとつの出来事となり、時間的なプロセスを含む自律性を獲得しようとしていた。絵画は科学的な、あるいは美的な法則によって動きを説明することを要求され、形と影、運動と光の間の諸関係と調和のとれた移行を追うために数々の明晰な手法が試みられていた。見る者の内的律動をつかまえる静かさ、快活さ、確かさが求められていた。

　例えばモネは一日の時刻の変化によって橙、紫、緑など多彩に色の変わるルーアンのゴシック寺院の様相を十七枚の連作として仕上げ、同様に《積藁》や《テームズ河》や《睡蓮》をテーマに色や形態の微妙な変貌を追って同じ主題を違った時間に描きわけている。描写芸術としての絵画を連続的な、同時的な自然の統合として定着するその理論は、絵画単位を一枚の絵としては考えず、複数の絵のシークエンスと考える。あるいはすくなくとも、〝一枚の絵〟は決して一枚の絵ではなく、〝一枚の絵〟には様々な印象が重なり混じりあうとする方向性を鮮明にしている。それが最も明瞭になったのが「連作」という形式だった。ここでモネは純粋映画の正確な予言者として登場してくる。

　あるいはまたアルル時代の発狂寸前のゴッホによる作品群を思い起こしてみてもいい。ゴッホは《アルルのラングロア橋》や《花咲く木のあるアルル風景》《ジョワンヴィユのセイレン・レストラン》などで、斜線構図から動きがもがきでてくるような透明な色彩の対比や線的筆致による色感効果を試みている。果樹園やはね橋や海岸やひまわりや夜空やカフェが、リリカルな優しさを秘めながら波のように動き出してくる。バラバラになった世界の様々な要素を画面上で結びあわせ、躍動させ、血を通わせ、深い連関の世界をつくりあげている。一枚の絵のフレームに連続的なエピソードのモンタージュをおこない、タブローをシークエンスに変える。音律的な躍動とともに、ものたちが一斉に目覚め、お互いに応えあう生きたものとして取り戻されてゆく、その過程をゴッホは描いている。「カイエ・ドゥ・シネマ」一九八〇年一〇月号の「勝手に逃げろ／人生」特集にはゴダールの談話とともに、自転車のスローモーションのスチールとゴッホの《アルルの公園》が比較され掲載されていることにも注意したい(2)。

隠蔽されることのない、けれど神秘的な相貌を見せる自然の思いがけない現れをかもしだすこうしたリズミカルな視覚的抑揚の断片と閃光は、しかしこれらの画家たちの画面に訪れたのち、永遠に消え去ってしまった。ゴダールは「勝手に逃げろ／人生」で、それを映画の原初のルートに立ち戻って新しい余韻を聞きながら見つめ直し、その方向を映画的方法でさらに押し進めていった。「気狂いピエロ」では、ゴッホやルノワールやモジリアニやマチスの実際の絵をモンタージュし不器用な視覚的リズムをつくり、映画は決して絵以上のものではないと断念していたゴダールが、ここではそうした画家たちの絵のリズムだけを借用し、画面効果の連続により枠取り（カドラージュ）の美学の統合をおこなっている。「勝手に逃げろ／人生」はゴダールによる新たな画面論であり、ひとつの連続した響きだといっていい。そしてそのトーンのなかで多彩に変化するリズムが閃く。映像全体がひとつのユニットとして働き、純粋な音の美しさを奏でる。

驚くほど繊細な方法のうちに強い感情を投影し、美しい調和をなす「勝手に逃げろ／人生」のスローモーションには、絵画的といっていい様式上の法則や美学上の特徴を見出すことができるだろう。しかし、ここでは、十九世紀後半の絵画作品を思わせる何らかの共通した表現があったという以上に、それらの芸術的な表現形式の奥に思考のアナロジーが存在していたことが明らかにされるべきだろう。それらは動きを初めから内に含むと同時に、動きが形成してゆく造形性を追っている。画面のなかで、事物が動きの組み合せから生みだされた形態としてつくりだされてゆくのを見ようと願っているのだ。芸術創造のプロセスを再構成する証人となることを定められた映画の出生は、まさに映画の造形的な外見がきわめて本質的で決定的なものであることを示している。映画とはまず映像と枠取りとの相互的適応をなすべき芸術なのである。

映画史はしかし、映画からこの旋律的な形態を奪い取ろうとする方向に動いていった。カメラの自在性は映画が一秒間に露出するコマ数を標準化した時に失われてしまう。それ以来、〝動きの形〟を可動的に探究することはなおざりにされてしまった。トーキーの発明がその流れに拍車をかけ、映画言語は完全に変質してしまった。すべての認識がイメージとなり、再び言語の多様性や関係性のなかで無限に分解されてゆくようなフィルムの動きは消滅する。現在の映画は無声映画が獲得した大部分のものを失ってしまった。

レネの「24時間の情事」（一九五九）をゴダールは〝当時、別の何かとしてあった唯一の映画〟として次のように語っている。

「あの映画は難解な映画、探究の映画であるわりには大きな衝撃をもたらしたのです。あの映画はサイレントであったからです。盲と嘘の映画であったからです[3]」

トーキーは提示することより、自分が見たものについて話すことを中心とする映画形式であり、演技や会話によって説明され偽装されたものであり、サイレントの無声の詩や秘密の合言葉を、けちらすものだった。あるスタイルをある出来事に適用させるのではなく、ある要素から他の要素へ思考を駆けめぐらせ、移行させるのがサイレント映画の特権であり、そのため映像は断続されずに一層つやめき、その空気は隅々まで詩性で満たされた。サイレントは無言でありながら、トーキーとは全く別のやり方で、大切なことを語っていたのだ。そしてそのことがまさにふくらみだし、より大きく動きだそうとした時にトーキーが出現し、その芽を摘みとってしまった。

ゴダールは「勝手に逃げろ／人生」で無声映画特有の言葉をまったく新しい基準で取り戻そうとしている。本質的な部分をないがしろにして急激な方向転換をせまられたサイレントからトーキーへの段差に、果てしない隔りと失われていったものがある。視像と物語と動きのなめらかな統合、ゴダールはそこへ戻ろうとする。その時点では試みられなかったが、起こり得たかもしれない無限に分岐する事態の展開を、その変換された位置から新たにおこなおうとしている。より正確に言えば、ゴダールは映画の手法を今初めて発見し、それを実感しているという印象を映画へ盛り込みたかった。「勝手に逃げろ／人生」は映画の誕生に立ち会っているような時間の意識で精神を充満させたいという願いのようなものでなかったのだろうか。

4. 美しい記憶の運動

デニーズ（ナタリー・ベイ）は、ドロップアウトし、愛人だった暴力的なTVプロデューサーのポール（ジャック・デュトロン）のもとを去り、自分を取り戻し、分裂したものをつなぎあわせるために田舎に帰ってゆく。妻と娘から逃れたポールは、逆に田舎からやってきて娼婦となり、デニーズのアパートを借りているイザベル（イザベル・ユベール）と戯れる。イザベルは娼婦になろうとする妹にフェラチオやアニリングスをしっかり覚えなくちゃいけないとアドバイスし、こんなことをボソッとつぶやく女だ。

「男がしたがることは、いつもおまえを傷つけるよ……」

かつてゴダールが過去の作品で何度も繰り返したように、「娼婦」とは現代のあらゆる職業のシンボリックなフォームであることをイザベルは論理的な説得力をもってその身ぶりや肉体で示す。実際この映画のなかのセックスはすべて売春の影に彩られている。〝バッド・セックス〟の連続で男は女に対して常に乱暴だ。ただひとつ人間的な交感が育ってゆくのを描いたシーンはデニーズとイザベルの関係であり、これはノン・セクシャルからホモ・セクシャルへの兆しを示し、その間をうつろっている。そしてスローモーションはストップモーションに変わり、ポールが交通事故にあい、舗道にたたきつけられる様が、凍結したような分解ショットとなり、絡まり、巻き戻され、ぎこちなく、映しだされる。

「「勝手に逃げろ／人生」はわれわれが住んでいる時代の完璧なリフレクションである。混沌として、ペシミスティックで、こわれはてた時代の偉大なバロメーターとなって、ゴダールはわれわれに手押し車のなかで世界が破滅へ向うさまを見せてくれる[4]」

「勝手に逃げろ／人生」の原題は、「逃げられるものは逃げろ《ソーヴ・キ・プ》／人生《ラ・ヴィ》」というダブルタイトルをとっており、「ソーヴ・キ・プ」は各自自由行動をとれ、という難船時の避難命令である。

それにしても、いやそれゆえにか、デニーズが自転車に乗り疾走するシーンはその下降感覚をはるかに乗りこえて美しい。このスローモーションは絶頂《エクスタシー》に達する時の経過のように魅惑的だ。光沢があって清らかなカメラワーク、動態は時々、刺すような緊張感を放ちながら、その動きはみずみずしく、豊潤で、胸を打つ。画面において時間と空間の概念に戻ろうとするこのゴダールの試みは、ヴィジョンを純粋化し、透明度を増した。とにかく〝動いているフォルム〟で捉えようとしなければ、時間や空間は世界と同じように死んでしまうだろう。映画の運動の問題は解決されたように見えて、実はまったく未解決だった。ゴダールはもとのポジションに戻って、その問題に取り組もうとした。そのことは映画の抒情の原理にダイレクトにつながってゆく。もっと鋭い、もっと深く、もっと現実的な意味で、映画は詩そのものでなければならない。詩の精神に形を与えるものでなければならない。自分自身に対してひとつの生き生きとした関係をつくりだすために映画を使うと、映画はもはや道具でも、手段でもなく、われわれの心の最奥にある本質の啓示となり、われわれをわれわれ自身に結びつける精神的な絆となる。

思考を刺激し、そこから生まれてくる喜びは、映画のテーマやストーリーとはほとんど関係はない。その主題や物語について何の説明もないような情景を眺めることが、映画以外のいっさいの印象から解放された純粋な喜びだ。そこに映画だけの勝利があり、映画はそこから、光線の精神性、肉体の動きの清らかさ、構図のリズミカルな静けさといった自律した詩の発想へ向う。

映画を詩とするためにカメラの視線に造形芸術の脈動を引きこみ、「他のすべてを拒否する唯一の視点、だが最大の視野をもつ視点」をとらせなくてはならなかった。動きに詩の照明をあて、見る者の暗闇から詩のありかを発光させなければならない。映画の詩性とは、映画自体のもつリリシズムとそれを見る者のリリシズムとの生き生きした対話が可能になった時に、その完全な姿を実現する。それは和解し難きものを和解させ、感情と現実の間に橋を設ける詩情の発見であり、連続性への郷愁である。

映画の本質的なレール上を動いていくことでフィルムの詩的構造を見つめ直さなくてはならない。外にあらわれようとする詩と内在化しようとする詩が激しく混ざりあう時、フィルムは光の分泌物のようなものをほとばしらせる。意味づけされたものの、そこからもれてしまう美しさを一挙にあふれださせる。まわりにたちこめた政治的で社会的な絶対物のなかで自己のリリシズムを解き放ってくれるフレームをゴダールは造形美術から連なる感情の表現の果てに見た。

ジャン＝リュック・ゴダール「勝手に逃げろ／人生」のスローモーションシーン

「勝手に逃げろ／人生」のスローモーションの衒いのない高貴さは、時間の蓄積がゆるやかに最下層から動きだす時の、実体の移行の証しであり、最も簡潔であるがゆえに最も濃密な記憶の運動である。それが動きだそうとするたびに、ショットショットに詩があらわれる。その思いがけない抒情は映画が何度も立ち帰ってゆくイメージの源であり、「あまりに自分自身の外部にいて、もはや自分の肉体に帰りつけなくなった」ゴダールの、決して同化することのできなくなった消え入ろうとする世界への愛惜のように思える。

（1）ジャン＝リュック・ゴダール『ゴダール全集2』柴田駿訳、竹内書店。
（2）Cahier du Cinema, No.316, Octobre, 1980.
（3）ジャン＝リュック・ゴダール「ゴダール、映画の現在を語る」奥村昭夫訳、「ユリイカ」一九八〇年六月号。
（4）Elliot Stein, New York Film Festival. FILM COMMENT, Vol.16, No.6, November-December 1980,

光と瞬間の奇跡

――ピクチャーからモーションピクチャーへ

1. カメラオブスクーラとマジック・ランタン

写真が動きだし、ある時間を生き始める。私たちの現実とは異質な生命の時間を。映画の本質は一枚の写真と別の一枚の写真との関係と連続である。繋がった複数の写真がどういう経緯を経て映画へ変容していったのか。そこにはどのような〝映像のオルタードステイツ（変成状態）〟が刻み込まれているのだろうか。写真から映画へ至るその軌跡を正確に辿る必要がある。

まず注目しなければならないのは〝動く絵〟を可能にした残像現象だ。闇の中で火を振り回すと美しい光の輪ができる。強い光を見た時、その光（原像）が消えた後も、一瞬、その光が残っている（残像）ように見える。光からの刺激が一定時間、視神経に画像を残してしまうこの効果は残像現象と言われ、発現する場所は網膜内とも脳内ともされる。私たちは現実にないものを見続けている。

こうした残像現象はティトゥス・ルクレティウスの論述やクラウディオス・プトレマイオスの実

験など、古くはギリシャ時代やローマ時代から知られていたが、その現象を道具化することは不可能だった。運動の瞬間画像が連続的に同位置で見られた時にのみ残像現象として動くように見えるという原理が長い間解明されなかったためである。

一八二四年にようやくピーター・マーク・ロゼットが視覚的錯覚としての残像効果に関する研究を発表し、以来〝動く絵〟の装置も様々に考案され、大衆に玩具として広まってゆく。そしてこの〝動く絵〟は十九世紀後半には写真やマジックランタン（幻燈）と結びつき、個人用玩具から大衆投影装置へその姿を変えていった。写真技術の目覚ましい進展によって運動の瞬間イメージが絵ではなく写真となり、〝動く絵〟の装置とシネマの装置はその進路を大きく分岐させてゆくのである。〝動く絵〟は原理的には一連の静止画を高速で切り替え表示する映画の母体だったが、映画は写真による現実の瞬間映像が生まれなければ成立しなかった。

そうした意味で一八二二年にニセフォール・ニエプスが「ヘリオグラフィ（太陽で描く）」と名付けたアスファルト写真術を発明したことの意義は大きい。外界の倒立した映像が初めてカメラオブスクーラ内の感光板上に固定され、箱から外へ取り出されたのだ。この瞬間にカメラオブスクーラはカメラ（写真機）となる。

カメラオブスクーラの最初の本格的な研究者である十六世紀イタリアの科学者バチスタ・デラ・ポルタが、その装置を使って役者たちの屋外劇を暗い室内にいる人々に見せた時、その部屋に映し出された〝動く映像〟は既にシネマイメージだった。カメラオブスクーラは馬車に備え付けられ、そのキャビン内に映像を投影することもできたため、馬車の進行と共に移動し変転する映像は、突然影が横切ったり、遠い景色が流れていったり、人々の声が聞こえてきたりと臨場感満点の映像となり、写真が誕生する以前にシネマイメージを予言していた。

また最初の映像投影システムであるマジックランタン（幻燈）へも目を向けなくてはならない。マジックランタンはほぼカメラオブスクーラの誕生と同時期に生まれ、カメラオブスクーラの原理の応用から成立している。レンズを通し箱の中のスクリーンに外界の映像を結ぶカメラオブスクーラのルートを逆に辿ってゆくとマジックランタンの発想へ結実する。両者は光学的にも、装置的にも同じ樹から生まれながら、カメラオブスクーラは感光板を内包させ瞬間を固定するカメラへ発展し、マジックランタンは瞬間の断片を統合し〝動く映像〟を再現するシネマへ移行していった。ただし両者が結合するのはその三世紀後の十九世紀末のことである。

写真は瞬間を内包するが、映画はその時間を統合し、写真の時間とは別の時間を生成させる。しかも映画の時間形式は多岐に渡り、特別な生命を獲得し、時には永続性を帯びることさえあった。

2. リュミエール、光の遊動

ニセフォール・ニエプス（一七六五―一八三三）のアルファルト写真の先例はあったが、写真は正式には一八三九年にルイ・ジャック・マンデ・ダゲール（一七八七―一八五一）により発明され、ダゲレオタイプと名付けられた。その後、半世紀以上に渡り、一枚の写真が他の写真と結びついて写真が動き出す〝奇跡の瞬間〟に立ち会おうと悪戦苦闘し続ける人々が数多く現れてくる。

映画の発明者リュミエール兄弟の父アントワーヌ（一八四〇―一九一一）もその一人であり、肖像画家として出発したが、ダゲレオタイプ機材が入手できるようになってから写真家に転向し、やがて写真館を開業し、写真工場も経営するようになった。画家から写真家へ、さらに実業家へと、この時代のメディアの変容を体現した人物の一人である。アントワーヌは十四歳で孤児となり、写真家に弟子入りし、写真術を習得した苦労人であり、当時は珍しい夜間撮影のためリヨンで初めて電気を引くなど、新しいことに積極的に取り組む進取の気性に溢れていた。

その息子ルイ（一八六四―一九四八）も十七歳から父の写真館を手伝い、父の指示で写真感光材料や写真乾板の研究に取り組むようになる。写真乾板は当時大量生産されるようになり、箱入りで購入し好きな時に現像できる利便性により扱いの難しい従来の写真湿板を駆逐していった。ただ感度やシャッター機構など改良すべき点は多く、ルイが開発したエチケットブルー（青ラベル）と名付けられた感光材が高い評価を受けて大ヒットしたため、父は当時ヨーロッパで最大級の写真乾板工場をリヨンにつくる決心をする。

「写真から映画へ」の道筋を鮮明にするためにもう少し詳しく説明すると、写真乾板は写真術で用いられた感光材の一種で、写真乳剤（ゼラチンに臭化カリウム溶液と硝酸銀溶液を加えたもの）を塗布したガラス板である。一八七一年にイギリスのリチャード・マックスが発明し、一八八〇年代には工場生産され、一般人でも買えるようになった。写真乾板はその後も改良を加えられ、感度も写真湿板の数倍となり、ハンドカメラやシャッター技術の発明により、三脚無しの手持ち撮影が可能になっていった。

映画の発明者ルイが集中研究していたのはこうした写真乾板の改良技術だった。しかしやがて破損しやすく重いガラス板は簡単に扱えるニトロセルロースのフィルムに代替され、二十世紀の写真や映画のフィルムの原型となる。特に巻き上げ方式で撮影できるセルロイド・ロールフィルム(一八八四年に発明)が登場すると写真乾板は需要を落としてゆくが、その独特の味わいや効果もあり、両大戦間まで生き延びることになった。

リュミエール家の写真事業が順調だった一八九四年に、父アントワーヌはパリに出かけ、エジソンが発明したキネトスコープを見て衝撃を受け、リヨンに戻ると直ちにルイとオーギュスト(一八六二―一九五四)の兄弟に動画研究に力を注ぐよう命じた。ここでもアントワーヌの先見性を伺い知ることができ、リュミエール兄弟の映画発明に父が大きく関与していたことがわかる。

エジソンのキネトスコープは覗き込み方式の個人対応の動画鑑賞装置だった。その仕組みを改造し、多くの人々が一度に見ることができるようスクリーンに投影したのがリュミエール兄弟のシネマトグラフであり、一八九五年にはパリのグランカフェの地下サロンで世界最初の映画公開がおこなわれることになる。

3. 〝小さな映画〟の軌跡

映画誕生直前に生まれたフランスを代表する映画監督ジャン・ルノワール(一八九四―一九七九)は、リュミエール兄弟の映画を「小さな映画」と言った。それは歴史ではなく人々の生活であり、歴史よりも深遠なものなのだと。

リヨンにあったリュミエール社は映画誕生の一八九五年から一九〇五年までに一四二二本の映画を製作している。二〇一七年に公開された「リュミエール！」にはそのうちの一〇八本が収録されたが、みな一分に満たない映画であり、束の間の光の変化、儚い時間の経過、日々の営みへの愛おしさ、瞬間的な知覚などを捉えた小さな映画の群れである。

ジャン＝リュック・ゴダールは「ルイ・リュミエールは光学としての絵画である印象派を経て、フロベールの手法を受け継いだ」とリュミエールの映画における印象派とフロベールの影響を指摘した。

ギュスタブ・フロベール（一八二一―一八八〇）は作品から作者の主体を排除した客観的で精密な文体を貫き、作中人物に自己を同化させたが（「ボヴァリー夫人は私だ」）、同時代の写真家マクシム・デュ・カン（一八二二―一八九四）に同行し、ブルターニュ（一八四七）やオリエント（一八四九）へ記者として長い旅を続けている。デュカンが作った世界初の本格的写真集『写真スケッチ』に協力したことからもわかるように、フロベールは写真の精密性や現実性を文学の基層に滑り込ませようとしたと言っていい。そのような光学的な写実性の感化を受けてリュミエールの映画は作られ

リュミエール兄弟
「リュミエール！」

たとゴダールは指摘するのである。

一八九五年二月十三日に、リュミエール兄弟は「シネマトグラフ」の特許を申請している。古代ギリシャ語の「キネ（動き）」から取った言葉である。世界最初の映画撮影は同年二月十九日に行われ、あの有名な「工場の出口」が完成する。リュミエール工場から出て行く多数の従業員の流れを写したものだ。その日の仕事を終えた労働者たちが安堵と疲れた表情で工場の出口から出てくる。撮影はルイ・リュミエール自身が行い、元々は自社の宣伝映像をつくることが目的だった。いくつものヴァージョンは日時を変えて撮影され、太陽の光の強弱、建造物の質感、カメラに対する人々の反応、服装の変化、細かな仕草、馬や犬の動きなど異なった様相が捉えられ、群衆の蠢きと庶民の生活感が溢れ出す。

映画発祥の地と言えるこのリュミエール工場と父の館は現在、映画の歴史を辿るリュミエール美術館となっていて、映画発明百年祭にあたる一九九五年にはピーター・グリナウェイ、ヴィム・ヴェンダース、アッパス・キアロスタミ、テオ・アンゲロプロス、吉田喜重など世界から四十人の映画監督を招き、「工場の出口」と同じ場所（工場は取り壊されたが、扉などは保存された）、構図、撮影時間で映画を制作させるという興味深い企画が実現されている。

「工場の出口」の後、ルイ・リュミエールはさらに身近な人々や光景を撮影し続けた。「赤ん坊の食事」は兄オーギュストとその妻子のマルグリットとアンドレであり、「列車の到着」はリュミエール家の別荘のある南仏のラ・シオタ駅で撮影され、ホームを行き来するのはリュミエール家の人々である。「水を撒かれた水撒き人」はリュミエール家の庭師が悪戯をする悪ガキの尻を叩く様子を撮ったものだし、セザンヌの絵を思わせる「カード遊び」には父アントワーヌと、リュミエール兄弟がそれぞれ結婚した姉妹の父ヴァンクレールが登場している。いずれも家庭的な雰囲気とホームムーヴィのような親密さが溢れ、十九世紀末フランスの典型的ブルジョワジーの趣味や価値観が滲みでている。

二〇〇五年にリヨン美術館で「印象派とシネマトグラフ」という展覧会が開かれたことがあるが、モネやルノワールら印象派の画家たちの世界観とリュミエールの映像を通じて、その二つの世界がいかに親近性のあるものなのかを提示していたことは興味深い。リュミエールの初期映像は印象派が扱ったテーマやスタイルを密かに踏襲していた。ゴダールは「中国女」（一九六七）でジャン＝ピエール・レオにこう言わせている。

「リュミエールがドキュメンタリーを、メリエスがフィクションを作ったというのが定説になっているが、実はそれは逆なのだ」

映画史の源流を逆転させようとするゴダールが、リュミエールを最後の「印象派画家」と見做していたことも忘れてはならないだろう。

4．写実的ではなく、奇跡的

リュミエール兄弟は単なる映画発明者と見做されがちだが、その後の二十世紀のシネアストたちにも決定的な影響を与えている。リュミエール美術館館長ベルトラン・タヴェルニェはその事実をこう語っている。

「遠近法、クローズアップ、フレームの対角線を駆使して自然をありのままに撮影する。この当たり前のように思われている映像の探究はリュミエール兄弟から始まった。そして彼らの遺志は多くのシネアストへ受け継がれている。なかでもジャン・ルノワールの作品はリュミエール映画の瞬間的な光の悦びに満ちている。例えば南仏を舞台にした恋愛劇で、ネオリアリズムを予告した『トニ』(一九三五)は揺れるブランコや窓から遠望される樹々のそよぎなど強い感情を喚起する。川に沿って歩みながらみずみずしい田園風景が展開される『ピクニック』(一九三九)や、気ままな放浪者のコメディ劇で水の官能性をたたえた『素晴らしき放浪者』(一九三二)……ルノワールの映画はみなリュミエールの映画を想起させてくる」(1)

ジャン・ルノワールの父は言うまでもなく印象派を代表する画家ピエール・オーギュスト・ルノワールだが、その光溢れる絵画が動きだしたかのような躍動感を重視した作風をルノワール自身も持つ。ルノワールは幼少時から父の絵のモデルだったし、結婚相手も父のモデルである。「フィルムによる印象主義」と呼ばれる柔らかなモノクロームで場の空気感を、光の階調をフィルムに吸い取らせてゆく「ピクニック」は、ギ・ド・モーパッサン(一八五〇―一八九三)の「野遊び」を原作とし、マネの《草上の昼食》を思わせ、夏のある晴れた日曜日の、うららかな陽光の下、風に揺れる木々や穏やかな水面を慈しむ恋人たちや友人たちが描かれている。「良い映画とは友と一緒に川遊びに出かけて受けた草むらの愛撫に他ならない」というルノワールの言葉が思い出される。この小さな映画で彼はカメラを川面すれすれに滑らせ、岸辺をゆっくり流し、儚いが一生消え去ることのない一瞬の燦めきと人生の道に落とされたその悲しい影を明るく映し出す。
リュミエール兄弟の生地リヨンで創刊されたフランスの老舗映画雑誌「ポジティフ」の批評家ユベール・ニオグレは〝シネマトグラフ＝動く映像〟の本質についてこう記している。

「リュミエール兄弟からの強い影響が明確に認められるシネアストの代表と言えばモーリス・ピアラの名前がすぐに思い浮かぶ。ゴッホの自殺までの数日間を異常なまでの克明さで描きだした『ヴァン・ゴッホ』は彼の最も美しい映画だ。ピアラは強靭な視線で世界を見つめ、その映画世界にはっきりした形を与えた。彼はリアリズムを突き抜ける、ほとばしるような躍動感を求めた。ピアラはリュミエール的で、〝魔術師〟と呼ばれたメリエスの精神とは対極にある」(2)

映画史上に革命を起こした人物はたくさんいるが、彼らは意図してその革命を成し遂げた訳ではなく、ある日、不意に自分のやっていることが型破りだったことに気づいたはずだとモーリス・ピアラは指摘した。なかでも最も重要な革命を行なったのはルイ・リュミエールであり、それは彼がフィルム映写機を発明したという事実より大きな意義を持っていると強調する。というのもそこに紛れもなく奇跡と呼べるものが存在しているからであると。

「リュミエールは写実主義という観点からすると全てにおいて優れた仕事をしている。だが彼のつくった映画は私にとって現実離れのしたもの、まさに夢なのだ。この驚きはどの映画からも感じられるべきものだろうが、リュミエール映画よりも強烈な驚きを感じられる映画にはまだ出会っていない。リュミエールの映画は日常を描いている。だがそれは私たちが見たことのないものである。エジソンも映画をつくり、どれも印象的だが、価値はない。リュミエールの映画は写実的ではない。奇跡的なのだ。そうでありながらまず第一に現実を描いている。そして素朴で純粋だ。そのような特質を持つ映画はリュミエール以降、生み出されていない[3]」

5. 揺らめく光線の精神

「今回のあなたの作品は驚異に値する。ほんとうに驚嘆に値する作品だ。いまにいたるまで我々の哀れな眼差しに覆われていた、映画の地平の遥か彼方を行っている。あなたの眼差しはカメラに、女の子や男の子たちを、そして空間と時間と色彩を、血気盛んな子供のように追いかけまわしに行かせる偉大な心だ。」（ジャン゠リュック・ゴダール[4]）

ゴダールが最大の賛辞を送ったモーリス・ピアラ（一九二五―二〇〇三）の「ヴァン・ゴッホ」（一九九一）にはリュミエール映画の特性が滲み出ている。そこにはゆっくりと進み、移り変ってゆく時間があり、その流れと共に緩やかに振幅し変調する意識の揺れがある。ゴッホの狂気でさえ突発する特殊な精神の様態として現れるのではなく、それまでのゆるやかな日常の延長や人生の持続として現れ、引き受けられる。ゴッホは底無しの不安や名付けようのない不調和を、あっけない死で解消させた訳ではなく、死によってなんとかそうした狂おしさと折り合いをつけ、出口のないものに見えない出口を与えようとした。そのなだめ、鎮める作法はゴッホの絵にも、ピアラの映画にも光の波のようなリズムで浸透している。

映画発明と同時代の一八九〇年五月、オーヴェル駅へのヴィンセント・ヴァン・ゴッホ

（一八五三―一八九〇）の到着から始まるこの映画は、パリ近郊の田園地帯オーヴェル・シュル・オワーズでの彼の最後の二ヵ月間の生活を細やかに、丁寧に、心と時の襞に分け入るように追ったものだ。それ以前の一八八八年二月、ゴッホはパリから南仏アルルへ向かいポール・ゴーギャンと共同生活することになるが、錯乱状態に陥り、ゴーギャンと激しい口論の末、自らの片耳を切り落とした。その後、サン＝レミ・ド・プロヴァンスの精神病院で、絵具を食べたり、灯油を飲んだり、服毒自殺を試みたりしながら療養を続け、病状が回復してから、友人の画家カミーユ・ピサロの勧めでパリに近いオーヴェルに滞在しながら再び絵を描き始めた。

ゴッホはまだ時折襲ってくる、不可解な頭痛に悩まされ、医師ガシュの診療を受けながら、やがて死へ至る緩慢な日々の生活を受け入れていた。しかし一八九〇年七月、ゴッホは唯一の理解者であり、仕送りを続けてくれていた弟テオのパリの家を訪ね、そこでまた口論となり、オーヴェルへ帰ってしまう。腹部にピストルで弾丸を撃ち、自殺するのはその二週間後のことである。

ピアラの描きだすゴッホは、実在性こそが歴史や寓話や神性より上位にあると考えていた。その実在性を全身で感知し、普段なら気にもとめない、日々生き続けることの卑俗で些細な事物から神話的な次元を導く方法を体得しなければならない。人はいつも神話を激しく生きているが、誰も気がつかない。そのことを自覚することが実在性の神話に入りこむことであり、ゴッホの絵画の実践だった。

ピアラはゴッホという人間と生活を凝視し、じっくり追い、日々の時間の積み重なりを、人と人の調和や不調和を、どこまでも精緻に描きだしてゆく。田園を彷徨い、絵を描き、窪んだ道をとぼとぼ歩き、スープを啜り、踊り騒ぎ、ワインに溺れ、酔っ払って陽に晒され、娼婦と川辺で戯れ、積み藁に寝転び、医師の娘にも手を出してしまう。誰にも心を明かさず、誰も愛さず、人と風景を見つめ、自らの絵の行方を案じ、寂しさのヴェールに何重にも包まれながら淡々と日々を送る。

ゴッホは発作を起こし、硬直し、痙攣し、深い淵でぐらつきながら絵画を描き続けた。その内戦状態のような震撼が彼を並外れた感受性と透視力を持つ発光体にした。それが目に見える現実の、遥か先の、果てしなく遠いあの振動を感じることを可能にした。長い時間をかけてようやく手に入れたその眼差しでゴッホは内面の森に群がる黒いカラスの羽ばたきを感知しようとしたが、カラスの群れはあまりに邪悪で、攻撃を受け、憑依され、聖別され、死へ至る。

死の直前に描かれた有名な「カラスのいる麦畑」は、鉛色の空と大地と麦の黄金が粒子のように激しくぶつかり合い、カラスの群れが平原へ突っ込んでゆく光景を描いたものだが、カラスはキャンバスを突き破り、弾丸のようにゴッホの脾臓の実在性へ打ち込まれた。

「勝手に逃げろ／人生」で主人公ポールを演じたジャック・デュトロンがゴッホ役であり、彼の眼は終末が近づくにつれ、光を孕む青い液体のように変調していった。最後にはその眼は釘づけになり、凝固し、今しも消え去ろうとする一瞬一瞬を捕まえているように見える。生きるに足る無限を捕まえたい。無意識の揺動状態をスローモーションで煮詰めてゆくようなピアラの映画は、その無限に続く瞬間を捉えた眼差しを流星のように定着させている。

6. 馬の疾走と鳥の羽ばたき

シネマトグラフは決してリュミエール兄弟が単独で発明したものでない。撮影と映写の機能を持つ世界初の複合映写システムの完成へ至るまでには、写真を動かすことに賭けた多くの先駆者たちの実験と実践の蓄積があった。

筆頭に挙げなくてはならないのは、疾走中の馬の連続写真の撮影に成功したエドワード・マイブリッジ（一八三〇―一九〇四）である。英国人でアメリカに移住し、妻の愛人を嫉妬から射殺した実際の事件がフィリップ・グラスのオペラ「写真家」にもなったマイブリッジは、一八七二年に「疾走中の馬の四本脚すべてが地面を離れる瞬間はあるのか」を実証するため撮影実験を行った。カリフォルニア州知事リーランド・スタンフォードからの依頼によるもので、スタンフォードは瞬間は「ある」という立場で友人と賭けをしていた。

モーリス・ピアラ
「ヴァン・ゴッホ」

馬の動態撮影には高速シャッターと高感度の感光材、大口径レンズが不可欠である。そのためマイブリッジは電気技師と協力し、五年がかりで特殊な撮影装置をつくりあげた。この装置十二台を等間隔に並べ、ギャロップする馬の連続撮影に成功するのは一八七八年のことである。

マイブリッジにより撮影された連続写真を見てゆくと

動的な錯覚をもたらし、当時の人々はそこに未来の映像の特性が潜在しているかのような予感を持つことができた。しかしどうしたらその断片的な連続写真を使い、〝動く写真〟が可能になるのか。そのために活用されたのが、ゾエトロープと名付けられた、回転円盤のスリット(細長い隙間)からその回転する円盤内に描かれた連続イメージを覗く装置だった。

ゾエトロープは一八三三年にイギリスのウィリアム・ジョージ・ホーナーにより考案されている。初期の装置は十二のスリットを持つ黒い回転筒と支持台から成り、回転筒内には連続した十二の動作の絵が描かれていた。さらにゾエトロープはマジックランタン(幻燈)のような投影装置と結びつき、ズープラクシスコープとなる。

ギリシャ語の「ゾーエ(生命)」と「トロープ(回転)」を組み合わせた言葉であるゾエトロープは、静止画を素早く入れ替えることで生きているかのような効果を与える〝生命の輪〟である。ピクチャーが次々と入れ替わることでムーヴィング・ピクチャーとなっていくように、それは映画の原型となり、フランシス・フォード・コッポラとジョージ・ルーカスの映画スタジオ「アメリカン・ゾエトロープ」の名前もここから取られているし、この連続イメージを見たトーマス・エジソンは強く心を動かされ、後に個人用の映写機キネトスコープを考案することになる。

一八八一年、マイブリッジは自らの成果を引っさげてアメリカからヨーロッパへ渡り、講演旅行を行った。この時、科学雑誌「ラ・ナチュール」の編集長ガストン・ティサンディエを介し、フランスの生理学者エティエンヌ＝ジュール・マレーがマイブリッジを自分の研究所に招き、馬の疾走ではなく、鳥の飛翔を連続写真で撮影するにはどうしたらいいかと尋ねている。

動物の運動や血液の循環に関する研究をしていたマレーは肉眼による観察に限界を感じ、運動や循環を図や表や写真に明確に記録し、そうしたイメージに基づく考察をしようとしていた。つまり「動き」を「イメージ」に転換するチャンスを常々待っていたのだ。

空を舞う鳥の動きを連続撮影することは地を走る馬の動きを連続撮影するより困難である。そこでマイブリッジはマレーに、アメリカの南北戦争時代（一八六一―一八六五）に北軍大佐サミュエル・コルト（一八一四―一八六二）が発明したリボルバー・ライフルの話をする。すでに一八七八年にはには天文学者ピエール・ジャンセンが金星の運行観測のためリボルバー・カメラを発明していた。マレーはこのリボルバー・カメラの大胆な改良を思いつき、回転式シャッターと感光材円盤を時計仕掛けで一コマずつ回転させてゆく「写真銃」を一八八二年に考案している。手持ちで左右上下に連続撮影できるその写真銃の完成により、対象物の動きの軌跡を同一視点から一枚の原板に多重露光するクロノフォトグラフィが撮影可能となった。

写真銃の銃身にはレンズが仕込まれ、空を飛ぶ鳥に照準を合わせられるようになっていた。銃の後方にはゼンマイ仕掛けの駆動装置を持つ露光部があり、その円形ドラム状の露光部には回転式シャッターと、それに連動する回転盤が仕込まれていた。回転盤には感光剤を塗った十二枚のゼラチン板（臭化銀ゼラチン乾板）が嵌め込まれ、銃の引き金を引くと歯車の動きでシャッターと回転盤が同期しながら一秒一回転し、十二枚の写真イメージが連続的にガラス感光板に記録される。回転シャッターは円盤に等間隔にスリットを開けたもので、これがレンズの前を通過する瞬間に露光が行われた。

一八八二年、マレーはスリット数を二十四に増やし、この写真銃を使って初めてカモメの飛翔の連続写真撮影に成功する。映画の一秒二十四コマのフィルムの原型である。しかし写真画像が切手サイズで小さすぎることや一コマの差異が認識しずらいという不満から、固定した一枚の大きなガラス乾板上に連続写真を写しこめるように、つまり多重露光可能なカメラに改良し、この方法をクロノフォトグラフィと名付けた。マレーの写真銃は一本のレンズを使って撮影する基本構造を確立したことで映画用カメラのプロトタイプとなり、写真を動かし、運動を表象に変える時代の欲望の実現に多大な貢献を果たしたのである。

7．ビオスからゾーエへ

写真が動きだし、ある時間を生き始める。私たちの現実とは異質な生命の時間を。マイブリッジやマレーだけではなく、この時代には数多くの発明家や科学者、写真家や画家たちが「写真を動かす」という世紀の課題に真剣に取り組み、様々な実験や研究を積み重ねていた。リュミエール兄弟はそうした蓄積と成果を踏まえ、各要素を有機的に組み合わせ、〝奇跡の瞬間〟に立ち会うことができた。そのような欲求の背後にどんな時代の精神が秘められていたのか。私たちは時代を覆っていたその動きの行方を見つめなくてはならないだろう。

静止画を動画に変えてしまうゾエトロープの元になった「ゾーエ」という言葉は、古代ギリシャ語の「生命」を意味していたと先に述べた。しかし実は古代ギリシャには「生命」を示すもう一つの言葉があった。「ビオス」という言葉である。私たちは何気なく「生命」という一つの言葉で済ませているが、ギリシャ時代には「ゾーエ」と「ビオス」という二つの言葉から紡ぎ出された生命の系があり、それぞれ異なった意味を担っていたのだ。「ビオス」は個々の個体の限られた生命を表している。「ビオス」は特定の生の輪郭を持ち、一つの実存と他の実存とを区分けする特徴づけられた物質的生命であり、各々の個体生活を意味することもある。

対して「ゾーエ」は固有の有限の生命体の分断された状況を超え、連鎖してゆく生命を意味していた。「ビオス」という物質的な生物として発現する以前の、潜勢する可能態としての生命を表していた。「ゾーエ」は限定されず、個々の生命の根底を流れている。

映画という生きものが、この物質を超えてつながる「ゾーエ」の地平から湧き上がってきたことは重要である。映画はこの時代の生命認識に支えられ、映画の原型は普遍的な遍在する生命意識と結びついた。

写真を動かし映画へ変えたのは、いや映画そのものを動かしていたのは、個別の具体的な生命感とは異質な、それぞれの生命体の根底を流れ、生命全体に響いている無限定の妙なる流れであり、それは対象に距離をおき認識する方法とは異質な形で、より直接的に感知し経験できるものなのである。「ゾーエ」は無人称であり、同時に私でもあなたでもありうる。

ピクチャーからモーションピクチャーへの移行を夢見続けた人々は、その実現のためこうした根源的な生命の流れへのコンタクトを希求してきた。十九世紀、二十世紀、二十一世紀と映画の発明から三世紀を跨ぎながら、リュミエールによる世界最初の映画の揺らめきがそうした流動的な霊性の結晶化であったことを改めて思い起こす時代を私たちは生き始めている。

（1）魚住桜子取材・文「リュミエールの子どもたちをたずねて」「リュミエール！」のカタログ『リュミエール！』（ギャガ株式会社）収録。
（2）同上。
（3）同上。
（4）「フランス映画の知られざる巨匠 モーリス・ピアフ」ザミフィルムズ編集発行より。

2

聖性を呼ぶ

オリンピアの身体

——レニ・リーフェンシュタールの映像身体

1．夢想する身体

二十世紀に現れた新たな身体が夢想し、痙攣し、躍動し、陶酔する。

「青の光」（一九三二）「意志の勝利」（一九三五）「美の祭典」（一九三八）「民族の祭典」（一九三八）とレニ・リーフェンシュタール（一九〇七―二〇〇三）の映画を見てゆくと、いつのまにかその映像効果に感染し、自分の身体意識が大きく変容し、解体し、再組織化してゆくような思いにとらわれてしまう。

こうした映画が制作されていた頃と同時期にヴァルター・ベンヤミンは「天象儀」というコスミックなテキストを書いている。『一方通行路』の最後に置かれたその印象的な文章の中で、ベンヤミンは「種としての人間」はすでに遠い昔に進化を終えたが「種としての人類」は進化の始まりを迎えたばかりだと言い、技術とは自然の支配道具ではなく、自然と人類の関係の調整道具であると指摘する。

「技術において人類は、民族や家族に接するのとは異質な接触を宇宙と持つ新たな肉体を組織してゆくだろう。私たちの時代の速度体験の変貌を思い出すだけで、そのことは充分に理解できる。人類は速度によって、実は時間の内部へと向かう予測不能の旅の準備をしているのではないだろうか[1]」

ルイス・マンフォードもまた『機械の神話／技術と人類の発達』で、人間の技術や発明の大きな変化が起こったのは、自然制御のためというより、人間自身の身体を活用して潜在的な可能性を表現し、超器官的な欲望を満足させるためだったのではないかと問題提起している。技術や機械は、人間の肉体の外的延長としての道具や機能的なメカニックとしてではなく、人間の身体器官の再構築や人が気づかない非合理の鉱脈を探るために生み出されたのかもしれない[2]。

「天象儀」で、ベンヤミンはこの時代の人々が集合的無意識として抱いていたある身体ヴィジョンを浮かび上がらせる。それはかつてゴヤが《巨人》（一八〇八―一八一二）で描いた、戦場上空の巨大霊のように二十世紀全体を包み込み浮上する〈集団としての身体〉である。星雲状になったその身体イメージは人々の要求や不安を孕みながら、生命化し、増殖し、微睡み、宇宙を透視しようとする。それは技術進化と共に新たな筋肉組織や神経繊維を張り巡らし、機械や装置を内部へ装填し、都市の中へ異様な形で膨れ上がってゆく身体運動である。こうした〈集団としての身体〉の眠りと夢を描き出す思考実験を続けていったベンヤミンにとって、十九世紀から二十世紀にかけての時代は科学や合理主義の時代ではなく〈集団としての身体〉が深い眠りに落ちていった時代だった。ファシズムはその夢の残骸である。

おそらくこの時代にレニ・リーフェンシュタールが、最先端の映像技術を駆使し、それらをプリズム状に組織し直しながら描きだそうとしたのは〈集団としての身体〉が合体し、感応し、眩暈し、陶酔する様だったのではないだろうか。そこでは身体とイメージが深く相互浸透し、ある精妙なパルスを発してくる。

考えてみればこの時代は人間の肉体と感覚を通し、都市や機械がオーガニックに融合していった時代だった。機械と人間の合体するヴィジョンを提示した未来派やダダイズム、人間を幾何学化しようとするバウハウス・ダンス、都市と建築を再構成しようとした構成主義……レニはこうしたアートの動向が先導した感覚の変容を様々な映像技術で身体化し、新しい集団に生まれつつあった肉体の揺らぎとして可視化しようとした。彼女の映像世界ではイメージが自律した生き物のように緊張し、振動し、強い感情を喚起してくる。当時の映像技術の革新的な使用方法によって新たな身体が生み出され、レニはその身体を孕む聖母として存在していた。

2. 野生の官能

この時代に現れつつあった新たな身体の様相をもう少し具体的に見てゆくことにしよう。人々はどのような肉体を欲し、どんな理想の身体像を思い描いていたのだろうか。

例えば両大戦間のパリには数十万と言われる娼婦やダンサー、女優や女給たちがセーヌ河岸の歓楽街を彷徨い、それと同数の麻薬患者の群れが阿片窟を賑わしていた。フランスは第一次大戦後、経済上の大きな打撃をこうむり、政治的な混乱状態にあった。いったい何が起こり、どうなるのか誰にもわからなかった。

一九二五年のパリは、退廃した精神を一掃する空想を欲し、新鮮な血液や野生を必要としていた。この要求に応えるようにアフリカの黒人美術や黒人音楽が流れこみ、やがてジョセフィン・ベーカーがミュージックホールの黄金時代のパリへ降臨する。シャンゼリゼ劇場でのレヴュ・ネグル（黒人レビュー）である。ピンクフラミンゴの羽根を股間につけた裸体で登場し、上半身をくねらせ、腰で曲線を描く。それは当時のダンスの女王イザドラ・ダンカンのギリシャ風ダンスとは対照的な、淫蕩の象徴であり、聖なる陶酔と卑俗な快楽の間の境界が失効してゆく異国的肉体だった。それは滑らかな秘儀的肉体であり、骨盤を前に出し生殖力や性欲を高めようとする激しいダンスだった。セックスの動作のように腰を振り、腹を回し、尻を上下させ、見る者の興奮を引きずりだす。

レニ・リーフェンシュタール
「青の光」

新たな肉体を持つベーカーは琥珀色の稲妻と称された。その肉体は分断、スピード、ダイナミズム、凝縮、形態破壊を体現していた。バナナベルトと呼ばれるゴム製ガードルを付けただけの姿で独特の痙攣的な肉体表現で踊りまくった。彼女は踊りながら「私にはバナナがない」や「ウクレレ・レディ」を官能的に歌い、花のフォーリー・ベルジュールの大スターとなり、それまでの女性美の基準をひっくり返してしまう。透ける肉襦袢で、赤い手袋の指先からダイヤの首飾りを下げ、人々を原始の秩序へ、再発見された過去へ連れ戻した。

ベーカーの肉体の形態と運動はまた古代の記憶の木霊を取り戻そうとする。彼女は出番前にパームの香油を体に塗り、花薄荷の香水を髪に湿し、喉にはたちじゃこう草のエキスの甘い香りをつけた。秘めやかな太腿に乳液を伸ばし、唇に蜂蜜を含み、恥毛を剃り落とした陰部には薄いルージュを塗った。褐色の肌に頭にぴったり張り付いた光る黒髪、大きな睫毛が開く度に青みを帯びて澄んだ瞳が輝き、柔らかな手脚の爪は朱と金で染めてある。

ベーカーは金色が好きだった。金粉を腕や脚になすりつけたり、金粉のシャワーを浴びたいと発言したこともある。自分を金属的な質感で塗りつぶしたかった。そのため彼女の肌を〝金の肌〟に見紛う人も現れた。金はパラダイスへ通じる。ベーカーの肉体は、性的興奮を与えると共に〝失われた楽園〟への連想を紡ぎ出す装置のようなものとなっていった。「私の理想の世界はパラダイスのように裸で暮らせる世界よ」とベーカーは言った。自らを光に負けない激しい恍惚状態にするため彼女は踊った。自分だけでなく見る者を輝く黒のニルヴァーナ（涅槃）へ導くために。

ベーカーはこの時代のヨーロッパの具体化された空想や欲望となった。イザドラ・ダンカンやヴィーゼンタール姉妹、リタ・サッチェット、スラミト・ラフ、ルース・セント・デニスといった二十世紀初頭から始まるエキゾチックな裸体ダンスの系譜があるが、ベーカーはアフリカはもちろん古代ギリシャ、エジプト、インド、トルコ、アマゾンに至るまでの裸体表現を統合する肉体と官能のコラージュだった。裸体と装飾のカクテル、パラダイスとニルヴァーナのモンタージュ、金をまぶした漆黒のヴィーナスが狂ったようにチャールストンを踊りまくる。観衆はそこに新しい色彩と動感を感知し、野生の息吹を伝えるその倒錯したダンスは疲弊し老成した欧州文化の変身願望と重なってゆく。

スペイン人と黒人の混血という異種族間の性の緊張を秘めたベーカーの肉体は「踊る機械」「チューインガムのように伸びる五体」「ダンシング・ドール」と呼ばれ、様々なメディアを介してヨーロッパへ伝搬していったが、彼女の肉体や踊りを見る人々の視覚には微妙で逆説的な感覚が隠されている。つまり観衆はベーカーのツルツルした皮膚や裸体の動きに何かしら人間的ではない、無機物の匂いを嗅いでいた。彼女の肉体は超自然的な物質の皮膜に覆われているのではないかとさえ感じられたのだ。時代の理念や理想と合致するような肉体がもてはやされた。崇められる裸体とはその時代の人々が見たいと感じる細部と質感を持つ。ベーカーの肉体はそうした都市文明の複雑さと奇怪さにまつわる記憶と感覚の混淆を触発し、呼び覚ましていった。

3．天体と青の光

ドイツの新しいダンスの動向ノイエ・タンツのニュースターであり、新たな身体とイメージの融合を生むことになるレニ・リーフェンシュタールと映像の最初の出会いが、「山岳映画」という特殊なスポーツ映画ジャンルだったことは興味深い。アーノルト・ファンクにより確立されたドイツの山岳映画というジャンルの特徴は「スキーの驚異」（一九二〇）や「山々との戦い」（一九二〇）といったファンクの代表作に見られるように、超人的なスキーヤーの滑走や刻々と変容する山々を精緻に捉えることで、人間と自然の深遠な関係を写し出すことにあった。

レニは優れたダンサーで美しい容貌を持っていたために、こうした山岳映画のヒロインとしてふさわしい資質が備わっていた。彼女の瑞々しい躍動する肉体は自然に容易く溶け込み、ダンスで鍛えた神秘性を帯びた運動感はすぐにファンクの目にとまるところとなる。そしてレニは最初の出演映画である、ファンクの「聖山」(一九二六)でダンサーを演じると共に、スキーヤーとしても好演し、一躍ドイツ映画のスターダムにのし上がる。こうした山岳映画出演によってレニに芽生えてゆくのは、自然という複雑な現象やダイナミズムへの特別な眼差しである。小松弘は、次のようにレニと山岳映画の関係を述べている。

「ドイツの山岳映画はドイツ映画の主要な傾向とは一見対照的であると言ったが、それは自然を主人公にしているという意味においてである。しかし、これは単に表面的な対照にすぎない。ドイツの山岳映画は実のところ、極めて特徴的なドイツ映画芸術の要素を持っていたのだ。それは自然までもが、あたかも創造主によって作られたかのように造形的な姿を持っているということである。エルンスト・ルビッチの歴史映画における群衆の図形的な配置やフリッツ・ラングの映画の人工的な巨大なモニュメントなどに見られるように一九二〇年代初期から中期にかけてのドイツ映画の演出には創作者の理想による自然の加工が顕著に現れている。山岳映画の場合も例外ではない。『聖山』の中の有名な氷の宮殿のシンメトリーや湖を背景に踊るレニのシルエットなどには、自然が秩序として人間を覆い、あるいは自然が無秩序に人間を襲うシェーストレムらのスウェーデン映画の自然とは全く違う人工性がある。ファンク監督により作られた一連の山岳映画に出演しながら、レニは自然が人格的に表現されるという、一種のアニミズムのようなものを学んだようだ(3)」

人間の肉体の集合もまた自然の造形物としてアニミスティックなヴィジョンに支えられている。レニの初主演作であり初監督作品の「青の光」（一九三二）はこうしたドイツ山岳映画の延長線上につくりだされたのだが、その映像は数多くの山岳映画とは異質な聖性を秘めている。

「聖山」も「青の光」も北イタリアのドロミテ渓谷で撮影されている。オーストリア、ドイツ、スイスと国境を接したチロル・ピエモンテと呼ばれる地域であり、戦争や紛争により統治する国が次々と変わってきた歴史を持つ。レニが最も好きな場所だと言うこの地には数多くの名峰が聳えるが、彼女はそのほとんどの山々の絶壁や山頂に裸足で登っていた。「青の光」はレニの原郷とも言える場所のエッセンスが詰まった映画でもあった。

アーノルト・ファンク「聖山」（レニ・リーフェンシュタール主演）

「青の光」で、レニはアルプス山麓に住む、イタリア語しか話せず、ドイツ語を話す村人から除け者にされた貧しい羊飼いの娘ユンタを演じている。村の背後には人々が畏れる聖なる山モンテクリスタロ（″水晶の山″の意味）が高く聳え、満月の夜になると山頂は青い光が霊のように妖しく輝く。その光に誘われるように村の若者たちが家をフラフラ抜け出し、山によじ登っては転落死してしまう。しかしユンタはこの険しい山をいともたやすく登ることができ、山頂に辿り着き、水晶が原石のまま燦然と光り輝く洞窟で聖なる山と合一し陶酔に浸る。その瞬間こそが彼女には欠け替えのない時間となっていた。水晶の空間に身を委ね、その自然の造形を慈しむように恍惚とする。

レニが民話に題材を得た物語を自らシナリオ化した「青の光」はアルプスの寒村ザルンタールで素人の農民たちを出演者として起用し、月光が山々を神秘的に照らし出す場面や水晶洞窟での忘我の境地のシーンで、フィルターやスモークの光学効果やスタジオ撮影を駆使し、聖なる空間の視覚化を試みた実験作でもある。その聖山の向こうにはレニ独特の天体志向が浮かびあがる。もともと彼女には宇宙の秘密や惑星の神秘への関心があり、特に月光はレニを抗しがたい不思議な力で魅きつける魔術的現象だった。天体は彼女から自我を奪い去り、一種の夢遊状態にする特殊なプリズムのようなものだった。

「天体は常に私の人生に大きな影響を及ぼしてきた。子供の頃は夢遊病だった。私たちは週末になると、大抵郊外のラウホファングスヴェルダーに出かけたが、満月の夜、母が私を家の屋根から引きずり降ろしたことが二度もあった。この事件の後、私は満月になると両親の部屋で一緒に眠らなくてはならなかった。後にこの病いは治ったが『青の光』でも、月は主役を演じている。映画の伝説の中では、青の光は水晶で屈折する月光である。私の人生の最も崇高なひとときと言えば、モンブランとナイル川で体験した星の夜のことになるだろう」[4]（レニ・リーフェンシュター

ル）

この映画は「到達できないが夢見れるもの」をテーマに、レニが求めてやまなかった崇高な瞬間を定着した初の映画だった。その初監督作をヒトラーが見て感動し、ニュルンベルク党大会の記録映画を依頼するきっかけとなる。そうした意味で「青の光」はレニのその後の運命を決定した映画といえるだろう。

4．意志の造形

レニ・リーフェンシュタールの「意志の勝利」（一九三五）は、一九三四年の夏、ニュルンベルクで開かれたナチス党大会の記録である。ニュルンベルクはナチス発祥の地ミュンヘンから遠くなく、交通の便もよく、郊外に大人数を収容できる広大な土地があり、神聖ローマ帝国の歴史も継承していた。党大会を開く理想的条件を備え、一九二七年以来の党大会は全てここで行われていた。

党大会会場のツェッペリン広場を設計したのはナチスの御用建築家と言われたアルベルト・シュペーアだった。ツェッペリン広場は三十万人を収容できる広さとスケールを持ち、その一点透視図の消点近くにベルガモン神殿を模した巨大な祭壇があり、祭壇の階段を登りつめると長さ三〇〇メートルに渡って一四四本の列柱の並ぶ大ホールが控えていた。両脇に二体の石像、中央演壇には鉤十字が付けられる。その偉容を把握するには肉眼ではなく映像が不可欠だった。しかもナチスの美学をアッピールするためには党大会を様式的に造形化する必要があり、斬新な映像表現が要請されたのである。

すでに独裁権を確立していたヒトラーはその権力を効果的にデモンストレーションする史上最大の党大会をこの地で計画する。レニはナチスではなく、ヒトラー個人からの依頼としてこの映画制作を受諾した。彼女は数十万人に及ぶナチス兵士の全体行動とその指導者たちの神がかり的な心酔状態を撮影するため三〇台のカメラと一二〇人のスタッフを用意した。また会場全体の俯瞰シーンのためメインスタジアムへの一二〇フィートの最新エレベーターの設置やクレーン車からの移動撮影、高速度撮影や超クローズアップといった技術を駆使している。さらに半年にも及ぶ編集期間をかけて、ナレーションやコメントといった一切の説明を排し、リズム、骨格、構造を兼ね備えた力強い映像を表出させた。この広大なニュルンベルクの会場に女性はレニ一人だったという。レニは映像の純粋性を追求し、映像の力を尊重し、党大会の進行順序を実際のタイムラインとは異なる流れへ並べ変えていった。

「記録映画にとって何より大切なのは構成とリズムであり、出来事を順番通りに並べることには意味はない」という方針に沿ってレニは膨大なフィルムを一人で編集していった。ナチス兵士で埋め尽くされた広場での親衛隊と突撃隊の点呼シーンを思い出してみよう。広場の中央を大きく開き、左右に分かれ整列する隊員たちを緩やかな移動カメラで背後から写しながら、中央を歩く三人の男をカメラは捉える。やがてカメラは俯瞰ショットに変わり、親衛隊長ヒムラーと突撃隊長ルッツェを左右に従え、総統ヒトラーが戦没者記念碑へ向かう様が浮かびあがる。記念碑に敬礼した後、元の道へ戻ってゆく三人を燃え盛る聖火が見つめる。カメラは演壇上のヒトラーに切り替わり仰ぎ見るようなアングルとなり、空を背景にしたバストショットや、ヒトラーが見守る隊員行進の一糸乱れぬ歩調とショットは移り変わってゆく。会場の至る所に配置されたカメラがこの儀式をあらゆる角度から捉え、高揚感を醸し出すためのロングショットやエレベーターショット、回転ショットが繰り出される。

党大会の現場にいたアメリカのジャーナリスト、ウィリアム・シャイラーはその模様をこう語る。「ヒトラーはカトリック教会の方法を真似て二十世紀ドイツの単調な生活の中に目もあやな見世物と彩りと神秘主義的な雰囲気を蘇らせた。そこには大聖堂での復活祭やクリスマスのミサのような宗教的な情熱が沸き立っていた。こうした雰囲気の中ではヒトラーの言葉一つ一つが天から響く神の啓示のように聞こえてくるかもしれない。批判能力は削がれ、嘘は崇高な真実として受けとられてしまう(5)」

レニ・リーフェンシュタール
「意志の勝利」

何十万人もの群衆により織り成される荘厳なパターンとムーヴメントは壮大なスペクタクルを生み、その儀礼の陶酔感を効果的に伝える映画によって精度を増し、美的要素を注入され、ヒトラーは神格化されていった。「意志の勝利」はナチスに利用されたレニが党宣伝のため引き受けた映画であると言われてきた。しかし注意深く見てゆくとレニは党大会を逆に利用し、この大会を素材に自らが長い間温めていた壮麗な叙事詩的ヴィジョンを具体化していったのではないかという思いがしてくる。都市の中に非日常的な祝祭儀礼の空間を設え、メディアとテクノロジーの力を凝集し、見る者と大衆を劇的興奮へ巻き込んでゆく。群衆はそこで一つの巨大なイメージへ合流し、交感し、官能する。だからそこでは登場人物は現実の人間というよりレニの崇める神話世界に生きる人型である。

レニは独自のヴィジョンと想像力により人間と宇宙を調和させながら、その人間集団を超えでてゆくダイナミックな力の流れを描きだそうとした。そこでは人間は個の意識を失効し、個人を超えた緊密なネットワークで結ばれ、より大きなもののメカニズムに乗り移られる。磁場のようなものが生まれ、人々はその渦に吸い込まれる。人間はここでは群像であり、増殖するイメージの群れとなる。いや、この群像は何か自分たちを超えたものを呼び寄せるセンサーのようなものと化す。群れなすイメージが共振し、激情し、燃え上がる。そのイメージは見えないものへ捧げられ、その見えないものとコンタクトできる瞬間が生まれる。イメージは現実世界を瞬間的に大きく捩り、不可視世界からのシグナルを逆流させていった。

5. 肉体のエロス

「民族の祭典」(一九三八)と「美の祭典」(一九三八)は、参加国五一ヵ国、選手三〇〇〇名が競う一九三六年のベルリン・オリンピックの記録映画であり、世界初のオリンピック映画である。これらの映画はレニ・リーフェンシュタールが申し出て制作し、「意志の勝利」で培った美の感覚を研ぎ澄まさせ、技術を深化し、新たな身体の地平を開こうとしている。

ナチスにとってはベルリン・オリンピックは「平和のナチス」をアッピールする絶好の機会であり、そのためのプロパガンダだった。ここでもアルベルト・シュペーアがベルリン郊外に一〇万人収容の大スタジアムを設計し、古代ギリシャとベルリンをイメージで連結させる聖火リレーのアイデアが現実化された。儀式としてのオリンピックへの視点も徹底され、先頭のギリシャ選手から各国の選手がそれぞれの国の特色を生かし入場行進し、ヒトラーの前で挨拶するスタイルもベルリン・オリンピックで初めてなされた。ドイツ選手は「ハイル！」の声で全員ナチス式敬礼を行い、ナチス・オリンピックであることを刻印づけた。

レニは一六日間に渡って四〇人のカメラマンを使い、全長四〇万メートルにも及ぶフィルムを撮影した。ここでもカタパルト・カメラや水中カメラの使用、六〇〇ミリ超望遠レンズの開発、高速度撮影や気球からの空中撮影など様々なアイデアや特殊技術が散りばめられた。そのプロローグは特に彼女の映像の特質を示すものとして忘れがたい。

「なぜだか自分でも説明の仕様がないのだが、その映画がどのような形態をとるか、輪郭を現してきた。突然眼前に、古典時代のオリンピア競技場の遺跡が霧の中からゆっくりと浮かび上がり、ギリシャの神殿や彫像が通り過ぎて行く。アキレスやアフロディテ、メドウサやゼウス、アポロとパリスが現れて、ミロンの円盤を投げる人が出現した。この男が血と肉でできた生身の人間に変身し、スローモーションテンポで円盤を振り回し始める。他の彫像は神殿の前で舞う踊り子たちに生まれ変わり、彼女たちは燃える炎と化し、それはオリンピックの聖火となる。松明はこの火を受けて、ゼウスの神殿から一九三六年の現代ベルリンまで運ばれてくる。古代から現代への橋渡しだ。こんな風に私は自分のオリンピック映画のプロローグを幻覚として体験したのである」(6)(レニ・リーフェンシュタール)

雲の切れ間からオリンピアの廃墟に聳える神殿が現れ、遺跡の合間を縫うようにカメラは移動し、端正なギリシャ彫刻が次々と浮かびあがる。ミロンの「円盤を投げる男」がやがて生身の肉体に変わり、静止像が動きだす。大地を疾走って槍を投げる男、踊りだす裸身の女、聖火を灯した松明を手にした若者が廃墟を背景に走りだし、薄明かりの中、海辺を走り、次の走者へ聖火を渡してゆく。聖火はベルリンを目指し大陸を駆け抜け、ついにはスタジアムへと到達する。見る者は聖火と共に、あっという間に古代ギリシャから現代ベルリンへ誘われる。

スタジアムに入った走者はトラックを巡り、階段を駆け登り、聖火台へ辿り着き、火を灯す。まわりの選手たちは古代の戦士や巫女を思わせる均整のとれた美しい肉体の持主であり、ギリシャの朽ちた神殿が真新しい装いでベルリンに蘇ってくる。スポーツの祭典としてのオリンピックはギリシャの神々の祭典を継承するものであることを示しながら、その現代の神殿を作り上げたヒトラーがこの祭典を総指揮する者として位置づけられた。

ここでも現実のオリンピックというよりレニの二十世紀神話の構築が目論まれている。それゆえオリンピック競技やアスリートの肉体は彼女の映像の有機的な要素群になってしまう。百メートル走、二百メートル走、走り幅跳び、四百メートル・リレーの四種目に優勝したジェシー・オーエンスらを筆頭とするアメリカの黒人選手たちの肉体の圧倒的な力強さと美しさ、日没後、不安と緊張を隠しきれず必死の戦いを繰り広げる棒高跳びの日本とアメリカの戦い、日本の孫《そん》とイギリスのハーパーが抜きつ抜かれつ先頭を争うマラソン競走、一〇メートルの高さで張り詰めた優美な弧を描くダイビングの連続シーン……「民族の祭典」と「美の祭典」ではレニは人間の肉体の臨界点を写し出した。人間の肉体でありながら、もはや人間の肉体とは言えない完璧さを備えたイメージの流動といったほうがいいだろう。

　そこでは肉体美のエロスもまた新しいエロスに再構成されてゆく。男の肉体と女の肉体という区分けは不可能になり、それらが精妙なバランスで混ざりあい動いているような、人間と機械が分かち難く交差するような新たなエロティシズムがそこに開示されていた。さらに言えばそこには一つの民族と他の民族の肉体が融合する肉体のイメージが示され、人間と動物が交錯する肉体芸術の位相さえ提示されていた。これは言うまでもなくジョセフィン・ベーカーの肉体表現と繋がり、またその後のレニの写真集『ヌバの最後』や『カウの人々』へ重なる肉体意識と言えるだろう。

　飛ぶ肉体、走る肉体、舞う肉体、旋回する肉体、這う肉体、震える肉体……それらは幾何学的肉体でも機械的肉体でも拘束された肉体でもなく、陶酔する肉体であり解放された肉体であり狂喜する

レニ・リーフェンシュタール
「民族の祭典」

肉体だった。速度が美に変貌し、運動が美に変容する。

6. アフリカへの眼差し

ヒトラーのナチス党大会の情動を記録した「意志の勝利」（一九三五）や高度な美のダイナミズムを捉えたオリンピック映画である「民族の祭典」や「美の祭典」（一九三八）で歴史的な賞賛を浴びながら、レニ・リーフェンシュタールは第二次大戦後にナチスとの緊密な関係を問われ、収監され、映画制作活動を禁じられた。そして不遇な二〇年近くをドイツで送り、ようやく一九六〇年代になって再び強靭な美意識に裏付けられた新しい表現世界を見つけることになる。

一九六二年からおよそ七年間に渡り撮り続けられ、一九七〇年代初頭に発表された『ヌバの最後』（一九七三）や一九八〇年の『カウの人々』といった写真集がその成果である。レニのアフリカへの憧れは一九五三年にヘミングウェイの「アフリカの緑の丘」を読んで以来、心を離れたことはなかった。やがてダニエル・マニックスのノンフィクション『黒い積荷』（土田とも訳、平凡社）でアフリカの奴隷売買の実態を知り、映画化を決意したレニは一九五六年にアフリカへ飛び、取材用ジープで走り回り、ナイロビやケニアを旅するが、途中で自動車事故に遭遇し、頭部から動脈が飛び出す瀕死の重傷を負い長期入院を余儀なくされた。そのため映画は頓挫するが、病院のベッドで彼女は写真家のジョージ・ロジャーによるヌバ族の写真である「コルドファンのヌバ」（「シュテルン」誌に掲載）を見て、強い衝撃を受ける。

退院後の一九六二年、西ドイツのチュービンゲン大学学術探検隊がスーダン奥地のコルドファン地方ヌバ山地へ行くことを知ったレニは、当時六〇歳を越えていたにもかかわらず参加を決意し、スーダン共和国政府と交渉するが映画撮影許可は下りず、写真撮影のみ許されて学術探検隊に同行することができた。

悪戦苦闘しながらヌバの山奥に辿り着いたレニたちはとうとう探し求めていたヌバ族に出会う。日が暮れ、闇が迫り、静寂に包まれ、引き返そうとした時に薄闇の向こうに奇妙な飾りを付けた一団を見つけた。レニたちは車をそこへ置き、用心しながら彼らを追った。その一団は白い灰を体にすりこんだ全裸の男たちに率いられ、同様に灰を塗りビーズの飾りをつけた娘たちが列後方に従っていた。ヌバ族であることを確信するが、彼らは険しい岩盤や瓦礫の上をたやすく登ってゆき、突然かき消えてしまう。大きな岩山が視界を遮っていたため、それを迂回した瞬間、レニの目に飛び込んできたのは息を飲むような大パノラマだった。

「鬱蒼とした木々に囲まれた広場で、沈みゆく夕陽の中で、千人か二千人もの人々が揺れ動いていた。独特な化粧をほどこし、奇抜な飾りをつけて、一体彼らはどこのどんな星からやってきた人たちだろう。何百という槍の穂先が灼熱の太陽を突き刺し舞っていた。群れの中央には大小の輪がつくられ、その中で戦士たちが互いに対峙し、挑発し、戦い、踊り、そして勝者が肩車されて輪から外へ運ばれてゆく。その情景はまさにロジャーの写真そのものだった。私はすっかり圧倒されて、何をどう撮影したらよいのかわからなくなってしまった。見るものすべてにワクワクさせられただけでなく、それはまた素晴らしい音響体験でもあった。太鼓は休みなく鳴り続け、娘たちの甲高いトリルと観衆の叫び声が混じり合う。これははたして夢か現か定かではなく、連れの姿はとっくに見失って、ハッと気づくと私はヌバの只中にいた」[7]（レニ・リーフェンシュタール）

スーダン内陸部ヌバ族の人々の大地のリズムを吸いとったような完璧な躍動感、男と女の凄まじく生々しい肉体の乱舞、引き締まりバネのようにしなる体、戦闘の意志に満ちた鋭い眼光、感情と興奮のクライマックス、滑らかな漆黒の肌を幾重にも傷つけ刻まれた瘢痕、鮮烈な仮面のような化粧……ヌバの肉体や身振りの全てが生命の緊張に満ち、情動のリミットを示し、その姿はフォルムや光や色彩の持つ根源的な力を見せてくる。

レニは恍惚としながら喜びの声を漏らし、その肉体のうねりをカメラで撮りおさえた。その時、ヌバはもはや単なる被写体ではなく、レニに憑依し、同化してくるものだった。肉体そのものから発せられ、自らの肉体を駆動しなければ出会えない領域へ彼女は踏み込んでゆく。そこではレニ自身の身体感覚とヌバの肉体が交合し、煌めく様が浮かび上がっていた。

一九七三年に発表された写真集『ヌバの最後』は世界一〇ヵ国で出版され、大きなセンセーションを巻き起こし、数十万部を売り尽くす型破りのセールスを記録したが、その後もレニはナチスやヒトラーとの関連においてその表現性が言及される受難を被ったままだった。ヌバについて書かれたもののほとんどが、ナチスの肉体美学とヌバを直接結びつけるものだった事実がそれを物語る。

しかしレニの肉体表現＝ナチスの肉体美学という図式をいつまでも抱えている人々には、なぜ彼女が何十年もの迫害受難後もなお肉体に拘り、ついにはヌバやカウの人々と出会い、彼らを継続し撮影したのかを理解することはできないだろう。ダンサーや女優や映画監督や写真家として世界的な名声を獲得した女性が、四年に及ぶ投獄生活から無罪を勝ち取ったものの、一時は食べるものにも事欠くドン底の生活が続いた。さらに戦後は世界中のジャーナリストや批評家たちの一方的な誹謗中傷記事に対し闘い、五〇回以上にも及ぶ裁判には全て勝訴したにもかかわらず、その迫害は無くなることはなかった。こうした状況を潜り抜けながらレニはなおヌバやカウを撮り続けた。そしてそこにはこの種の人類学的写真には今まで現れたことのなかった人間と宇宙の本質的なものが映しだされていた。彼らはレニにとりまさに〝遠い星から来た人々〟だったのである。

ヌバという部族全体が滑らかで流動性を持つ生命体となり、躍動と緊張のエッセンスが優れた洞察力で救い出されている。それはある意味で二十世紀が喪失してしまっていた、人が生き延びるために不可欠なものの印だった。それを映像に定着させるためにはいつでも危険と冒険がつきまとっ

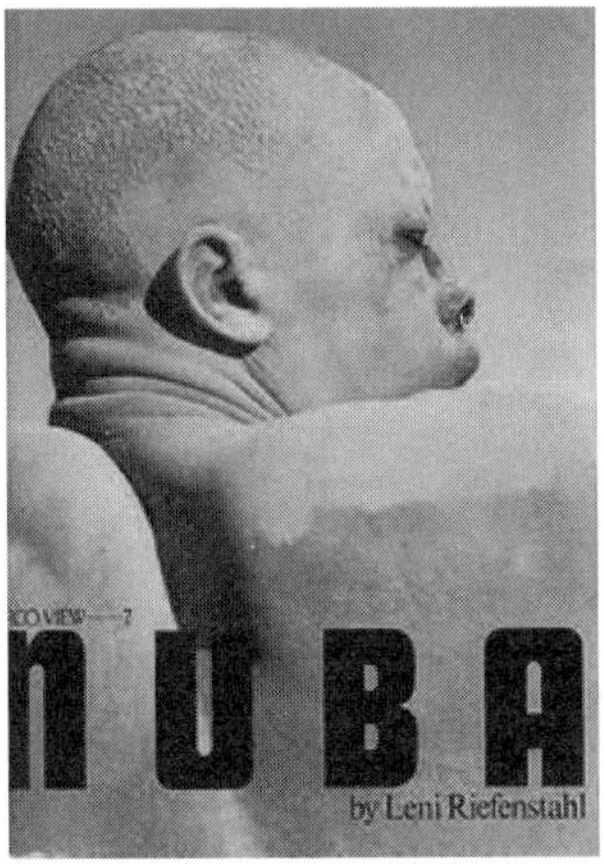

レニ・リーフェンシュタール
写真集『ヌバの最後』

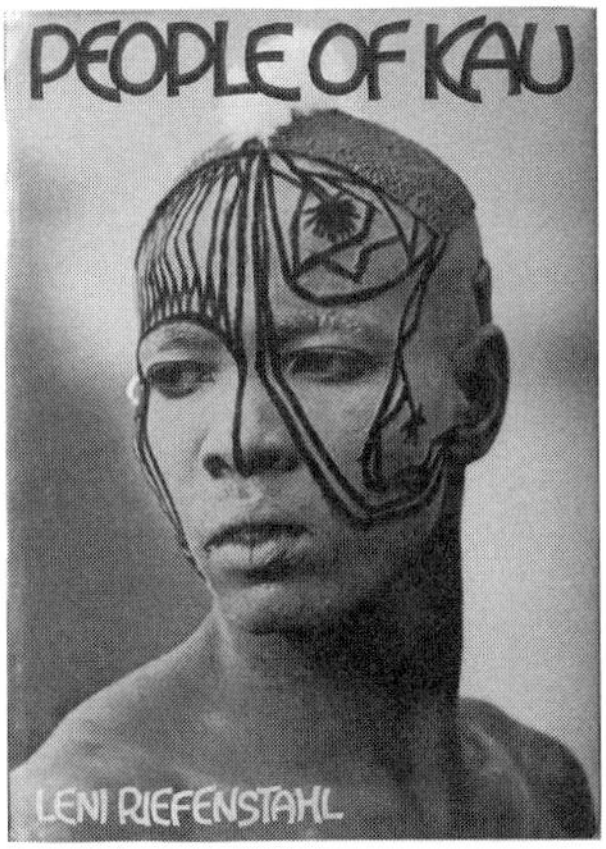

レニ・リーフェンシュタール
写真集『カウの人々』

た。身体と感情を極限まで駆使しないと、その領域へ入りこめなかったからである。文明化され飼いならされた人間として高みに立ち、対象として観察するのではなく、被写体と対等に向き合い、彼らと時間を共有し、彼らが生きる場所を這い、彼ら一人一人の足元に漂う大地の陰影や息遣いを感知し、吸い込み、記録する。だからレニのヌバの写真にはロングショットもなければ、ぎこちないポーズや表情もない。そこには生々しい身体感覚が溢れているだけである。

7. 宇宙的身体を呼ぶ

レニ・リーフェンシュタールは自己の表現の基点を「肉体」に置き続けた。ある時にはその肉体志向がファシズムのイデオロギーに特別な形で組み込まれ、利用された。そのことへの批判や非難はしっかり受けるべきである。しかしそうした事実とレニが希求した肉体の宇宙は一度、別々に考える必要もある。重要なのは創造性を追求する人間の思考や感情の質の推移を見てゆくことなのかもしれない。

レニが本能的に選びとった美学とは言語や認識のフレームを断ち切り、生命や聖性へ身体で直接辿り着くことだった。彼女は自分が一番好きだった仕事はダンサーの仕事だったと言ったことがある。当時、ドイツでノイエ・タンツと呼ばれていた新しい舞踏の動きであり、伝統的な型や形式に捕らわれることなく、肉体そのもので表現する運動と静止、跳躍と重力のコンビネーションのダンスだった。映画監督、女優、写真家、演出家、舞踏家、振付師と様々な芸術活動で頂点を極めたレニだが、ダンスは他の表現とは異質な存在だった。それはたった一人きりで、自らの肉体だけで、創造し、展開し、完成させられる表現だったからだ。父親の強い反対に屈することなく初舞台に立ったレニの流麗なダンスは次第に評判となり、ドイツを代表するダンサーとして注目を浴びるが、膝の故障によりダンサーへの道は閉ざされ、彼女の興味は映画や演劇に移らざるを得なくなった。ただダンスへの思いは生涯彼女の心に変わらずあり続けた。

さらに言えばレニの映像は世界を新たに目覚めさせようとする方向を常に持っていた。レニの映像によりわれわれは世界を見るのではなく、新しい回路が生まれ、世界が流入してくるような思いを抱く。その世界はまだ人間化されていない純粋な物質世界の輝きを湛え、素早く、深く、激しいものをわれわれに浸透させてくる。その体験はそれまでとは異なる映像体験となった。

しかしそうしたことが何故生じてきたのだろうか。考えてみればレニの映像においてはわれわれの主体に無数のひび割れが生まれ、自己という虚構が解体されてゆくようなある種のカタルシスを感じることができる。それを人はファシズムと直ちに結びつけるかもしれないが、ファシズムは主体に裂け目をつくり、再凝集させてゆく力の、特別な時代社会の変質した現象の表れに過ぎない。

「健康というものはいいものだ。肉体は美しいものだ。映画の主題が執拗に語っている処はたった

レニ・リーフェンシュタール
写真集『オリンピア』

それだけの事にすぎないのだが、たったそれだけの事が何という底知れない豊富な思想を孕んでいるのだろう。見ていてそんなことを思った。ここには肉体の多重性への、健康への信頼の思考がある(8)」

第二次大戦直前の一九四〇年に批評家の小林秀雄がレニのオリンピック映画に触発され、「オリムピア」というエッセイでそんな感想を記したことがある。見終わって「非常に気持ちが良かった」と書き始めた小林はさらに砲丸を投げる選手たちの動作に着目する。槍投げ選手の緊迫した映像の細部とリズムを比較しながら「心が本当に虚しくなる瞬間」や「精神が全く肉体と化す瞬間」について掘り下げてゆく。

「砲丸投げの選手が左手を挙げ、右手に握った冷たい黒い鉄の丸をしきりに首根っこに擦り付けている。鉄の丸を枕に寝付こうとする人間が、鉄の丸ではどうも具合が悪く、全精神を傾けて、枕の位置を修正している。鉄の丸の硬い冷たい表面と、首の筋肉の柔らかい暖かい肌とがぴったりと合って、不安定な頭が一瞬の安定を得た時を狙って、彼はぐっすり眠るであろう、いや、咄嗟にこの選手は丸を投げねばならぬ。どちらでもよい、兎も角、彼は苦しい状態から今に解放されるのだ(9)」

小林秀雄は肉体と精神の集中、緊張、解放のプロセスに注目する。こうした調律の間に入ってくるのは一つの鉄の丸であり、しかしその鉄の丸が両者を引き裂きもする。そして選手は与えられた秩序の中で両者の合致を見いだそうと苦しみもがく。選手の意識ではこの苦しみの構造を辿れはしない。意識の命ずる通りにしたら必ずや計算を誤るだろう。意識はその時、雑念や邪念に過ぎない。

選手はただ肉体に集中し、やがてバランスのとれた祈りのようなものが彼の中で膨れ上がり、突如として行動となる。引き裂かれたはずの肉体と精神が意識を締め出したために融合し、均衡へ至る。意識の介在を防ぎ、すべてが肉体の行為であるように振舞わせ、思想は実践されなくてはならない。私たちの肉体は私たちに極めて親しいが、また極めて遠いものなのだ。

レニのオリンピック映画は人の思考を遥かに上回っている。純粋な思考とは意識ではなく肉体の思考である。われわれには感知できない大きなメカニズムが人間を超えた領域に存在していて、彼女は処女作「青の光」以来、そのメカニズムが生む力に希求の念を抱き続けてきた。それはレニの個人的な問題ではなく、二十世紀という不思議な世紀に生きる人々に共通する潜在的渇望のようなものだった。だからこそ人々は自らの内部を暴かれるように、良くも悪くもレニの映像に恐ろしいほど敏感に反応した。高速度カメラにより生成する様々な肉体の動きにより人々の視覚に変調が起こり、その感受性が塗り替えられてゆく。そうした大きな見えない力は、それまでの時代が拠り所としてきた個の精神を跡形もなく押し流してしまう。言語や意味や文化も押し流し、それらがゼリー状に融合し、より大きな基盤を浮上させる。

レニの映像に対する考え方には多くの批判や異論が出てくるだろう。しかしわれわれが理性や知性と呼ぶ精神状態だけでは人は生き延びることができない奇妙で複雑な存在である。人には合体する欲望があり、陶酔する衝動があり、官能に浸る自由がある。そうした振幅への可能性を失ってしまえば、人は硬直し、病み、狂い、自滅する。ファシズムはある意味で、そうした硬直化の方向へ突き進んでいた二十世紀の流れに、人間の身体の無意識が早急に危うく反応した大きな痙攣状態だったと見做すこともできる。

　今や時代が明らかにしようとしているのは、われわれが理性や知性と呼ぶ精神状態より遥かに深遠な増殖する理性や知性が存在していることである。それらはある種の調和や秩序を持つが、われわれの通常の感覚や認識では捉えることはできない。またそれらはわれわれの日常の理性や知性には不可解で、異様なもののように見えてしまうことがある。しかしレニはそれらを映像という魔術を使い、可視化し、呼び寄せようとした。その発生現場を自分の身体でなぞり、見極め、イメージとして表出しようとした。レニが辿ったその反転された回路は、われわれ自身の身体で、今一度、新たな形で反芻する必要がある。

(1) ヴァルター・ベンヤミン『一方通行路』幅健志・山本雅昭訳、晶文社。
(2) ルイス・マンフォード『機械の神話／技術と人類の発達史』樋口清訳、河出書房新社。
(3) 小松弘「ドイツ山岳映画とリーフェンシュタール」、パイオニア・レザーディスク『レニ・リーフェンシュタールの世界』解説。
(4) レニ・リーフェンシュタール『回想』椛島則子訳、文藝春秋社。
(5) ウィリアム・シャイラー『ベルリン日記 1934-40』大久保和郎・大島かおり訳、筑摩書房。
(6) レニ・リーフェンシュタール、前掲書。

（7）レニ・リーフェンシュタール、前掲書。
（8）小林秀雄「オリムピア」、『常識について』角川文庫、所収。
（9）小林秀雄、前掲書。

身体、影の詰まった袋

――ルイス・ブニュエル「忘れられた人々」を呼びさます

少年はすでに腐敗していました。
ねずみや他の野性の動物も彼をいたわることはしませんでした。(1)
パウル・ガイスブレヒト

1. 予見としての映画

小高い丘の下にひろがる塵捨場に美少女メチエとその祖父が麻袋を積んだ騾馬をひっぱって来てとめる。老人は袋からペドロ少年の屍体を出し、道の上からころがす。丸太棒のようになった人体は塵の上をゴロゴロと回転し、疥癬病みの哀れな犬のむくろや腹を裂かれた猫や無数に散らばる空罐と一緒になる。暗迷な空の向うに屍体はフェイドアウトしてゆく。「忘れられた人々」の徹底して暗いデッド・エンドは明確な記憶の強迫観念となってすぐ手の届く位置をずうっと廻っていた。

両大戦間のパリの不安と再生のはざまに出現した「アンダルシアの犬」(一九二八)と「黄金時

代」（一九三〇）が従来の美術様式や老廃した合理主義的ユマニスムへの反逆であると同時に、第二次大戦前後の西洋の時間と空間が彎曲し拗くれる〝未来の廃墟〟を透視したシュルリアリスム映画であるとするなら、一九五〇年にメキシコでつくられた「忘れられた人々」は、その廃墟から立ちのぼる閉鎖状況の異様な美しさに満ちた青写真である。

　ルイス・ブニュエル（一九〇〇—一九八三）の映画は常に一種の予見話《パラペール》だ。〈少年群〉という人間の形態における最も鋭敏なアンテナを使い、ブニュエルは、感覚の深さを持てない、発見を拒否し、同一空間を反復する現代の人間像を見通した。観念の牢獄につながれ、奥行きのあるイマージュを持たず、新たな空間をつくる力を失ってしまった人間たちの透視図を。

　盲目の音楽師ドン・カルメロが崩れかけた廃屋でため息をつきながら言う。「なぜこんなところに居ついちゃったのかな。こんな狭いところにね」

「忘れられた人々」のラストシーンは、〝生きられる世界の構造〟を持たない。対象の位置が確保され、その地理が明瞭であるような透明な空間ではなく、距離は崩壊し個々が近づいたり遠ざかったりして展望のない地平線上で不透明な空間がかたちづくられる。

　空間は孤立している。対象は挿入の指標を失い、他の対象との現実的関連なく分離して示される。限界、壁、閉塞、取り囲み……事物はその結合を失い、空間はその統一を失う。

　少年たちは閉じこめられている。

　犯罪、盲人、いざり、貧困、鶏、未亡人、牛、鳩も同様だ。すべてのものが感染、中毒、外傷により感覚麻痺や痛覚脱失を起こし、有機的な生けるものとの接触を喪失させ、情緒疎通の欠如や感情の鈍磨をまきちらしてゆく。

この障害には個の内部での〝生きられる時間〟の特殊な変容も含まれる。映画の終章に漂うある種の謎めいた息苦しい感情の表出を思い出してみるといい。時間は分割し過去や未来に向って開かれず、それ自体の上を旋回する。時間は自らを投企できず、過去は積み重なり、未来は過去の絶えず重くなる堆積によって予想されるにすぎない。

宙吊りになった瞬間の籠の中に野放しにされた少年たちの生死が凝視される。

少年たちは母から見捨てられ友人に殺害される水兵帽のペドロも、父想いの孝行息子ジュリアンも、彼を殺し警官に射殺される背のひょろ長いジャイボも、父に置去りにされた土着インディオ少年オヒトスも、カカリンも、フリアンも、コルフォも、スゴルフィアも、みんな〝忘れられた人々《ロス・オルビダドス》〟であり、近代都市がその陰の部分に閉じこめた不毛な王国の住人たちである。

2. 暴力の叙情

ブニュエルは、メキシコ刑事警察の資料室から取り出された少年非行実態記録の梗概をもとに、世紀の中間点の社会状況を巧みに映しこみながら、少年たちの現実世界とその裏側でのあらゆる精神行為の循環的な淀みや自身を閉ざしてしまう世界を、メキシコ社会教育局とメキシコ・シティ児童防犯協会の援助を受け露わにしていった。

片眼を塗りつぶされた虫が光源に向って直進することができなくなり、散光下に置くと絶えず健全な眼のほうに体軸を変えながら円周運動を続けることになるように〝忘れられた人々〟には、光は変形して伝わり、刺激の移動の方向を検出できなくなり平衡感覚が破綻し自閉運動を繰り返す。しかし、「忘れられた人々」は、ラストでそうした閉塞感を結晶化させながら、全体の細部においては様々な空間を起してゆく。いや、ラストシーンが締められれば締められるほど細部は突出し、輝きを帯び、影の臨場感を伴って空間を起きあがらせる。シークエンスの各部においてゾーンを起立させ、空間が自らを縮め閉ざす世界から映像を乖離させ、生々しく深い描写《デクリール》を放射させる。

「立派な近代的ビルディングがたちならぶ都会、たとえば紐育《ニューヨーク》、倫敦《ロンドン》、巴里《パリ》においても、その背後には、みじめな人々の家庭が無数にあります。それらの人々は絶えず貧困と飢餓に直面しなければならず、汚ない子供たちはろくに学校へ行くことも出来ない有様で、そのため、やがて少年犯罪者が生まれるのです。もちろん教育者たちは、こうした少年の悪影響、感化をおそれ、それをなくすことを教化事業の目的としていますが、いまだに満足な結果は得られないという状態です。おそらく近い将来においてこれらの可哀想な子供たちも、人間としての特権を回復し、社会に役に立つようになるでしょうが、あらゆる国々にみられるこの現象は、近代都市であると自負するメキシコにおいてもまた、例外ではないのです。この映画の製作意図はここにあります。楽観的な態度を捨て、なにより現実そのものを見つめることによって、この重大問題をいかにして解決すべきか、それを有識者に訴えかけることが第一の目的だったのです(2)」

ニュース映画の解説のような形式ばった道徳的ナレーションが流れるなか、まるでそれを嘲笑い飛びはねてゆくかのように、カメラはニューヨーク港から臨んだマンハッタンの景観、エッフェル塔がそびえるパリ風景、テムズ川沿いのロンドンの街並、メキシコ・シティの大俯瞰、その広場、大通り、街裏の空地と、見る者を石柱が一本立つだけの白昼の廃墟へ誘ってゆく。

歯の欠けた菜っ葉服の少年が上着をひろげ闘牛士の格好をし、もう一人の少年が両手を角に型どり、うめきながら襲いかかる。周囲の歓声と共に少年闘牛士は身ぶりよろしく上着をさばく。スラム街の少年たちが繰りひろげるこの冒頭の闘牛遊びは生き生きと脈動する。「闘牛」における、〝身を曝す〟という行為の純粋性、危険と様式の融合、暴力としての抒情、夢と血の混淆は、まさにブニュエル映画の特質と言えるだろう。ミシェル・レリスの『闘牛鑑』を引くまでもなく、「闘牛」とは、ずれ、反れ、不協和を本質とする美の典型であり、牛の突進を一瞬のズレにより回避し、その動と静の逆転を美へ昇華する闘牛士の行為は、ブニュエル・イメージの転換や転置の形式に酷似している。

あるいはまた、不良少年団がマーケット帰りの乞食ドン・カルメロを襲うシーンでもいい。鉄骨のまま建ちかけになった二棟の高層建築が見える市街、豚革工場近くの広い空地は実にシンボリックな風景である。ジャイボがジュリアンを殺害する場所もこの近代の逆廃墟がそのあばら骨を曝す荒涼たる砂ぼこりの大地だった。二人の少年が魅惑的な曲線を描いて背後から蜉蝣のように忍び寄り、老人に向って石や泥の塊をぶつけ、引き倒し、体にくくりつけてあったギターや笛を蹴散らし、大きな石を持ちあげて力まかせに太鼓の上へ落す。四人の運動は線をあちこちに飛ばし、幾何学的な交合をなして見る者の目を奪う。太鼓は割れ、少年は逃げ去り、盲人は地面に這いつくばったまま動けない。匍おうとして顔をあげると、すぐ目の前に黒い軍鶏が嘴を突きだしてじっと彼を見つめている。スピーディにリズミカルに空間が弾み、すみずみに自律した別宇宙の濡れた波動が伝わっていく。

3. 逆流する時間

あのペドロの夢の情景の恐ろしいパースペクティブのことはあえて言うまい。レイエスから来た少年の大きな麦藁帽をかぶったオヒトスと、盲目の老人カルメロの巣となる瓦礫がころがり打ちっぱなしのコンクリートと鉄のワイヤーが合奏する廃墟へ追われたジャイボが、カカリソに連れられやって来る場面である。

戸口から煉瓦塀のなかへ入るとあたりは白い静寂が広がる夢魔の世界であり、遠くの汽笛や自動車のクラクションが妙に澄んで聞こえてくる。時間が逆流するような不思議な情景だ。

ルイス・ブニュエル
「忘れられた人々」

　いざりの男が少年たちに殴られ、上衣を剥ぎ取られ、往来にひっくり返される街路劇も、バルテュスの幻想画を想わせる息をのむほど迫真的な風景となる。

「ME　MIRABAS」と書かれたいざりの手回し式木箱車は坂道に押しやられ、カラッポのまま滑走してゆく。胴体だけで地に這った男は両手をバタバタさせて強烈な光景を振動させる。

平面は想像力の内部で屹立し、伸び広がり、垂直の錨を下す。日常の均衡作用が内包する単調さは砕かれ、見る者内部のフレームがストーンと落下し、その立体の行跡がおびただしい光彩を空間連鎖させてゆく。

「忘れられた人々」は、そのディテイルに漲る緊迫した空気や熱量によって、〝空間創造〟を最終目標とするようになる二十世紀後半の映画の使命を示し、その成立の可能性を暗示している。

ブニュエルは「忘れられた人々」で、知覚や認識の枠組みのために三次元のユークリッド的な空間しか持てなくなってゆく二十世紀の精神を指摘すると同時に、自由な位相幾何学空間へ彼らを引き戻そうとする冒険を鮮やかに展開した。

精神を構成するあまたの固有な感情や官能的な親密感を映画によって発見しようとする。様々な空間のアーキタイプを経験することの素晴らしさを見る者へ呼び起こそうとする。

結末の監禁された空間感覚が流れ去ると、すぐに細部の広大深遠な空間性が甦ってくるという、この自閉と無限拡散の奇妙なアンバランスが「忘れられた人々」の少年迷宮を、異様な美しさに満ちた飾画《イリュミナシオン》にしている理由である。

逆ベクトルを同時に重なりあうように示し、時代に有効な強烈な美のイメージを放射するブニュエルの映像能力は、映画表現を今までより遙かに豊潤なものとする経路を探りあて、閉じられた空間と濃密に群がる細部のせめぎあいを反美学的に露呈させた。

社会調査資料を駆使し実際に生活する素人の少年たちを使うという大戦後のネオ・リアリズム映

画の定型に従い、旧来の劇映画のメソッドを基本的に順守することで、ブニュエルはより正確に空間の隅々にまばゆい光を注ぎ、隠されていた多くの美の密集をせりあがらせた。

「忘れられた人々」は、「アンダルシアの犬」や「黄金時代」のような〈現実と超現実を結ぶ通底器〉としての映画ではなく、現実とか超現実とかの区別がつかなくなってゆく時代における映画に固有なものの爆発であり、シュルリアリスム概念が意味をなさない時代の映像の変容に含まれる「驚き」の再検討をめざすブニュエルの澄んだ意志を浮びあがらせる。

4. 虫のような映画

「忘れられた人々」を撮り終えた直後、ブニュエルはフランソワ・トリュフォーのインタビューに答え、こう語ったことがある。

「わたしがいつも夢に描いている映画があります。その映画というのは、ファーブルの『昆虫記』からヒントをえて登場人物のキャラクターをつくりだすものです。それはどんな人物かというと、わたしのいつもの映画の人物たちと同じように現実味のある人間ではあるけれども、ある種の昆虫の特殊な習性をそなえているという人物です。たとえば、ヒロインは蜜蜂のようにふるまい、若い恋人役はこがね虫のようにふるまう、といったふうに。この映画が絶望的なのがおわかりでしょう(3)」

ブニュエルが夢想したのは、人間の想像力を突き刺し、その内部を曝す「映画」である。

ブニュエルの〝虫のような映画〟とは、例えば種村季弘がその特異なブニュエル論「〈昆虫記〉としての映画」で「通常のブニュエル的人物は、がいして消化器の大きさにくらべて攻撃的器官が異常に発達した、蠍やハマダラ蚊のような人物なのである」と述べるような虫の防御機能や攻撃本能といった器官特性のデフォルメによる生態学的に分析可能な虫観察映画でもない(4)。

蓮實重彥がそのブニュエル論「ルイス・ブニュエル、または越境者の論理」で「越境不能性と畸型性とのブニュエル的悪循環が、その作品に不具者と偏執狂と狂信者をちりばめてゆくのだ。それは人類の昆虫へのきわめて論理的な移行を意味しているのだ」と言う、昆虫性を負とするような人間感覚の投影による映画観でもない(5)。

われわれの飼い慣らされた空間概念を無意識にブニュエル映画に使ってはならない。ブニュエルの虫的映画とは、人間の世界に昆虫をあてはめるのではなく、人間を昆虫の世界へ解き放ち、ものの始源的なイメージを取り戻そうとする映画である。

例えば、虫はセキツイ動物より遙かに鋭敏な特別に発達した感覚器や官能細胞を持っている。昆虫の感覚分岐は驚くほど多種に渡り、光感覚、聴覚、嗅覚、味覚、湿覚など特殊化した感覚器が体に局在し、めまぐるしい感性の情報を本能的にコントロールし平衡を保つ。驚異的な直感反応はそこから生まれる。

一次元の世界にしか生きられない虫もいれば、四次元に感覚を曝し続ける虫もいる。光を透過する蛹の体内だけが空間である寄生虫は、青いネバネバした粘膜や銀色に光る糸のような粘液のなかで気が遠くなるほど幻想的な輝きに全触覚を集中させて恍惚状態のままその一生の大半を過ごす。

昆虫たちには死は日常であり、ほとんどすべての目は死と出る。生きていること自体が奇跡となる。

何週間も続けて交接をしながら連がる虫がいる。外見上は性器官が欠如しているのに想像を絶するような陶酔を単純接触のなかで味わう虫もいる。生殖器官の構造が激しく崎型化し、交接自体が一種のミラクルと化す虫や生殖と永続のため自らを食物として提供する虫は、変態し続ける「昆虫」という常に浄化された形態の下に、胃を持たず翅を持って、一定の期間、ただ、愛して死ぬ。

ブニュエルは自分に本質的な虫的なるもの、昆虫にとっての世界、昆虫にとっての空間、昆虫にとっての感覚の助けを借り、物へと向かう。虫の感覚で世界を捨象し、漸進的に物の心理へと没入してゆく。物と物とを区別する光、物と物との意味、関係が見渡せる地点へまで虫の翅で上昇してゆく。

「忘れられた人々」はそのような意味において昆虫的だ。不完全ではあれ、確かにブニュエルが夢見た〝虫のような映画〟のかたわれであった。

ブニュエルは、映画に物の光を反映し映像に究極的な力を貯えることによって、映画の可能性とその実現との間の絶望的な距離を瞬間的に癒着してしまった。

5. 冒険のエロス

多重像を酷使し、パラノイアという〝正確に狂ったレンズ〟をグロッタの世界に持ち込んだ植物人間ダリとの共同製作である「アンダルシアの犬」や「黄金時代」を離れ、ブニュエルは彼の本質である虫的世界を「忘れられた人々」のなかで回復する。

単なる昆虫世界への移行ではなく、物の世界への移行をダブらせた虫的移行をわれわれはそこに見る。ブニュエルは昆虫の感覚で物のエロスの世界にゆきあたり、そこに二十世紀的な物神感を投影して異形な感覚体系をかたちづくっていった。

少年オヒトスがマーケットに置き去りにされた夜、行くあてなくカカリンの納屋にもぐりこみ、騾馬の毛の生えた乳房にしがみつき、乳首に口をあてがい、喉をゴクゴク収斂させながら夢中で白濁した乳を吸う。触覚器と触覚器とが分泌液にまみれ交接するような異常な霊気に満ちた野性描写が忘れがたい。

目のまわりに目やにが固まった盲音楽師の翅を震わせるような歌とギターと笛の音色が聞こえてくる。「悲しみの影、家を包みて、暗い嘆きに胸が痛めば」

メチエの母の透き通るような白い背中を、ドン・カルメロが鳩を手に持ち、そっとこすり始める不思議な呪術療法も印象的だ。「マリア様、お救いください。この苦しみにはこれ以上もうたえられません」。聖母がエロティックな観念で摩擦され、美の密所を閃かす。

ペドロの幻夢で部屋一杯に白い羽根が舞い落ちてくるなか、母親が両手を掌一杯開き、哀願し、激しい雷鳴と稲光りに包まれるとともに、生肉を差し出し不気味な笑みを浮かべ近づいてくる。メチエが椅子にすわり、腕にミルクを流し、スカートをまくり内股を開き、その最も柔らかい乳白色の太腿にミルクをたらしてゆく時の、絹のようにすべらかな官能の姿態が、闇に鍛えられてまぶしく光りだす。

死にかけているジャイボの頭に濡れた黒い舗道を駆ける薄汚れた犬の姿がクロスし、血と雨と体液が混じりあう。ペドロの屍体を跨いでゆく白い鶏の群、羽根、腐敗した藁、繊毛の光。映像が異物の痛みとして明解に挿入される。見る者は精神の内部の円環をなぞられ、その下にうねる軟らかいひだが動きだし自分のエロティックな部分を刺激し始めるのを感じてしまう。人間の現実を提示しながら、人間はそれを超えてあらゆる果てにたどりつける方途を持っていることを喚起させ認識させる。

　われわれを精神の別の衝動へ連れていってくれる冒険のエロスが蠢き、ブニュエル映像の危うい極端な物質感はそこから生まれている。白磁、大きなフイゴ、鉄棒、卵殻、棚帯、毒の足、木馬、死人の歯の首飾り……そうした「物の精」に、幼年期特有の性的色調が加わり、エロティシズムに対するブニュエルの複雑に屈折した嗜好となる。ありふれた物質が予期せぬ倒錯世界への触媒の役目を果し、潜在的な欲望が物質によって覚醒される。

　台所の鍋の動きでジャイボとペドロの母の姦通が成立し、ペドロと中年紳士とのホモセクシュアルな関係はショーウインドのなかの陶器の丸みの輝きのなかで錯綜し、盲老人のメチエへの少女愛は髪の匂いとナイフの触感によって促がされる。

ルイス・ブニュエル
「忘れられた人々」

眩惑的な空気感と倒錯的な気分が、物のあり方とその配列により醸し出され、まるでブニュエルのスクリーンがゴムのスーツのようになって全身を包み異常な皮膚感覚が生じ、新しいフェティシズムが自分とものとの関係に生まれる。

「忘れられた人々」は、「少年」と「昆虫」と「物質」をエロスで刺し通し、その交接の微妙な変化で詩的可能性を映写膜の最奥でうごめかせ続けた。

外形を貫き事物の魂のなかまで光をあてようとする特別な圏域との深い確実な接触は、ブニュエル独自の物の詩的情感を噴出させ、スクリーンに現実より遙かに現実味のある、本当に手にとってみたくなるような生の感じをたたえた。それは、もうわれわれの目の届かなくなってしまった世界の濃厚なアクチュアリティだったのである。

6. 物神の詩人

「忘れられた人々」は、「革命家からモラリスト」への移行なのではなく、様々な逆モラルの抽出物をちりばめた「シュルリアリストから物神詩人」への移動劇であり、それゆえ獣的な力と未知の美をためこむこの映画は、二十世紀後半においていかにして詩的映画を組み立ててゆくことができるかを多彩に合成させたモデルとして理解されるだろう。

ブニュエルは、世紀の中間点において、詩的現実や詩的映像の変貌とその可能性をひとつの水理として「忘れられた人々」に貫通させた。

よけいなものを全部取り払い自分の血液や肉体に即応したものに近づいてゆく。ブニュエルの場合、それが近代合理主義の発想より数段高いコントロールシステムを持つ虫的世界であり、そこを経由し物のトランス状態へ移行してゆく。

分析と総合といったアプローチでは到底たどりつくことができない、受信と発信がほとんど同時におこなわれる昆虫的方法論をブニュエルは「忘れられた人々」で試みた。

性と死と愛とを合一させるために必要な神秘の要素、およびその配合の鱗状模様を観察することで、外界を認識するカメラ以上に精密な写真機を自己内に装填し、内側の〝ものを動かすもの〟を研究し、生命の源初的イメージを外部世界より確かな存在としてスクリーンに映し出そうとした。社会化された現実の奥に潜む現物の裸形へのこまやかな愛撫と現実感覚によって視線から隠されていたものの奔放な噴射がそこにはある。

それは無人称のカメラによる神性領域の探究であり、社会的リアリズムが内部でひとつの焦点を結び、また無限に広がってゆく事物のリアリズムの透視図をつくろうとする果敢な試みである。ブニュエル映画を単なる無意識世界の再現や混沌として不透明でくすぶったイメージから画然と分かつ理由はそこにある。物の世界へ深く突き刺さったイメージの緊迫感があふれだしてくる。羊歯と死蝶の、眼球と金属の、聖塔と墓場の、脳と石との交歓を、物と物との交合を阻む障害が幾重に張り巡らされた、歪みの限界を超えて固着した安定期の社会文化の下、ブニュエルは虫感覚で飛翔し続けた。

鍛冶屋の入口から斜めに幾条にも差し込む煙るような光線、銀の柄のナイフのぬめり、鶏頭を棍棒でメッタ打ちにするペドロの影の作動、性の時間と死の時間の踊り、耳をくいちぎり目をつぶすジャイボとペドロの乱闘、メチエの髪油の香と金色の産毛、遊園地の古い手動式のメリーゴーランドの円環、赤くなった鉄、天国の地獄と地獄の天国、釘が出た棒で裂かれた肉が見える少年の膝、夢の精、無数の少年たちが白い制服を着て美しく耕やされた畑で規則正しく働いている明晰な風景、走光性のエロス。それが、ブニュエルの幻視がたどりつこうとする彼のただひとつの故郷に他ならない。

（1）パウル・ガイスブレヒト『殺人―実存的限界状況の分析』武村信義訳、金剛出版。
（2）ルイス・ブニュエルＤＶＤ「忘れられた人々」（ジュネス企画）より。
（3）フランソワ・トリフォー「すばらしい構成力を持った映画作家ブニュエル」山田宏一、蓮實重彥訳「カイエ」一九七九年三月号、冬樹社。
（4）種村季弘「〈昆虫記〉としての映画」、「季刊フィルム」第四号、フィルムアート社。
（5）蓮實重彥『映像の詩学』筑摩書房。

肉体の抑圧と再帰する性の欲動

――デイヴィッド・クローネンバーグ論

1．抑圧と解放の戦闘

ナチスに追われ、一九三三年にロンドンへ亡命するまで診療や研究を行っていたジークムント・フロイト（一八五六―一九三九）の自宅はウィーン9区のベルグガッセ19にある。一八九一年に建てられた建物で、フロイトは新築された建物にその年に引っ越してきた。現在はジークムント・フロイト博物館となり、当時のままの調度品や家具を置き、濃密な空間に重厚な雰囲気を残している。フロイトが死去したロンドンのハムステッドにも、フロイトの生家のあるチェコのプジーボル（かつてのオーストリア帝国モラビィア辺境伯国フライベルク）にもフロイト博物館はあるが、診療室や待合室がそのままの佇まいで残り、フロイトの精神空間を強く宿しているのはこのウィーンの博物館だけである。毎年、フロイトの誕生日にはジークムント・フロイト記念講演会が行われ、世界中から錚々たる精神分析学者や心理学者たちが集まってくる。

カナダのトロントでリトアニア系ユダヤ人家庭に生まれたデイヴィッド・クローネンバーグが自

らの出自を辿るかのようなライフワークとして構想した「危険なメソッド」(二〇一一)は、この精神分析学発祥の聖地と言えるフロイトの家の書斎を、フロイトとカール・グスタフ・ユング(一八七五―一九六一)が長時間に渡り熱い議論を戦わせる場として重要な役割を与えている。

フロイトが四十七年間生活し、その著作の大半を執筆した、三方を数万冊もの本で塞がれたこの書斎には、本棚やガラス製書架の隙間に多数の美術品やオブジェが所狭しと並べられている。ヴェヌス、ディアーナ、オリュンポス、ヤヌス、サテュロス、バッコス……大理石や青銅でできた古代の神々のかけら、廃墟から発掘された悪魔の石膏像、女神たちの浮彫、アフリカの原始彫刻や抽象彫刻、乳房のような貝殻、男根に似た化石や熔岩も紛れ込む。フロイトは診療や研究の合間にこうした夥しいコレクションを手にとり、それらの不思議な形態や感触を確かめながら思索や空想を巡らしていたのだろう。

これらの収集品はフロイトにとって欠かすことのできない効用を持っていた。つまりコレクションの大理石の肌目を触ったり、青銅の眼を眺めたりすることはフロイトにとって忘れていた死が蘇り、埋もれていた性の欲動が動きだす場だった。

フロイトは患者の病歴や症状を精密に分析するように、物が醸し出す雰囲気や仕草、形状や均衡をいとおしみ、愛でた。収集品はフロイトの心にまどろむ捉えがたいセクシャリティを呼び覚まし、幼年期の曖昧な記憶を揺動させた。それらのコレクションはフロイトの内と外の記憶が交錯し、変形し、歪み、再び整序化されていったものだった。そのような記憶はエロティックなものへの抵抗により意識下に深く押し込められていたものである。心の中の抵抗によりこれらの記憶は無意識としてしかその作用を発揮できなかったのだ。しかしじっと見つめ、愛撫するうちにフロイトの心の中で性愛の力とそれを抑圧しようとする力との葛藤劇が演じられてゆく。そうした抑圧と解放の戦いの瞬間がフロイトには大切だった。

フロイト・コレクションには「グラディヴァ」と名付けられた、有名な古代ギリシャの若い娘のレリーフの複製もあった。ドイツの作家ウィルヘルム・イエンセンの小説「グラディヴァ　ポンペイの幻想」（一九〇三）に記述されたレリーフであり、アンドレ・ブルトンが一九三七年に開設したパリのシュルリアリスト・ギャラリーの名前にもなった（ギャラリーの扉にはマルセル・デュシャンの結合した男女のシルエットが貼り付けられた）。

イエンセンの小説は、古代ギリシャのレリーフの娘に恋をしてしまう若き考古学者ノルベルト・アーノルドの物語である。アーノルドはローマの博物館で一点のレリーフを見つけ、ドイツへ帰ってからそれを石膏模型に取ってもらうほど強く心を惹きつけられた。なぜアーノルドはその娘にそれほど夢中になってしまったのか。その娘があまりに美しい脚を持ち、見事な歩き方をしていたからである。(1)

石畳の街を俯向き加減で歩み、ドレープの襞のついたドレスを持ち上げ、サンダルを履いた娘の足とくるぶしがその裾から覗いている。そして左足を前へ踏み込むと右足の爪先は軽く地面に触れ、足裏とかかとは垂直に上がる。柔らかく波打つ髪をスカーフで後ろでまとめ、周りには無関心で姿勢良く歩いてゆく。十七、十八歳くらいなのか、背は高く、未成熟な、ほそおもての古代風の少女で、その全身と動作が浮彫りとして立ち上がってくる。

アーノルドはその身振りと歩く動作が巻き起こす何とも言えないムードや佇まいに惹かれ、その魅惑的な物腰と振る舞いに心を奪われてしまう。そしてそのレリーフ上の娘に「グラディヴァ」、つまり「素晴らしい歩み方をする娘」という名前を与えたのだ。

2. 深層意識の鉱脈

フロイトは「文学と精神分析」（一九一二）でイエンセンのこの小説を取り上げ、「グラディヴァ」と名付けられた娘のレリーフはバチカンに収蔵されているギリシャ美術の「踊る女」の部分であると特定している。実はこの作品は三人の娘を描いた二つのレリーフの一部であり、そのうちの二人は植物の女神ホーライと生殖の女神タウスであることが明らかになっている[2]。

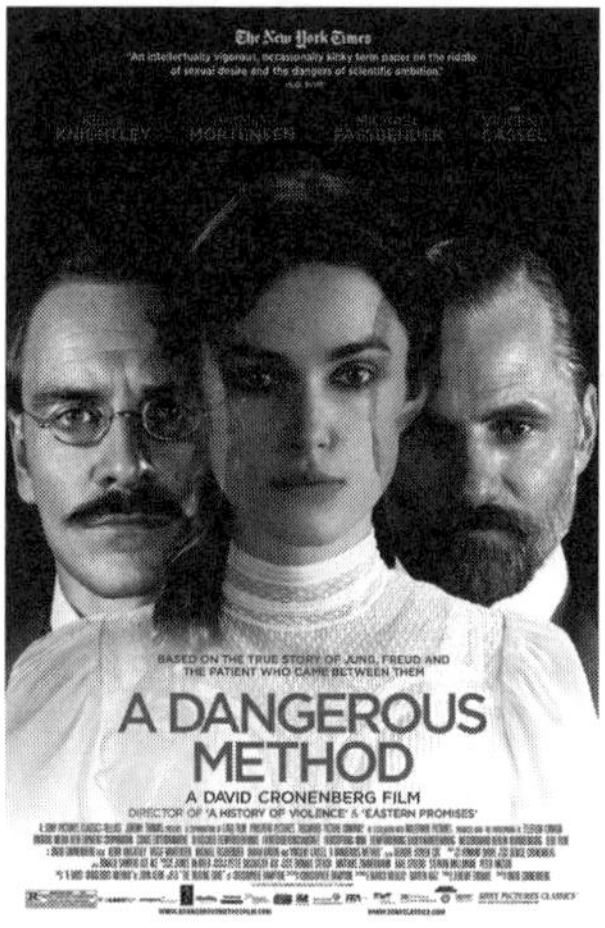

デヴィッド・クローネンバーグ
「危険なメソッド」

小説の主人公アーノルドはある夜、紀元七九年のベスヴィオス火山噴火によりポンペイが壊滅し、グラディヴァが死んでゆく夢を見る。彼は娘への恋慕から次第に夢を現実のように捉えるようになり、妄想の力によりポンペイへ導かれ、そこでグラディヴァそっくりの少女と出会う。

ゾーエ・ベルトガングという名のその現実の

少女と何度か会ううちに、アーノルドは彼女をグラディヴァと同一視し、墓穴から抜け出て現在を彷徨う存在だと確信するようになった。ゾーエはギリシャ語で「生命」を表し、ベルトガングは「歩みつつ輝く女」を意味していた。

ゾーエの方はアーノルドの異常な執着心や精神状態を案じ、なんとか彼の魂を救ってあげたいと思うようになっていて、彼女はとうとう自分がアーノルドの幼少時代の遊び相手だったことを告白する。アーノルドはゾーエのことをすっかり忘れ果てていたが、彼女は実は彼の家のそばに住んでいた幼馴染だった。

あらかじめ封印された記録の学問と言える考古学という領域へ没頭することで、押し込められた欲動の捌け口を見出していたアーノルドは、グラディヴァと現実に出会うことで精神の正常さを取り戻し幸福な結末を迎える。

「グラディヴァ　ポンペイの幻想」（一九〇三）は出版されて間もなくスイスにいたカール・グスタフ・ユングが読み、ユングの注目が無ければ単なる通俗小説として忘れ去られていただろう。ユングはこの小説をフロイトに伝え、フロイトは夢分析の書「ヴィルヘルム・イエンセンの『グラディヴァ』における妄想と夢」（一九〇七）を出版する。この論考はフロイトの分析の中でも特に精緻を極めた深い奥行きを持つ論文として知られている。

イエンセンの小説をきっかけにフロイトも実際にポンペイを訪れ、ベスヴィオス火山へ登った。一つの都市が丸ごと灰の中に埋もれ、その後何千年も経って掘り起こされるという歴史的な運命の奇跡と、抑圧により押し込められ分析により発掘されるという心理のメカニズムの類似性にフロイトは魅力された。フロイトは患者の行動心理に見いだされる無意識の法則が、イエンセンの小説の登場人物の意識的な行動心理と結びつくのを発見して狂喜したのである。

グラディヴァが死んでゆくのを夢見るというアーノルドの不安や恐れは、この少女の実在と死の幻想を妄想へまで押し広げていった。彼の妄想の中では、古代都市ポンペイにおける二人の生活は子供時代の忘れていた友情と親愛の記憶と等価であり、グラディヴァは抑圧されたエロティックな欲望のダイナミズムを象徴する。

アーノルドはポンペイでゾーエと出会い、現実の女性を妄想へ実体化してゆく。一方、ゾーエは彼の妄想における自分の役割を引き受けながら、歪んだ現実性から彼を救い出そうとする。アーノルドを治療しつつ、彼の妄想が子供時代の幼馴染へのエロティックな感情とそれを抑圧する力との葛藤から派生していることを知らせるのである。フロイトはこうして抑圧された欲動の潜在力を示すと共に、無意識の働き、無意識と意識的な欲動の関係、さらにはそうした関係の中で夢が演じる役割を明らかにした。

抑圧は意識することに耐えられないものを排除することだが、そのプロセスは単純ではない。つまりある思考を悪いと判断し、その思考を意識の外へ追いやり、さらにそうした操作もまるごと消し去ってしまわなくてはならない。しかも抑圧のプロセスは一つだけではないから、複数の抑圧プロセスが同時に働いてしまうと、せっかく押し込んでいたものが監視を逃れ再び現れてきてしまう。だから精神の歪みや不均衡を別回路に吸収させ、うまく処理したつもりになっていても、予期せぬ事態でそうした回路が破綻すると、人は一挙に混乱に陥り、パニックとなる。

抑圧は危険でタブー視された思考や感情を無意識へ流し込もうとする。抑圧とは私たちの内部で起こる現象や出来事を私たち自身から隠蔽し、変装させる技術なのである。「危険なメソッド」や一連のクローネンバーグ映画はこうした変装を拭い去ってゆく力の映像と言えるだろう。そこでは抑圧されていたものたちが死者や亡霊のようにゆっくり回帰してくる。

3. 感情の肉体化

一九七〇年代初めにカナダで多くのTV映画プログラムを手掛けた後、デヴィッド・クローネンバーグ（一九四三―）は「シーバース 人食い生物の島」（一九七五）で映画監督デューした。肛門から侵入し人間を操る寄生虫を描く低予算のホラー&ポルノのエクスプロイテーション映画だ。ある科学者が生み出した寄生虫が宿主に催淫効果をもたらし、この効果は性交渉により人々に伝染してゆく。もともとこの寄生虫は益虫と想定されていて、過剰に知的な生物になった人間に身体接触を取り戻し、性的エネルギーを解放させ、幸福をもたらすものとみなされていた。しかしみるみるうちに性的放縦の行動は拡散し、同性愛や近親相姦や乱交が横行、制御できなくなり、ついには発明した科学者が寄生虫により性の怪物と化した自分の娘を殺し、自らも自殺を遂げてしまう。

次作の「ラビット」（一九七七）ではバイクに相乗りした男女が交通事故にあい、女は火達磨となって重傷を負う。彼女は特殊な皮膚移植手術を受けるが、後遺症で左腕の腋下に奇妙な器官が生まれ、そのペニスのような突起物から人の血を吸わずには生きてゆけなくなってしまう。吸血鬼になった女は人々を襲い、狂犬病のような症状を蔓延させ、最後にはゴミ収集車へ彼女が投げ込まれるショッキングなシーンで幕を閉じる。この映画もまた体液交換による性的エネルギーの運動を描いた物語だった。

クローネンバーグはしばしば女性のセクシュアルな身体や器官に変形を加え、怪物化した女を登場させ、その性の変容を軸にパニックを連鎖させてゆく。「ザ・ブリード 怒りのメタファー」(一九七九)では、幼年期に母親から虐待を受けた女性が自分の娘にも虐待を加えたため娘から引き離され、精神科医の治療を受ける。その治療法は患者の鬱積したストレスを怒りの感情で引き出し、癌や発疹として肉体化させるというものだったが、この女性の場合は怒りの感情が小人になって外在化し、カウンセリングを受けるたびに生まれてくる小人たちが幼児虐待の親たちを次々と殺害してゆくのだ。

デヴィッド・クローネンバーグ
「ラビット」

スティグマ(聖痕)の例ではないが、肉体を支配している精神の法則があり、心の葛藤が肉体の変化として現れることがある。一九七〇年代のクローネンバーグ映画はいずれも性的隠喩を含み、苦悩や悲哀といった歪められた人間の感情が異形の現実と化す事態を扱い、内面の外化や精神の受肉の問題を主要なテーマとした。強い怒りや悲しみが言語化できなかったり、蓄積された不安や恐怖が解消できない時、その抑圧された感情は身体変異となり突出してくる。そのプロセスをクローネンバーグは映像で肉化しようとした。

しかし一九八〇年代に入るとクローネンバーグ映画は、こうした肉体上の問題から精神の問題へ重心を移し、その対象も女性の肉体的変容から男性の内面的変容へ変化していった。「スキャナーズ」（一九八一）はSFホラー映画で、妊婦用精神安定剤の副作用として現れた他人の意識を走査できる超能力を扱っている。一九四六年に発売された妊婦用睡眠薬「エフェメロル」は胎児に作用し、その結果突然変異で超能力者が生まれることが判明し、ある科学者が妊娠した妻にエフェメロルを与え、生まれた子供はスキャナーズ（超能力者）となる。スキャナーズは生来の能力奇形であり、神経細胞を攪乱するテレパシー能力を持っていた。そうした超能力を持つのはその子だけでなく多数いて、彼らは媒介なしに意思疎通できた。相手の神経系統と結合し行動や身体機能を操作するのだが、このことはスキャン（走査）と呼ばれる。スキャンにより相手の自律神経をコントロールしたり、視覚器官を混乱させ幻影や錯覚を見せることもできた。彼らスキャナーズの苦悩とは他人の思考を共有することから生まれていて、やがて自他の境界が失効し主体形成が不可能になってゆく。

ショッキングな映像効果で大きな話題を呼んだ「ビデオドローム」（一九八二）は、特殊な電気信号を含んだビデオを見た男に脳腫瘍ができ、そのために幻覚が起こる物語である。ある日、SMビデオを見ていた男は腹部に突如として女性器のような裂け目ができあがり、そこへ手が引きずり込まれる。またその裂け目へ特定のプログラムを組み込んだビデオカセットを入れると、男はカセットにコントロールされるビデオロボットと化してしまう。主人公の幻覚や悪夢は一人称カメラで提示されるため、主人公の現実が映画の現実となり、映画を見る者もどこからどこまでが現実なのか幻覚なのか判別できなくなる。そこではあらゆる対立軸が溶け合い、映画は未分化な感情の流れと化してゆくかのようだ。

「デッドゾーン」（一九八三）も三人の男がそれぞれの理由で幻覚に悩まされ、周囲に振り回されながら最終的に自己の存在理由を認識してゆく物語である。主人公が幻覚世界に入ってゆく幻覚と、主人公が幻覚世界に身を置かず単に見る幻覚の二つの幻覚パターンがあり、いずれも幻覚は視覚ではなく手により触覚的にもたらされ、内的世界を映像化している。自己や他者、外部や世界といった不確かな概念を手で触ろうとし、現実認識を再考しようとする実験的な試みである。

さらに「戦慄の絆」（一九八八）は、一卵性双生児の婦人科医の片方が女性患者と恋に落ち失恋したことから兄弟の共生関係が崩れ、二人ともドラッグ中毒となり、精神錯乱の果てに分身と鏡像の悪夢を描いてゆくストーリーだ。女性患者が現れる以前、双生児は二人で一つの自己を形成していたが、一方が破綻すると、それがもう一方にも波及してしまう。自己＝他者状況下では他者への愛はそのまま極度の自己愛に重なってしまう悲劇を描きだしてゆくが、ここでクローネンバーグはこれまでとは異質な洗練された映像と内容の深みを獲得していったと言えるだろう。

4．肉体変容とセクシャリティ

一九九〇年代に入ると、クローネンバーグ映画の変容はテクノロジーとメディアの変化によって、さらに加速していった。「裸のランチ」（一九九一）はビートニクス作家ウィリアム・バロウズが一九五九年に書いた同名小説を元にしたものだが、小説やバロウズの半生における数々のエピソードを大胆に再構成していてクローネンバーグ独自の世界観が伺える。

舞台は一九五三年のNY、元作家の害虫駆除員ウィリアムは駆除薬中毒への対策として与えられた謎の薬「ブラック・ミート」に手を出して意識混濁を招き、害虫駆除薬をドラッグとして大量摂取していた妻を誤って射殺してしまう。その後、ウィリアムはアルコールとドラッグの相乗効果に導かれるように、身を隠すため不可思議な異郷の地インターゾーンへ迷い込み、その裸の荒野で自己という怪物と向き合うことになる。

インターゾーンとは現実が夢の中で生き返り、夢が現実に噴出してくる世界であり、そこでは夢で人間を殺せば人間は非実体化してしまう。かつてバロウズは、フロイトが「イド（自我）」と呼ぶのは視床下部への寄生体の侵入であり、「スーパーエゴ（超自我）」と呼ぶのは神経中枢への寄生体の侵入のことであると言ったが、この映画ではそのイドとスーパーエゴという寄生体が混然として組み合わさった姿が見てとれる。デヴィッド・プレスキンによるインタヴューでクローネンバーグはこう語る。

「通常、現実として受け入れられているもの以外の別の現実を示唆することによって。そして精神状態の変化という形で、他の現実も同じ程度、現実だと主張することによって[3]」

つまりクローネンバーグにとって映画とはその複数の現実感を表す格好の媒体であり、多様な現実の共存を指し示すものだった。

「クラッシュ」(一九九六)はJ・G・バラードの原作でテクノロジーとセクシャリティの融合を描いた意欲作だが、ここにも同様の志向が鮮明である。CMプロデューサーの主人公は妻と倦怠期を迎えていて、性生活も満足できていない。ある日、出張で空港へ向かう高速道路上で衝突事故を起こし、相手のドライバーを死なせ、自らも重傷を負ってしまう。しかし事故の衝撃から得体の知れない性的快感を得たことに気づき、死亡したドライバーの未亡人や自分の妻と〝自動車とエクスタシーの融合〟を探求する謎の危険なサークル「クラッシュ・マニアの会」に引きずり込まれる。特別な性的嗜好が交通事故を介して人から人へ伝染し、テクノロジーが新たな性癖を掘り起こす。バラードはそれを〝テクノロジーの断絶効果〟と呼んだが、映画ではギブスを嵌めた美女の脚に大きく広がる女性器のような傷口と男が性交したり、一瞬の快楽のために体中傷だらけになりながら衝突を繰り返したりと、新たな性的なリアリティがクラッシュにより解放されてゆく様が生気を帯び

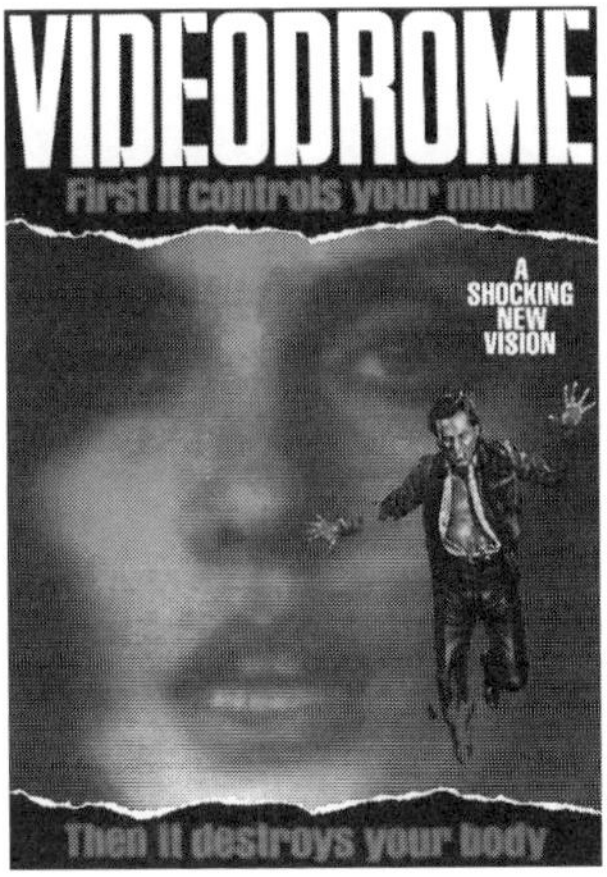

デヴィッド・クローネンバーグ
「ビデオドローム」

デヴィッド・クローネンバーグ
「イグジスタンス」

て描かれる。クローネンバーグは未知のセクシャリティは生殖という目的から切り離され、目的も意味もない自由な力になってしまったと指摘し、セクシャリティを再定義し新たな意味を与えることを迫られていると考えていた。

肉体の変容とセクシャリティの変容は直接的に関連している。衝突事故で複雑骨折した主人公の片脚は細いスチールパイプを組み合わせたギブスで覆われ、そのギブスは事故で生まれた肉体と機械の融合の象徴となり、性的快感の視覚的な印となった。

こうしたテクノロジーとセクシャリティの融合は「イグジスタンス」(一九九九)でバイオケミカルな地平へまで進んでいった。脊髄にバイオポートという穴を開け、生体ケーブルを押し込み、ゲームポッド(突然変異した両生類の卵からできたゲーム機)と人体を繋ぎプレイするVRゲームを描くこの映画では人間とテクノロジーは神経システムレベルで一体化し、未知のリアリティとセクシャリティを生成させている。他者、自己、世界、性、生命といった流動的で不確かなものへできる限り深く入り込もうとするクローネンバーグの強い意志をこうした二十世紀末の三作から感じとることができるだろう。

5. 覚醒する現実

二十一世紀最初のクローネンバーグ作品は「スパイダー　少年は蜘蛛にキスをする」(二〇〇二)である。精神科医を父に持つパトリック・マゲイアの原作で、スパイダーと称される主人公の内面のドラマが主軸となる。精神病院から退院した統合失調症のスパイダーがたどり着く凍えそうな街の景色や、社会復帰まで暮らす施設の異常な簡潔さ、寝る部屋の壁紙のシミや指先に付着し取れないニコチンの汚れ、そうした映像が温もりを失った主人公の内面世界と通底し、孤立し投げ出され混乱に飲み込まれた男の現実感覚を緊張感に満ちた空気として露わにしていた。彼の手帳をびっしり埋め尽くす文字の羅列も印象的だ。誰にも読むことができない文字が、散り散りになった意識や自我の有様を浮かび上がらせる。

「ヒストリー・オブ・バイオレンス」(二〇〇五)では画面の空気はさらに強度を増す。ジョン・ワーグナーの同名のコミック・ノベルを映画化したもので、アメリカ中西部の田舎町でのある強盗銃撃事件が、小さなダイナーの店主として家族と慎ましく暮らす男の葬ったはずの過去の扉を開き、日常に埋もれていた男を再びバイオレンスの側へ強く呼び覚ましてゆく。過去の凄まじい人格が再帰し、即物的で肉体的な冷えびえとしたエロティシズムが溢れる。乾いた性と純粋な暴力を先鋭化させた金属的な匂いの映画である。

その続篇とも言える「イースタン・プロミス」(二〇〇七)では人物描写はさらに磨かれ、緊張感に満ちたドラマ構成がなされた。アフリカとトルコの移民から見たロンドンの闇社会を描いたスティーヴ・フリアーズ監督「堕天使のパスポート」(二〇〇二)の脚本家スティーヴ・ナイトが、その次にロンドンを舞台に書いた東欧組織による人身売買契約(イースタン・プロミス)をテーマにした脚本をクローネンバーグ自身が書き変えた。貧しい東欧の国々から騙されて連れてこられた少女たちの非情な現実を起点にしたロンドンの裏社会の地獄巡りが中心となる。

クリスマスのロンドンの病院に子どもを身ごもった危篤状態のロシア人少女が運ばれてくる。お腹の子はなんとか無事だったが、少女は死んでしまう。助産婦は少女の日記から身元を探るうちにロシア・マフィアの運転手と知り合い、謎の世界へ引き込まれてゆく。

主役の運転手役を演じるヴィゴ・モーテンセンの勧めでシナリオにはタトゥーに関するストーリーをクローネンバーグが付け加えている。運転手は体に四三ヵ所のタトゥーを入れていて、それは「カインの印（永遠の犯罪者の刻印）」なのだ。事実、ロシア・マフィアの受刑者たちはタトゥーに自らの犯罪歴や服役期間、性的嗜好などの履歴を刻み込み、タトゥーを介し他者とコミュニケーションする。皮膚や血液や内臓は「私」ではあるが、普段は意識することのない「私の中の他者」でもある。クローネンバーグはそのような呪いの象形文字を画面に躍動させながら、現実を肉体で生き直し、深い記憶を抉り出そうとした。

サウナ浴場で主人公が全裸で、男性器を揺らし、汗だらけの肉体をぶつけ合い、瀕死の重傷を負いながら何度も戦い続ける姿は、人間の凄みを帯びた現実が激しくショートし、熱と火を唸らせているようで忘れ難い。生々しい皮膚感覚と鮮烈な色彩と濡れた身体が擦れ合う様が映像に浸透している。

こうした二〇〇〇年代の映画では、それまでのクローネンバーグ映画を特徴づけていた幻覚や悪夢、異形や奇形のシーンは退けられ、現実や時代に裏打ちされた社会的な現実性に溢れた映像展開がなされる。主観を排した、張り詰めた現実感や生々しい肉体の冷たい熱のようなものが静謐に提示されるのだ。

二十一世紀に入ってからのクローネンバーグ映画にはより研ぎ澄まされた強靭性を感じとれる。それは二〇一〇年代の、巨額の富を手に入れた金融業の大成功者のリムジン内での一日を描いた「コズモポリス」（二〇一二）でも、名声も富も手に入れたハリウッドセレブ・ファミリーの封印された秘密を暴露する「マップ・トゥ・ザ・スターズ」（二〇一四）でも同様である。

現代アメリカ文学の重鎮ドン・デリーロの同名作を原作に、没落要因を〈日本円〉から〈中国元〉に替えて時代の流れを浮き彫りにした「コズモポリス」の主人公は二十八歳の電子金融取引の寵児であり、映画のほとんどが彼の所有する巨大なリムジン内部で進行してゆく。この閉塞的な香りに満ちたリムジンは主人公の肉体であり、精神空間であり、車内は黒いソファとコンピュータから放たれる青光で充填された密室だ。

ハイテク完備のこの移動オフィスにはコミュニケーション不全とセックスの臭いが充満している。

デヴィッド・クローネンバーグ
「コズモポリス」

デヴィッド・クローネンバーグ
「マップ・トゥ・ザ・スターズ」

防弾と防音の装置が施され、愛人とのセックスや毎日の医療検診、排泄行為や飲酒飲食が繰り返される。主人公がリムジンから外に出てＮＹのラビリンスを彷徨うのは、彼の強い内部衝動である資産家令嬢で詩人の妻との会話や、父との思い出が残るスラム街の床屋へ散髪に行く時だけだ。末期資本主義社会の歪んだ欲望と不意打ちの気配が宙吊りのまま、暴力装置の中にゴキブリのように生け捕られている。

「マップ・トゥ・ザ・スターズ」はクローネンバーグが初めてアメリカで撮影した作品である。放火癖がある統合失調症の少女アガサは、両親が寝ている時に自宅に火を点けたため負った火傷に苦しみ、長い間、サナトリウムに入っていた。ようやく退院し、クリスマスに焼死した大女優の母の亡霊に苦しむ中年女優ハヴァナの秘書となる。偉大な母親から幼時に性的虐待を受けたためトラウマとなったハヴァナの精神を治療していたのはハリウッド一有名な精神科医、実はアガサの父ワイス博士だった。アガサの母はアガサの弟のスター子役ベンジーのマネージャーとして辣腕をふるっていた。自宅の炎上と姉の消失で内面を失ったようになっていたベンジーは薬物依存から抜け出し、リハビリを続け、母と共に鮮やかな復帰を目指していたが、ハリウッドでのストレスが重なり、人気の出てきた共演の子役を絞め殺してしまう。

さらに追い討ちをかけるように、アガサもベンジーも両親の近親相姦から生まれた子どもだったこと、それに習うようにアガサとベンジーは幼い頃から秘密の結婚儀式を行っていたこと、姉と弟の記憶に染み込んだ不思議な聖別の詩の朗読などなど、スキャンダラスな秘密が次々と暴かれていった。火傷を隠すための黒く長い手袋、顔や体に広がった火傷のひきつれ、度々服用する大量の鎮痛剤や抗不安薬、青いプールのそばで火達磨になってゆく母親の姿……そうしたものがアガサの隠されていた秘密の発火点となり、バビロンの怪物たちの呪われた血脈を照らし出す。ハリウッドの内幕物というより、人間に内在する普遍的な闇の残酷さを描きだす奇態な物語と言っていいだろう。

そこでは新たな現実感が覚醒され、冷徹な〝第三の眼〟のようなものが湧き上がってくる。それはカメラのフィジカリティや直接性を梃子にした物質的リアリティの探求である。進化する映像処理技術や特殊効果を駆使し異形なものや奇怪なものを表出する方向へクローネンバーグは向かおうとしなかった。彼はできる限り精神性を探究し、現実の皮膜を剝ぎ、アナログとデジタルの境界を超出してゆく方向へ向かっていった。その方向の果てにフロイトとユングという二十世紀精神の怪物の対決へ誘われたのは当然の帰結だったのかもしれない。クローネンバーグはこうして社会性や時代性を突き抜けた歴史の無意識の領域に接近することになる。

6. 自我の怪物

クローネンバーグの映画はこれまでも度々精神分析学の対象となり様々に語られてきたが、「危険なメソッド」（二〇一一）は精神分析学の礎を築いた二人の巨人とその間を繋ぐ女性患者の関係に焦点を当てた異色作である。映画は一九〇四年から一九一三年までの時間を中心に描かれている。十九世紀末から二十世紀初めにかけては市民社会における性の抑圧が頂点に達した時代だったと言っていいかもしれない。それ故に性の欲動が荒れ狂い、ヒステリーが嵐のように押し寄せる。

一九〇四年、チューリッヒのブルクヘルツリ病院に勤める二九歳の精神科医カール・グスタフ・ユングは、ウィーンの精神分析学の大家ジークムント・フロイトが提唱する実験的な「談話療法」に刺激され、激しいヒステリー症状を示していた患者ザビーナ・シュピールラインにその治療法を実践してみようとする。患者の心の中に抱える問題や感情を吐き出させることから始まるこの治療法により、ユングはサビーナの幼少期の父親との記憶を辿り、彼女が抱える性的トラウマの原因を突きとめ、心の奥底に眠る倒錯する性の炎を炙り出してゆく。サビーナは四歳の時に初めて父親に打たれて以来、極度の恐怖に慄きながら何故か父の折檻の度にひどく興奮してしまう性癖を持っていたのだ。

その治療の過程でユングとサビーナは医師と患者という一線を超えてしまう。やがて二人は秘密の情事を重ねるようになり、その内なる葛藤はユングの師とも言えるフロイトとの関係にも大きな亀裂を生じさせていった。〝危険なメソッド〟によって貞淑な妻よりも魅力的なサビーナとの関係に捉われ、切迫した欲動と罪悪感の狭間で激しく揺れるユングは、人間の根源的な矛盾に直面し、逸脱した運命を辿ってゆくことになる。

映画には怪しい超常現象も暴力の乱舞もない。第一次大戦前のウィーンとチューリッヒを舞台に、友情、愛欲、野心、挫折、恥辱、嫉妬が厳密な人物描写で歴史映画のように綴られる。しかしその歴史性の仮装に騙されてはならない。これまでの軌跡を振り返ればわかるように、クローネンバーグは人間の精神という、今なお暗黒の大海に、映画という測深鉛を様々に投じてきた。映画によって可視と不可視という二分法は喪失し、その背後のさらなる闇が輪郭を獲得する。「危険なメソッド」でも表出不可能なものに形を与え、混じり合えないものを融合し、映画という無意識を活性化させる。

抑圧されたものは再帰するが、重要なのは抑圧の道具に選ばれたものこそが再帰するものを選択するということだ。抑圧されたものが再び現れる時、それは抑圧したもの自体から立ち現れる。映画もまたその抑圧されたものの再帰の現場である。特殊なメソッドで偽装し、隠蔽されているものが映画でならその装いを解いてしまう。

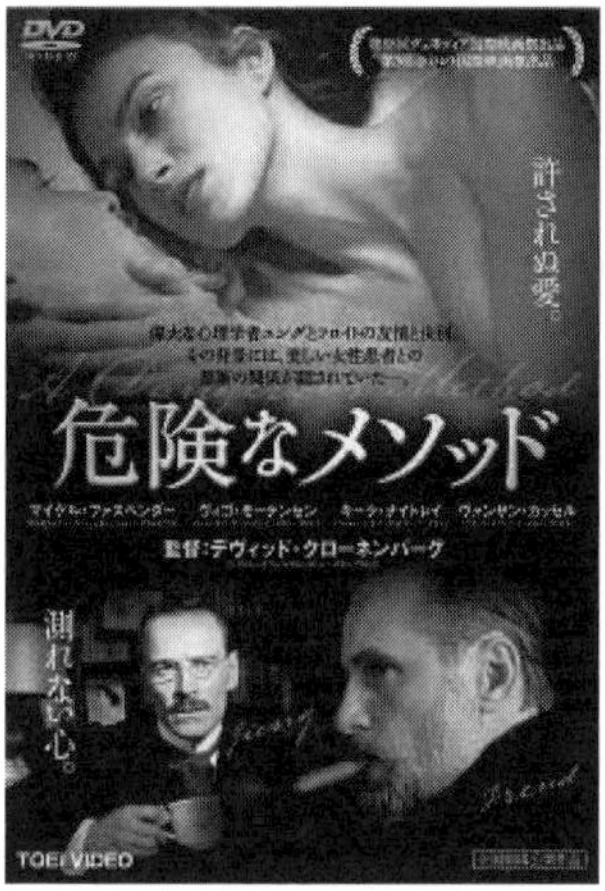

デヴィッド・クローネンバーグ
「危険なメソッド」

クローネンバーグの映画の一つ一つはまるでフロイトの書斎に置かれたコレクションのようだ。それらを丹念に見てゆくことで、私たちは自我という怪物や無意識という悪魔に心を逆撫でされるような思いに捉えられる。これらのコレクションは真の意味を内側に幾重にも隠した織物であり、その糸の目を細かく辿ることで真実が明らかになるような一つの夢の織物なのである。謎めき不気味であることは、そこに抑圧されたものが潜んでいることを示している。これらのコレクションは抑圧の派生物であり、それ故に象徴的であり、徴候を内包し、把握し難い欲動の生成や変容の場を生の形で引き出す。

映画にはユングとサビーナの関係を押し進める

触媒役となる、実在したフロイトの弟子オットー・グロス（一八七七―一九二〇）が登場する。グロスはフロイトからの依頼でユングが診察することになった男で、精神科医でありながら薬物に溺れ、一夫一妻制を否定し、あらゆる社会の規範や道徳に縛られない風変わりな深層心理学のパイオニアだった。彼は「快楽を拒むな」「衝動に屈服しろ」「患者の女と寝ろ」といった挑発的な言葉を矢継早に繰り出し、ユングの心の底に眠っていた欲望に火を点ける。しかしその破天荒な言動にもかかわらず、グロスは精神の解放の重要性や、医師が正気であり続けることの限界を指摘し、罪を通し学ぶことの大切さに触れ、正常な人間がどれほど歪んでいるかを明示した。

快楽主義者グロスは破壊的な力の衝突だけが新しいものを生み出すと唱え、成熟することは降伏だと呟き、性行為は自己破壊であり、性衝動は融合なのだと主張した。クローネンバーグ映画にもそうした衝動の脈動が深く染み込んでいる。

「短い人生でたった一つ知った。何も抑圧するな」

入院したユングの精神病院から失踪するグロスの言葉がリフレインするメロディのように繰り返し再帰してくる。

（1）ウィルヘルム・イエンセン「グラディィヴァ　ポンペイの幻想」、ジグムント・フロイト『文学と精神分析―グラディィヴァ』安田徳太郎・安田洋治訳、角川書店、所収。

（2）フロイト『文学と精神分析―グラディィヴァ』安田徳太郎・安田洋治訳、角川書店。

（3）『インナーヴューズ──映画作家は語る』（柳下毅一郎訳、大栄出版）、収録のデイヴィッド・クローネンバーグのインタビューより。

3

愛するエスノグラフィ

陶酔する映像

——マヤ・デーレン「神聖騎士」を中心に

1. 映像というエクスタシー

映像とエクスタシーが交差する場はわれわれの想像以上に複雑で多義的なフィールドであり、通常の認知・感覚のシステムや物理的な場の法則が無効になってゆく特別なゾーンである。

エクスタシーという言葉は様々なジャンルに浸透しているが、その使われ方は表層的で部分的なものであり、実際にこの言葉が内包する深遠な領域については、これまでごくわずかな良質な探求と研究がなされてきたにすぎない。

さらにそれぞれの分野において、エクスタシーの解釈や説明はまちまちで、辞書を引いても「恍惚」「陶酔」「忘我」といった抽象的な文字が並んでいるだけである。エクスタシーという現象の内部で進行する重要な変容や具体的な運動についてはほとんど言及されることはない。

エクスタシーは人間という存在の基層となる位相である。それは時空を超えたある種の始源的現象へ人を誘う。人はエクスタシーによって現実世界を裏側で織りなす別種の秩序に覚醒させられ、エクスタシーという激しい感情の燃焼や精神の錯乱、意識の変容を通し、かつてない神秘的想像力のヴィジョンをもたらされる。

歴史的に見るとエクスタシーは長い間、宗教や儀礼と密接な関係を持ち推移してきた。フレデリック・マイヤーズはエクスタシーを「様々な宗教がこれまでとってきた最高の形態」と定義し、未開の民族の呪医やシャーマンから、ヨハネ、ペテロ、パウロ、釈迦、マホメット、スウェーデンボルグに至るまで、それぞれの宗教的形態が道徳的にも形式的にも大きな相違が見られるにもかかわらず、心理的にはまったく同質のエクスタシーの記録を見出すことができるとしている。(1)

宗教や民族や歴史が違っても、エクスタシーへ至る技術体系をどの集団や組織も持っている。エクスタシーの技術により心が理性を超越し、存在のより高度な段階へ進んでゆくことができるとみなされてきたのだ。

F・C・ハシポルドはこうした神秘的な恍惚状態とは、言語に絶する性質をもち、何らかの似通った体験のない者には伝えられないもので、その結果としてどんな人物でも底知れぬ心理の深みを覗き見ることができると指摘した。(2)

エクスタシーの体験者は、自分のものではない力によって支配され、占領され、あらゆるものが流れ込み、あらゆるものが流れ出てゆくような感じにとらわれてしまう。そして映像はそうした筆舌に尽くしがたい流出と流入の感覚を様々な形で記述し、転写し、刻印することができる。いや、その映像とエクスタシーが出会う場で思いもかけないことが連鎖的に起こってゆく。そうした〝エクスタシーの瞬間〟をほとんど奇跡に近い形で写しとめた一本のフィルムがある。マヤ・デーレン

（一九一七—一九六二）の「神聖騎士」（一九五三）である。[3]

「神聖騎士」はいろいろな意味で驚異的な映像である。それはまさに〝エクスタシーの映像〟なのだ。それはエクスタシーを撮影した映像というより、その映像が陶酔してゆく過程を見る者に刻印してゆく映像なのだ。それはエクスタシーへ入っていく踊り手を写しとめているというばかりではなく、撮影者であるマヤ・デーレンがある臨界点から陶酔状態に入り、その魔術的な対象へ急速に引きずり込まれ、その写しとめた映像もその流れに介入してゆく力を持ってしまったのだ。マヤ・デーレンは、持ち、構え、移動し、記録するカメラごと、ダンサーたちが入っていった、この現実ではない、見えない世界へ吸い込まれる。

カメラはダンサーたちに何か得体の知れないものが舞い降りる瞬間をとらえ、デーレンのなかにもその得体の知れないものが入ってくる瞬間を写し込んでしまう。ひとつの眼差しがダンサーの意識の変容を追いながら、もうひとつの眼差しは自己の内部へ、内部の流動へと吸い寄せられてゆく。デーレンの内部のすべての感覚が、外部の急激な変化に刻々と対応し、連動しながらある時空をなぞってゆく。

2. 陶酔のモード

あるいはこうも言えるだろうか。

「神聖騎士」にはマヤ・デーレンの踊り手へ向けられた眼差しばかりではなく、撮影者がレンズを介し関係する世界へ向けられる眼差しばかりではなく、それとはまったく異質な眼差しがとりこまれている。踊り手を見ているのは、もはやデーレンではなく、彼女の存在を超えたものであり、それはカメラを介しその向こう側のものへ入ってゆこうとしているのだ。だからこの現象はカメラが超越するものの力によって〝神の乗物〟と化し、神を踊り手へ解き放つ役割を果たす。踊り手やデーレンの意識変容の状態を写しているというよりも、その事実のほうが重要なのかもしれない。そうした意味で「神聖騎士」は奇跡的なフィルムなのだ。

ダンサーの意識変容する状況を一刻も逃さずに追い続けるマヤ・デーレンの眼差しが、その運動の磁場に誘われて揺動し、自らも変容してゆく。そしてデーレンの自我の眼差しが揺らぎ始めると同時に、何か別の世界のものがその揺らぎの隙間や亀裂へ、あたかも地上へ舞い降りるための絶好の機会を待ち構えていたかのごとく急速に入り込んでくる。カメラを入り込むべき対象のフォーカシング・ツールのようにして、踊り手のなかへ乗り移ってゆくのだ。あるいはこの超越的なものはカメラを通してダンサーだけでなく、デーレン自身の内部へも急速に入り込んでくる。まるでカメラは霊を吸い寄せてしまう磁器のようなものになってしまっている。この超越的なものはデーレンのなかへ入り込み、そのことによって映像の隅々に浸透し、蠢く。映像はまるでデーレンの別の皮膚になったかのように動き始める。だからデーレンのすべての感覚が外部世界に敏感に反応し、揺れ動きながら映像そのものをつくってゆく。そして何か超越的なものがダンサーやデーレンに接近するにつれ、映像の組織や質感がしだいに変化し、ダンサーやデーレンの身体の時間軸の変容を映像が写し出し始める。それは人間が持っている身体の内と外に対する情報処理によって秩序づけられるノンリニアな時間軸である。それは外部情報を身体が知覚し、そのことで身体内の記憶が外部へ別の働きかけをし、行動へ関わってゆく様相である。そしてそれが意識化できないほどの細かさ、速さで絶え間なく繰り返されてゆく。生体の内部を流れる時間の微細な写しのようなものとなっているのだ。

そこに通常の意識では見ることのできない、意識変容状態における〝神の眼〟が〝カメラの眼〟と結びつくことで初めて浮上してくる。それは人間の体内へ侵入する非物質的な宇宙生物の視点のようだ。それは身体を伴わない視覚であり、人間の知覚能力がとてもついてゆけないような場所から送り込まれる。

このことを意識レベルの変容という視点から考えてみたい。つまり、まず日常的な状態の人間の意識を広義の覚醒状態と呼ぶことにしよう。この広義の覚醒状態も情報科学的に見れば、情報処理速度や情報処理形式に様々なものがある。情報処理のスタイルは通常、リニアで、ロジカルで、速度も一定だが、特殊な状況下ではこの情報処理速度が変化するだけでなく、形式自体が、直感的把握、ゲシュタルト的感知、インスピレーションなどの別形式をとるようになる。生体の情報感知システムの仕組みが、構造的、質的に変化してゆくのである。

こうした情報処理の速度や形式のあり方を〝覚醒水準〟とよぶことにするなら、通常、人間は起きている状態で、何事もなければ決まった覚醒水準を保持できる。しかしこれにある特殊な条件が加わると覚醒水準が変化してゆく。例えば覚醒水準がレベルアップすると普通では考えられない早い速度で情報処理が可能になり、それも線的や一元的に処理するのではなく、多面的、多元的に処理できるようになる。逆に覚醒水準がレベルダウンすると、単純な情報処理にも厖大な時間と労力が必要になる。こうしたレベル変化はある範囲内では線的に進むが、限度を越えると大きく転換し、情報処理のモードが従来とはまったく別もののようになってしまう。それがいわゆるトランスと呼ばれる人間の状態である。「神聖騎士」は、まさにこの覚醒水準の変容を映像の組織と質感として記録しているフィルムといえるだろう。

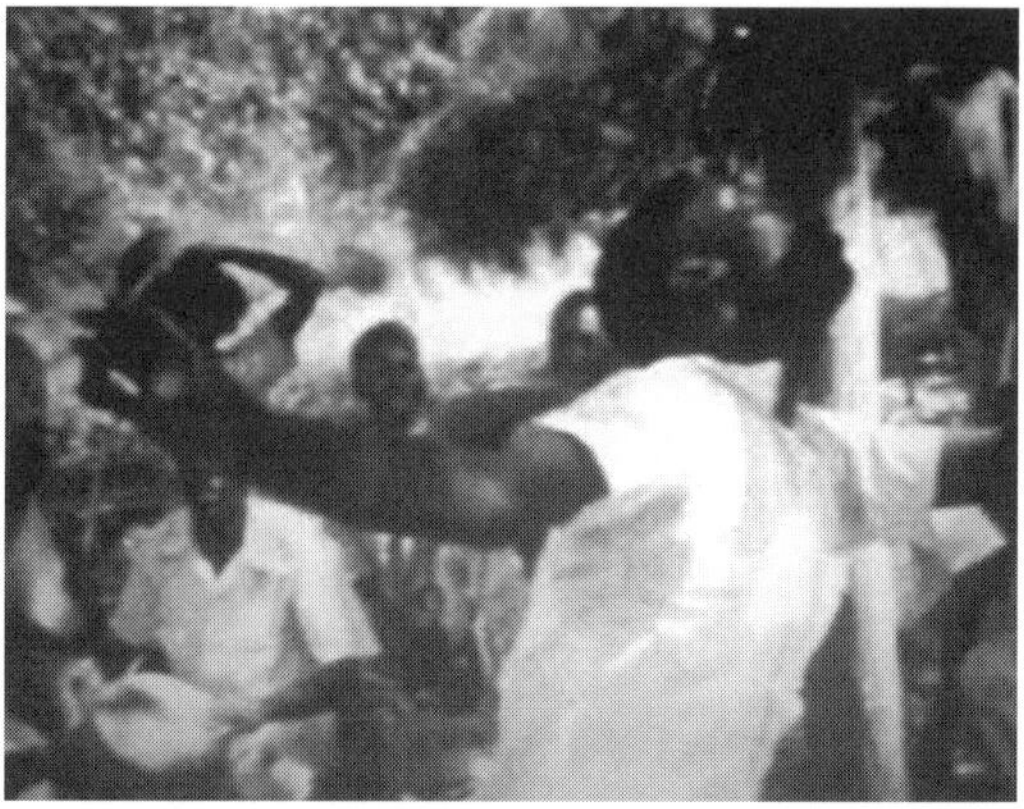

マヤ・デーレン「神聖騎士」のトランスシーン

マヤ・デーレン「神聖騎士」のトランスシーン

このフィルムは通常の意識をあらわす一秒二四コマのフィルム速度の動画から、完全な陶酔状態をあらわす静止画へ移行するプロセスで、次々と多彩な覚醒水準の連続運動を開示してゆく。あるいは覚醒水準の変容とイメージの生地の変容がシンクロしていると言い換えてもいい。つまり映画という動画のモードから多様な速度のスローモーションの階調を経て、写真という静止画へ至るまでの間に、イメージの溶媒の質が変わってゆき、そのことが写し、写される者の覚醒水準の変容も明滅させているということだ。だから例えば通常の意識状態でダンサーが吸い込んでいた空気は、スローモーションとなり静止画へ近づいてゆくにつれ、水のように重さを持って流れ始め、やがて水銀のように変化し、ついには石のように固まってしまう。そのイメージが生きて、呼吸している溶媒が大きく変質し、空気はとうとう石化してしまうのだ。「神聖騎士」には、こうした映像が刻々として孕む変質への傾きが強く意識され、内包されている。デーレンはそのようなイメージが呼吸している溶媒に敏感に反応し、そこへ自らの手ざわりのようなものをなすりつけようとしている。そうした意味においても「神聖騎士」は唯一の固有のフィルムとなりえたのだろう。

3. ハイチ・ブードゥー・デーレン

「神聖騎士」はカリブ海の島国ハイチの原始宗教であるブードゥー教の儀礼をとらえたドキュメンタリー映画である。ブードゥーはブラジルのマクンバやカンブンドレなどと同系の宗教で、アメリカではウィリアム・シーブルックが「魔術の島」(一九二九)で紹介したことをきっかけに広く知られるようになり、ジョージ・A・ロメロの「ナイト・オブ・ザ・リビング・デッド」（一九六八）やアラン・パーカーの「エンゼル・ハート」（一九八七）でおなじみになったアフリカ渡来のブラック・マジックである。もともとはアメリカの奴隷たちが伝えてきたもので、その多くはアフリカ、ギニア湾の出身者で、ガーナ、トーゴ、ナイジェリア、そして特にベナンがブードゥーの本拠地とされる。

ハイチはキューバに隣接するヒスパニョラ島の三分の一ほどの面積を占め、一九〇四年、ラテン・アメリカで最初に独立した共和国として知られる。人口の九〇パーセントが黒人で、ブードゥーが国教である。

ブードゥーは「ブードゥン」を語源とし、「霊」や「生命力」を意味する。その儀礼においては十字架やカトリックの洗礼の要素が取り入れられるが、基本的には先祖崇拝や薬草呪術などアフリカ色が強い。奥義は「ロア」と呼ばれる精霊との交流によって個人や共同体が抱えた問題を解決し日々の生活をより創造的に組み替えてゆくことにある。ダンスやドラムで呼び出されたロアに憑かれた人々はエクスタシー状態の中で、病を治す術や生活のアドバイスを受ける。信仰する人々にとって神との共振が人生の最大のよろこびである。神の存在を実感することは虐げられた人々の最後の救いであり、信

マヤ・デーレン「神聖騎士」

仰の核心となっている。人々は日常生活に絶望すればするほどエクスタシー体験を切実に求めてゆく。それが残された唯一の癒しとなるからだ。

同じ系列の宗教にブラジルのマクンバがあるが、これは形を変化させながら脈々と現在まで伝えられている。印象的な伝承にジャングルの奥深くで魔術師と魔女によっておこなわれる黒ミサ、神秘的な降霊術、官能的な密儀のダンスがある。太鼓のリズムにあわせて魔女が全裸で踊り続けると、蛇があらわれ、魔女の陰部から体内の奥深くへ侵入してゆく。ドラムのリズムは人間の意識を解きほぐし、情動を解放する力を持ち、閉ざされた心の壁を破り、神へ近づくことを可能にする。その蛇の体内への侵入と共に神が魔女に降りてきて、魔女の口から神託が伝えられる。そして最後に蛇が魔女の体内から引き出され、その蛇は切り刻まれ、人々に食べられる。

一九四七年、ダンサー出身で、すでにアメリカのアヴァンギャルド・シネマ・ムーヴメントの最前線にいて注目を浴びていたマヤ・デーレンは、ニューヨークからこのハイチに渡り、ブードゥーの呪術と儀礼を長期にわたって撮影した。その長時間のフィルムを彼女の死後、遺族が編集したのが「神聖騎士」である。

神が降り立ち、踊り手たちに次々と憑依してゆく。その黒い肉体が激しい生気を帯び、異様なほど美しく輝く。一見、荒々しく、無秩序な乱舞のように見えながら、実はその踊りのなかに高度に洗練され、展開された身体の官能的統合の形式が織り込まれている。

まるで踊り手のまつ毛をカメラがかすってゆくようなその超近接撮影は、おそらくこれまで撮影された最も美しく、魔術的なエネルギーを孕んだエクスタシー・イメージと言えるだろう。

踊り手とデーレン、デーレンとカメラ、カメラと踊り手、そして超越的なものの降臨……それらの界面にこそ、それらの往還運動のなかにこそ、エクスタシーという白熱する運動の秘密を解く鍵が隠されている。自ら踊りながら、踊るエクスタシーをとらえながら、マヤ・デーレンはその界面をすり早く駆け抜けていった。

エクスタシーとトランスのヴィジョンを可視化し、ケネス・アンガーやスタン・ブラッケイジ、デヴィッド・リンチら多くの映像作家に影響を与え、マドンナやレディ・ガガらのポップ・スターのイメージにも受け継がれている映像作家マヤ・デーレンは、本名をエレノーラ・デレンコフスキーといい、一九一七年、ロシア革命の年にウクライナのキエフに生まれている。彼女はエリンカの愛称で呼ばれた(4)。

父ソロモンは精神科医でベチテレフとパブロフの門下で、内戦時代は赤十字医から赤軍へ編入し、トロツキーと顔見知りになっている。母マリエは音楽家だった。しかし一九二二年、折からのユダヤ人迫害を逃れ、一家は密入国したポーランドからフランスを経て、既に一族の人々が亡命していたアメリカへ向かう。父は医師免許を持ってやってきたのだが、アメリカでは改めて取り直さなければならないことがわかり、一時、シラキュース大学の学生となっている。そのためデーレンはシラキュースで幼年時代を過ごした。彼女は順調にハイスクールへ進むが一九三〇年、両親が別居(一九三六年に離婚)、それが原因でジュネーヴの国連インターナショナル・スクールへ転校させられた。その時、父親と引き離されたことが彼女の精神的な外傷となったと見る向きもある。

デーレンは詩人や小説家に憧れ、学校新聞に寄稿したりして三年あまりのヨーロッパ生活を過ごす。その時の卒業論文は「ロシア農民の歴史と現況」だった。一九三三年、十六歳の時に父のいるシラキュース大学へ入ったデーレンはジャーナリズムと政治学を専攻した。この大学で彼女はグレゴリー・バーダックという政治青年に出会い、反戦運動に加わっている。グレゴリーもロシアからの亡命者で、アメリカ社会党の下部組織YPSL（社会主義青年同盟）のリーダーだった。スターリンから離反したトロツキー陣営である。二人は一九三五年に大学ストライキを成功させ結婚する。その後、ニューヨークのグリニッチ・ヴィレッジへ移り住み、デーレンはニューヨーク大学へ転入するとともにYPSLの書記局で働き、さまざまなデモやストに参加している。結局、一九二四年から三八年まで十四年間党員として在籍し、その間、周りの人々はほとんどが社会主義者だった。

政治活動と並行しデーレンは詩作も続けていたが、一九三八年、グレゴリーとの結婚が破綻し、結婚は三年も続かなかった。一人で暮らし自活し始めた彼女は、そのころからしばしばアルター・エゴ（もう一人の自己）との対話をおこない、自らの進むべき道を模索している。同時に、アカデミックな校風のスミス・カレッジ大学院で英米詩におけるフランス象徴派の影響を研究し始め、未来社会を舞台にしたSF小説『永遠の影の地』のシノプシスを書いたりしている。やがて大学院を中退し、作家のイーダ・ルー・ウォルトンやマックス・イーストマンの秘書をしたり、ベルギーの社会主義者ヴィクトル・セルジュの『征服された町』を翻訳したりして、書くことへの志向を明確にしていった。

4. 魔術とダンスとの出会い

その作家秘書時代にデーレンは、冒険家で作家のウィリアム・シーブルックと接触した。彼はアフリカやハイチに住み、またアレイスター・クロウリーを通じた魔術の世界に深く入り込んでいた人物であり、ハイチのブードゥー儀礼や呪術のルポルタージュ『魔術の島』も書いていた。この頃、コロンビア大学の人類学者ハーバート・パッシンや当時のアメリカのカリブ海文化研究の第一人者メルヴィル・ハースコヴィッツと知り合い、ハイチへの強い関心が芽生えている。

しかしデーレンの人生を大きく変えていくのは一九四一年の、モダン・アフロ・カリビアン・ダンスの振付師キャサリン・ダンハムとの出会いだった。ブロードウェイ・ミュージカル「空の小屋」の全米ツアーに同行したデーレンは、メルヴィルの弟子にあたるキャサリンと知己になり、秘書としてダンスの本を共同執筆しようとする。〝ダンハム・テクニック〟と呼ばれるモダン・アフロ・カリビアン・ダンスの普及者であるキャサリンは土着的な儀式や踊りの形式に身体芸術の核心が潜んでいるとみなし、カリビアン・ダンス研究をベースに独自のダンス・パフォーマンスを実践していた。同時に「ハイチのダンス、その社会組織、分類、形式、機能」といった論文も書く人類学者でもあったキャサリンの存在は、デーレンのダンスと人類学の関係、特にハイチの呪術と舞踏への強い関心をかきたてることになる。その関連でデーレンは一九四〇年から四二年にかけて雑誌に「ダンスにおける宗教的憑依」を発表し、未開、異教、呪術、憑依といった言葉が芸術と分かちがたい形でむすびついて彼女の心へ急速に入り込んでいった。デーレンはこうした経緯のなかで特にトランス・ダンスに強く惹かれ、その踊りのただなかに起こるダンサーの身体変容や意識喪失のメカニズムへ関心を寄せていった。

さらに映画というメディアとの決定的な出会いが続く。一九三七年頃からデーレンは本格的に写真を撮り始めていた。そしてキャサリンの西海岸での人脈を介して映画作家アレグザンダー・ハミッドと出会い、一九四二年に結婚している。ハミッドは、プラハで生まれたチェコからの亡命者だった。一九三〇年代にチェコ・アヴァンギャルドで重要な役割を果たし、撮影、編集、ドキュメンタリー演出のプロであり、代表作に「地球は歌う」、「危機」、「忘れられた村」などがある。このハミッドに名づけられて「エレノーラ・デレンコフスキー」は、「マヤ・デーレン」と改名した。この二人の出会いが映像作家としてのマヤ・デーレンを生み出すことになったのだ。こうしてみるとダンスと人類学、宗教学と映像学が一挙に彼女を襲い、彼女はまたたくまにそれを吸収していったことがわかる。

結婚した二人は初めハリウッドに住みつき、デーレンは一九四三年に「午後の網目」を撮る。夫から映画の魅力を教えこまれ、撮影のテクニックとノウハウを短期間で習得したデーレンは、この時、エクスタシーとトランスのダイナミズムや、独特な身体の動きとリズムを記録し表現するには、彼女が使っていた写真という静止画よりも運動を定着できる映画が有効だということを体得したのだ。

「午後の網目」は、文字通りデーレンとハミッドの二人だけでつくられたプライベート・フィルムである。一六ミリで、自宅で、二週間半という短期間でつくられ、出演者も彼ら二人だけで互いに撮り合った。台本はなく、花、影、鍵、階段、窓、足、ナイフ、鏡、電話、海などのオブジェ言語が端正なカットで綴られ、分身や死や変身のテーマが変奏されてゆく。逆転、パン、移動、アップ、広角、コマとびなど技術的にも精緻な演出がなされるが、特に注目したいのはスローモーションである。スローモーションとは時間の顕微鏡であり、題材や文脈によって啓示的にも表現的にも、安らかにもストレスにもなりうる。デーレンはここでスローモーションを人間の内的イメージとの関係でとらえ、次のように論じている。

「スローモーションとは単に速度が遅くなることではなく私たちの心のなかに存在する何かであり、写真的映像による確認可能な現実と結びついたときにのみ作り出されるものなのである。走っている人を見てそれを駆け足と私たちが識別するとき、その確認の一部をなす知識には、動作の通常の速度というものが含まれている。スローモーションと呼ばれる時間の二重露光を私たちが体験できるのは、識別すべき行為がゆっくりした速度で起こるのを目にしながらも私たちはその行為の既知の速度を自覚しているからである。だから、たとえば三角形が早くなったり遅くなったりして動くような抽象映画においては、基準となる速度がないのでスローモーションは起こりえない」(5)

このことはストップ・モーションやリバース・モーションでも同様である。これらの手法には時間と空間を調律し、映像そのものを有機的な構造体とする概念が含まれている。

「午後の網目」は、白昼夢の可視化や意識下の心理劇として、アメリカ実験映画運動（アンダーグラウンド・シネマ）の先鞭をつけることになるが、その重層的で、垂直性を持つ、緊迫したフィルムの運動は、すでに独特なデーレン的空間を浮上させている。

5. 陶酔の儀礼へ

同じ年にデーレンは「魔女のキャンドル」というタイトルの映画で、〝ダダの法王〟マルセル・デュシャンとシュルレアリスト画家マッタを撮影するが、このフィルムは未完で、内容も所在も不明である。

翌一九四四年、デーレンは「午後の網目」のラストシーンの海から始まる「大地」をニューヨークで制作した。この映画はサイレントで、撮影はハミッドとヘラ・ハモンドが担当した。海から流れついた娘（マヤ・デーレン）が、サロンや田舎道を歩く男や海岸やチェスをする女たちなどの間に、デペイズマンの手法で次々と入り込み、迷い彷徨う。最後には自らがたどってきた軌跡を、モンタージュによって岩の上から自分が見つめ、カットごとの自分がすべて分身化してゆく構成になっている。

一九四五年、デーレンは最初の〝フィルム・ダンス〟である「カメラのための振り付けの研究」を発表する。〝フィルム・ダンス〟とはデーレンの造語で、ダンスのドキュメントではなく、カメラや編集によりダンスの造形や時空を変容させてしまう融合的ジャンルを指す。ダンサーが森やアパート、美術館といった様々な空間の中を踊り、過ぎゆくさまを撮影し、正確に計算されたカメラの動きの下にダンサーとカメラの緊密なコラボレーションとしての映画を提唱したものである。

続いて一九四五年、「変形された時間のなかの儀礼」が作られ、〝ストップ・モーション〟による人物の運動の凍結と凝固がリズミカルに反復された。アパートの部屋と部屋を行き来する女、部屋にどこからともなく現れて来る別の女など、ストップ・モーションで日常的な行為やダンサーの運動に儀礼的時間を湧出させようとする。デーレンはカメラにより儀礼的な空間や時間を創出できると考えていた。

一九四七年にハミッドと離婚、その翌年に完成したのが「暴力についての瞑想」で、ここでは新しいパートナーとなり、ハイチへも同行する作曲家テイジ・イトウ（伊藤貞司）が雅楽風の音楽を担当し、太極拳のような武道のパフォーマンスが繰り広げられる。その後のデーレンはハイチのブードゥーのフィールドワークと研究・執筆にかかりきりとなり、これらは「神聖騎士」としてまとめられた（研究書『神聖騎士／ハイチの生きた神々』は一九五三年に出版）。一九六一年のデーレンの死後、テイジ・イトウとその四番目の妻シェレルは一九四七年から一九五一年までにデーレンが撮影した映像を編集し、ドキュメンタリー映画「神聖騎士」を完成させたのである[6]。

そして一九五二年から一九五九年の間に作られた最後の映画が「夜の深み」である。これはアンソニー・チュードアの振付でメトロポリタン・オペラ・バレエ学校の生徒が踊るもので、全篇がネ

マヤ・デーレン「エクスペリメンタル・フィルム」

ガとなっていて、その白い影たちが星座の間を舞ってゆく無重力的な銀河ダンスの造形だった。デーレンのこの映画の動きと緊張は宿命的なものであるとジョナス・メカスは映画詩としてとらえようとしている。

「私にとって〈夜の深み〉は、きわめてよく考えられた、明晰な、結晶（クリスタル）のような映画である。その目的の明快さ、映像の清澄さ、シンボルの普遍性という点で、マヤ・デーレンは多くの実証主義と異っている。詩人はすべて感覚の特殊な領域で作品を作る。マヤ・デーレンが関わる領域は、彼女の個人的な存在意識である以上に、一つの普遍的な無意識の世界である。彼女の個人的な気質を通過したそのイメージとシンボルは、血まみれの月から突き出た儀式用のナイフの輝きを持つ刃をつけて真冬の空の明快さを獲得する。(7)」

デーレンは一九六一年、脳出血で亡くなったが、その四十四年の生涯で六本の映画を残した。その映像は多くの人々に強い印象を与え、「真の夢の中にあるという点でシュルレアリストよりすぐれている」（アナイス・ニン）や「変容し、持続し、脈動し、去りゆく時間を私たちの心の中に打ちならし、叩きつける」（ル・コルビュジエ）といった讃辞が尽きない。その軌跡をたどると、あらためて「神聖騎士」の特異性が浮かびあがってくる。(8)

目の前で踊るダンサーの人格や意識が、ある瞬間から激しい流動状態に入り、その踊る〝型〟のなかへ、何か超自然的なものが暴力的に流れ込んでくる。デーレンはその時、陶酔する身体を目前にして、単なる観察者であることができなくなり、その磁場を支配している見えない何かと、ある特別な関係をもたざるをえなくなってしまう。そこにはわれわれの通常の知覚や感覚ではとらえきれない、ある大きな透明なシステムが存在している。日常的な理性や感情よりもはるかに大きな理性や感情がわれわれの内部にも外部にも流れ、広がり、それは混沌でも無秩序でもなく、精緻な秩序と調和を持っているが、われわれにはそのことを感知する能力がない。しかし、その見えない流れが、ある状況下で、われわれに乗り移ってくることがある。それがエクスタシーへの扉となる。

マヤ・デーレン「神聖騎士」のトランスシーン

「映像という魔術の最も繊細な魔術師」といわれるデーレンはそのエクスタシーへの扉へ入りこもうとした。デーレンは一九四七年から一九五五年までの八年間のうち三年近くをハイチで過ごした。その間、ブードゥー研究を続け、映像で儀礼や舞踏を記録するとともに自らも儀礼に参加した。イニシエーションも受け、そのただ中に愛の女神エルズウリエが繰り返し彼女に憑依し、トランスした。

こうしたデーレンの足跡で注目したいのは、彼女がハイチへ行く直前にグレゴリー・ベイトソンとマーガレット・ミードにコンタクトしていることである。ベイトソンとミードは一九三六年に、インドネシア・バリ島のトランス・ダンスを撮影したドキュメンタリー映画「バリ島のトランスダンス」を作るとともに、共同執筆の形で『バリ島人の性格』という写真映像と論考を組み合わせた画期的な書物を出版している。

ベイトソンはそれらの映像や著作のなかで、儀礼空間における精密にデザインされた人間の身体の官能的な統合形式への興味深い考察をおこなっていた。つまりバリのトランス・ダンスは、エクスタシーの形式であり、侵犯不能な磁場のなかで人間の陶酔を最も高度な美のエネルギーの塊として示すものだと指摘する。デーレンはそうした教えに強い影響を受けた。

デーレンはトランス状態にあるダンサーが調律しうる儀礼のテリトリーの中へ深く入り込んでいった。儀礼を撮影しつつ、自分がどこに入りこんでいるのかを知らぬままその次元を映像へ刻みこむ。憑依現象は自他の区別を失わせ、科学の客観性を崩してしまう。見る者もまた純粋な観察者であることを逃れ、その場を支配する力に向きあわざるをえなくなってゆく。憑依はデーレンの最後のテーマであり、儀礼の最終目標だった。

「それは、人が最も可視的で、最も物理的な方法で旅する終着点であるが、旅人にとってそれは不可視である。人はそれを、境界線を精確に叙述しうるひとつの円周のような領域として語ることができるかもしれない。だが同時に、この境界線はそれが定義する円周そのものではないのだ。この領域について知るためには、人は、結局、そのなかへ侵入しなければならない[9]」

人間の覚醒状態から無意識の底に至るすべての意識の多層なレベルがそこでは統合され、荒々しくも戦慄するほど美しいフォルムとリズムをかたちづくる。踊り手の個の身体的、精神的自己同一性はあとかたもなく失われ、そうしたフレームから解き放たれた集合的な身体性のなかで新しい感性や思考の統合のかたちが浮上する。そのような統合のプロセスこそが、ベイトソンとミードが注目し、デーレンが引き寄せられていったものだった。儀礼において人間はドラスティックな動作の主体ではなく、その場に立ちあがってくる演劇的な全体性の中で、非人格化された要素としてあらわれてくる。人々はトランスする身体を目前に見る主体であることをやめ、その場を支配する純粋な力との情動的な関係を自己の内部につくりだす。

またデーレンは儀礼の持つある厳密な形式性の秩序にも注目していた。儀礼は芸術の源泉であり、儀礼的な身ぶりの中に緻密にデザインされた身体の官能的な統合の形式がある。人間がいかにしてこの儀礼の場を設定し、踏み越えることのできない境界を定義づけてゆくのかにデーレンは注目した。そのことによって肉体の抑制された線と動きが不思議な強度に満ちた躍動感を生みだしてゆく。

あるサークル、白熱した磁場が生まれ、そこへ入ると私たちの意識そのものが化学変化を起こす。しかもその現場で起ったことが映像の場でも起ってしまう。エクスタシー、なまめかしい放心、集合的に共有された〝官能的な思考と感情〟、それは個と集団の交通が織りなす麗しい世界そのものの夢でもある。映像とは、まさにその夢の走りをとらえるために生まれたものではなかったのだろうか。映像とエクスタシーの交差する場を感知することはその夢を追体験することに他ならない。

（1）ブライアン・イングリス『トランス——心の神秘を探る』笠原敏雄訳、春秋社。
（2）I・M・ルイス『エクスタシーの人類学／憑依とシャーマニズム』平沼孝之訳、法政大学出版局。
（3）ビデオは MAYA DEREN,DIVINE HORSEMEN, MYSTIC FIRE VIDEO,1986,NEW

YORK.

書籍は、Maya Deren, Divine Horsemen/ The Living Gods of Haiti, McPHERSON & COMPANY, 1983, New York.

（4）バイオグラフィは、西嶋憲生「マヤ・デーレンの伝説」（「イメージ・フォーラム」一九八六年十二月号、ダゲレオ出版）と、今福龍太『野性のテクノロジー』（岩波書店）を参考にした。

（5）マヤ・デーレン（「カメラは何を創造するか」（『フィルム・ワークショップ』西嶋憲生訳、ダゲレオ出版）。

（6）マヤ・デーレンの「神聖騎士」以外のビデオは以下の二本で、代表作が網羅されている。

MAYA DEREN, EXPERIMENTAL FILMS, MYSTIC FIRE VIDEO, 1986, New York.

MAYA DEREN, DANCE FILMS, EDITIONS A VOIR, 1997, Amsterdam.

（7）ジョナス・メカス『メカスの映画日記　ニュー・アメリカン・シネマの起源1959-1971』飯村明子訳、フィルムアート社。

（8）ル・コルビュジエやアナイス・ニンの言葉はマルティナ・クドゥーチェクのマヤ・デーレンに関するドキュメンタリー映画「鏡の中のマヤ・デーレン」（二〇〇一）を参照した。

Martina Kdlácek,In the Mirror of Maya Deren, Navigation Film, Zeitgeist Video, 2004.

（9）今福龍太「石蹴り遊びをするリリス」、「野性の映像」、『野性のテクノロジー』岩波書店、一九九五年、所収から引用。

感覚民族誌と世界霊

――ハーバード大学感覚民族誌学研究所「リヴァイアサン」から「カニバ」へ

1. 民族誌と感覚の抽出

二十世紀の民族誌や人類学に決定的な影響を与えたフランスの社会学者マルセル・モースは、民族誌（エスノグラフィ）とは荒れ狂う大海原に様々な網を投げ入れ、それぞれ異なった網がそれに見合った魚を捕らえることができるような終わりのない作業であると言ったことがある。世界の複雑さや多元性を捉えるには異なる視点の観察者による重層的なドキュメントの手法が重要であり、多岐に渡る記録や資料を有機的に統合してゆく高次の抽出作業が大切だと指摘したのだ。

モースのこの指標に従いながら、ハーバード大学感覚民族誌学研究所（SEL/Sensory Ethnography Lab.）のルーシアン・キャスティーヌ＝テイラーとヴェレナ・パラヴェルは共同監督した「リヴァイアサン」（二〇一四）において、まさに網にカメラを取り付け、とてつもない映像の怪物を吊り上げ、テクノロジーと感覚の衝突が生む独特の世界の深みを浮かび上がらせた。

ＳＥＬは二〇〇六年にハーバード大学に設立された民族学と美学の革新的な連携を目指す実験的

な研究所である。これまでルーシアンとヴェレナを中心に映画作家や音響学者、リサーチャーやエディターらのメンバーと共に、ジャンルやカテゴリーを交配させ、アナログとデジタル両方のメディアを駆使した探究の成果として数多くの映像作品を生み出してきた。

ルーシアンには他にも後期旧石器時代以後の人間と動物が一万年もの間育んできたデリケートな関係を描いた「モンタナ、最後のカウボーイ」（二〇〇九）、西部劇が喚起する田舎の誘惑とその両義性に関するビデオ・インスタレーションと写真のシリーズ「地獄の川」（二〇一一）といった作品があるし、フランス生まれの人類学者であるヴェレナには「ニューヨーク・ジャンクヤード」（二〇一〇）や「フォーリン・パーツ」（二〇一〇）等の作品があり、ハーバード大学やパリのSPEAP（ブリュノ・ラトゥールが創設した政治芸術学校）で人類学の講座を持っている。

世界捕鯨の中心地だったアメリカの港町ニューベッドフォードを出航するトロール船アテーナ号での、二週間に渡る危険で過酷な漁を追った「リヴァイアサン」を見る者は、その冒頭から人がまだ足を踏み入れたことのない暗黒の次元に持っていかれてしまう。

あっと言う間に夜の海に飲み込まれ、閉じ込められ、溶かされ、吐き出され、放り投げられる。どす黒い波に洗われ、藻掻き、浮かぶ月に吠え、海鳥の羽ばたきとシンクロしながら喘ぐ。唸りや嗚咽と共に、この底知れぬ海を突き抜けた果てに、いったい何があるのだろうかと、身震いしながら見つめている自分がいる。

夜の海が不気味な怪物であることは知っていたが、その海をとらえた映像が怪物になることは実感していなかった。しかしこの映画では海の怪物が画面の隅々に浸透し、映像が生命を得て怪物と化す。怪物が映像という衣を纏い、見る者の感覚深くへ侵入してくる。〝リヴァイアサン〟とは神話上の怪物や海のメタファーではなく、憑依された人間の感覚そのものなのではないだろうか。かつて世界最大の捕鯨地であり、ハーマン・メルヴィル『白鯨』の原郷であるニューベッドフォード沖合の海原で操業する巨大な底引き網漁船の、赤錆に荒らされ今にも沈没しそうな船体に網を引き揚げるチェーンがギラギラと反射する。赤鱏《えい》や蟹のヌルッとした光沢は中世の静物画のような感触を湛え、カモメの煌めく羽根は月に照らされ、喩えようのないシグナルを発している。それを見ている人間の感覚こそがリヴァイアサンなのである。

2. 共感と共有の人類学

「リヴァイアサン」は生成する映画である。境界を失わせ、同化せよと誘う。重力と浮力の境界を疾走しながら、映像の滲みやブレやボケが見る者に乗り移ってくる。あるいはこの映画は直感の映画である。二人の監督ばかりか漁師や魚や鳥に超小型カメラを取り付け撮影する手法は、人間と自然の間の深淵を覗き込む最適の方法であり、現象へ身体で介入してゆくために不可欠な道筋だった。それゆえ危険と隣り合わせで命懸けの作業を続ける人間の術である本能の働きが映像から溢れでる。

そして何よりもこの映画は共有する映画だ。もともと二人の監督は漁師たちと作品制作を分かち合いたいと願い、彼らにどんな形で参加してもらったらいいのか様々に模索してきたが、手から手へ流れるように受け渡しできる防水機能付き超小型カメラを使えば、互いに試行錯誤を重ねながら共同制作が可能になるのではないかと思いあたった。

「共有人類学」という言葉があるが、この言葉はフランスの映像人類学の巨匠ジャン・ルーシュが提唱した人類学の新たな実践スタイルであり、撮影者が撮影された人々へ撮影した映像を見せ、フィードバックを貫い、撮影者と被写体の関係を明確化し、映像を共に分かちあうことを意味していた。しかし本作では、人間と人間の共有人類学という位相から逸脱し、人間と世界の、いや人間を超えた世界間の共有の可能性が探られている。

これまで映像人類学は異文化や他者への視点を共有しようとしてきたが、ここでは世界の感受性や現実の認識方法を共有するばかりか、世界を裏返しながら記述する方法が手探りで探究されている。カメラが物神と化し、見える世界と見えない世界の合流点となる。カメラは闇の奥へ入ってゆく通路となり、外部の視点ではなく、内奥深くで思想と身体を結びつける結節点となる。その接触面の周りで世界はダイナミックに反転してゆくのだ。

SEL「リヴァイアサン」

SELの二人の監督のスタイルの根幹には強く眼差すという態度がある。ただ観察し記録するというのではなく凝視する。人間の行動や仕事、共同体や自然の様相、動物や植物の動きを何かの変化が生じるまでじっくり見つめ続ける。そのためのカメラの位置や移動の必然性といったものが前提としてある。

しかしこの凝視は決して一方通行のものではない。しっかり見つめることは、そのことにより見つめ返されることを意味する。まず見つめ、そのことにより見つめ返されたというレスポンス（反応）を始まりとするのだ。見つめ見つめ返されることが世界の関係の基盤となる。そうすることで世界の一回性が立ち上がってくる。

それゆえに彼らは従来の映画の視点をあえて踏襲しようとはしない。映画はこうあらなくてはならないという制約から次第にかけ離れ、その時に初めて世界の多義性が開けてゆく。声や音、光や闇、動物や自然など世界は関係の多重な束と言えるが、現場に立って改めて映像音響メディアに何が可能なのかを原点に戻り再考し、映画に直接的な身体性を取り戻そうとする。それは彼らが映画や映像の専門家ではなく人類学や民族誌を探求する学者だったことにより可能になったアプローチと言えるだろう。

初めからこうした方向で撮影してゆこうという計画や予見を持たずに、まずフィールドを尊重し、自分の感覚を信じ、その全身の感覚を通して現れてくるものを核とした。あるいは自らの感覚を飛び越えてゆくものを見逃すまいとする。カメラよりもカメラを飛び越えてゆく身体と場のインタラクションが先にあり、その後で試行錯誤を繰り返しながら撮影を続ける。そうした志向を示すかのように彼らの映画には動物性を感知させる多くのシーンを垣間見ることができる。

3. 物質から見られる

アニマリテ（動物的感覚）と言うべきだろうか。羊、犬、鶏、鷗、魚……通常の映画では人間の背景や添え物にすぎない動物たちが画面を覆い尽くす。映像が動物の棲家になり、動物性を獲得してゆく。人間も動物なのだから奇妙な言い方になるが、人間が動物のように見えてきたり、動物が人間に見えてきたりする。そうした事実が明らかになる。そして動物たちに激しく見つめられているという感覚が湧き上がってくる。

ＳＥＬの映画には共通してこうした動物性が現れでている。ルーシアン・キャスティーヌ＝ティラーとイリーサ・バーバッシュによる「モンタナ、最後のカウボーイ」（二〇〇九）は、大地を埋め尽くす夥しい羊の群れを引き連れたカウボーイが放牧のためモンタナ州ベアトゥース山脈を縦走する危険に満ちた二五〇キロの冒険を描いた映画だが、それはアメリカのカウボーイの歴史の終焉に立ち会う一種のエレジーでもあった。この旅に付き添ってゆくと、実は人間が動物をコントロールしているのではなく、動物が人間のゆくべき道を指し示していることがわかる。動物と共に移動することによって動物と人間の間の新たなあわいや関係が示されてゆく。

SEL「モンタナ、最後のカウボーイ」

ヴェレナ・パラヴェルとJ・P・シニアデッキによる「ニューヨーク・ジャンクヤード」(二〇一〇)は、NYのクイーンズ区にあるNYメッツの新球場シティフィールドの周辺に広がる自動車部品のジャンクヤードを扱った映画である。行き場のない移民たちの巣窟でもあるこの地帯は再開発のため大きく変容しようとしていたが、やがて消えてゆくだろうこの街で逞しく生きてゆく人々とその労働状況を彼らは丹念に追ってゆく。そこに動物はいないが、機械の塊がまるで動物のように蠢く。そして動物と同様に機械群から激しく見つめられている感覚が生まれてくる。機械部品がまるで臓物のように画面に生起してくる。それは自動車部品や羊や魚の眼へ私たちの眼がいつのまにか移行し、その視点から世界を見ているということなのだ。

あるいはメンバーであるステファニー・スプレイとパチョ・ヴェレズによる「マナカマナ 雲上の巡礼」(二〇一三)はネパールの広大な森の奥深く、ヒマラヤを望むヒンドゥー教の雲上の聖地マナカマナを扱った映画である。巡礼者たちがかつて三時間以上かけて登った山道だが、今では完成したロープウェイで片道一〇分で辿り着いてしまう。映画はその道のりで起こる様々な出来事をノーカットで凝視し続ける。浮遊する人工カプセルのようなケーブルカーの人間模様と車窓に展開される大自然が奏でる壮大なシンフォニーであるこの映画でも、ケーブルカーと一体化し機械に飲み込まれた人間たちから見つめられ続けているような不思議な感覚が消えない。ここでは動物も人間も機械もまったく等価に扱われている。

人類学の新しい概念には人間ばかりではなく動物も植物も機械も物質も含めた形でそれらをひとまとめて扱おうとする方向がある。多様な要素が絡み合う森羅万象が広大なネットワークを生み出し、人間もこの要素の一つとしてネットワークに組み込まれていることを中心に据えようとする思考だ。

映像の原点である写真が発明された当初には、物質や機械から見られている感覚が実は確実に存在していたのだが、やがてその感覚は消え人間化されてしまい、以後、長い間、映像は人間と人間の関係を映しだすものとみなされてきた。しかしそうした枠組みが崩れ、人と人の関係に留まらず、人と世界、あるいは世界と世界の反響や照応さえ映し出す方向へ映像がシフトしてゆく。これには映像技術やネットワーク技術の進展が作用していて、その展開の中で特別な映像体験が生まれていったと言えるだろう。

映像だけではなく音響も同様である。ＳＥＬのメンバーには特別な音響技術者がいて「フォノグラフィ」（芸術としてのフィールドレコーディング）という新たな形式を生み出し、映画を体験する観客は羊の出産時の粘着質の音の震えや山道に響き渡るカウベルの反響、牛の咀嚼音や鳥の羽根のぶつかり合い、内臓のような自動車のチューブの捻れや煙が発せられるマフラー音等々、高度な技術で臨場録音された繊細な奥行きと次元を持つ音響を直接的に感知できるようになっている。風景や音場が乗り移ってくると言おうか。受け手側の感覚の精度まで問われるような音のシステムが備わっているのだ。自己の感覚や感性が映画から見出され、新たな身体性が目覚めてゆく。そのような映像音響の可能性は実は初めから潜在していたのだが、長い間、その可能性に気づくことはなかったのである。

4. 滅びゆくもの、消えゆくもの

SELの映画には「滅びゆくもの」や「消えゆくもの」への一貫した眼差しがある。おそらくこうした眼差しは人類学映画や民族誌映画が誕生した時から担わされてきた宿命と言えるものだろう。眼前から消え去ってゆくものが映像になるという映像の本質に関わる事実だった。

映像は消え去ってゆくものの証拠である。しかしSELのメンバーたちは例えば映像人類学の先駆者であるマーガレット・ミードとグレゴリー・ベイトソンの人類学映画「バリ島のトランスダンス」（一九三六）のように民族や地域のエートスを研究対象としてアカデミックなスタイルで厳密に記録してきた訳ではない。彼らがやろうとしたことは、従来の人間中心の意味論的な人類学の枠組みを崩壊させてゆくような、一種の詩学として人間と社会と宇宙の連鎖を表わそうとする方向だった。

彼らも従来の人類学者のようにフィールドワークのために長期に渡り撮影対象と一緒に生活したり、対話を重ねたりする。だからある意味で対象の現実に組み込まれ、対象と共に生きてきたという親密さや共感を持って、その消えゆく姿を見つめようとする。そして何よりもその対象との同一化と離反のプロセスの中で詩が生まれてゆくことを見つめるのだ。

両大戦間にはそのような詩学と民族誌が融合した例としてジョルジュ・バタイユが編集した「ドキュマン」という前衛的な雑誌があった。バタイユやミシェル・レリス、アンドレ・マッソンといった思想家や詩人、画家たちはその雑誌で（身体／感覚）や（身体／知覚）の特殊な実験を繰り返したが、それが今や映像音響の実践となって現れてきた。映像音響を道具にするというのではなく〈身体／感覚〉や〈身体／知覚〉を梃子に映像音響が詩としての聖性を回復してゆく場を生成させようとしたのだ。

そうしたSELの実践の一つとして興味深いのは「マナカマナ 雲上の巡礼」である。この映画の撮影場所は、二〇一五年に大地の怒りとして受けとめられたネパール大地震の起こった、首都カトマンズから七〇キロ離れたゴルガ郡であり、ケーブルカーの下にはヒンドゥー教のドゥルガー、バリ島では魔女ランダに変身する荒ぶる女神が祀られている。つまり魔女の森を眼下に見降ろしながら人々はロープウェイで移動してゆく。

「近づき難いもの」を意味するドゥルガーはシヴァ神の妻であり、豊穣と多産の女神である。シヴァ神はブラウマ神、ヴィシュヌ神と共にヒンドゥー教の三大神であり、何より破壊神として名高

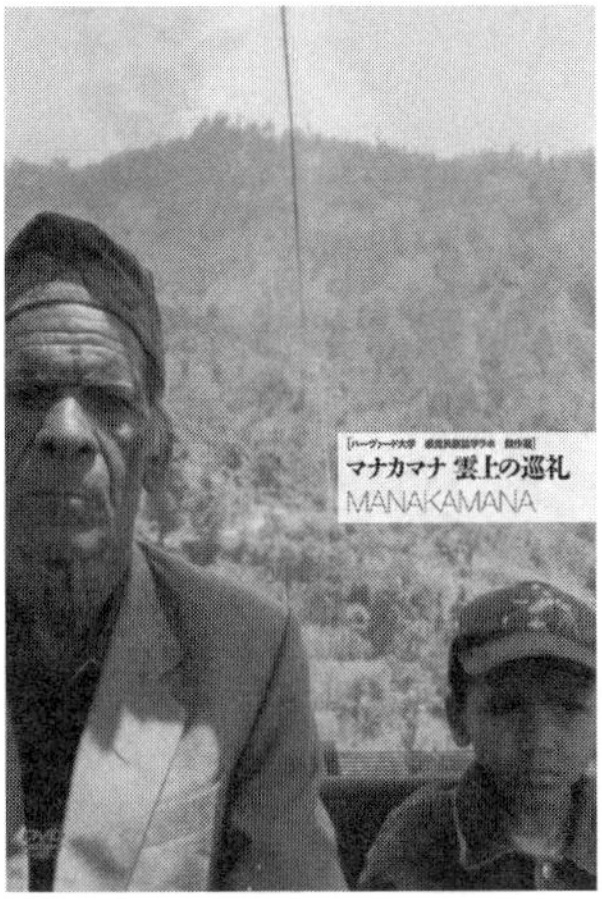

SEL「マナカマナ　雲上の巡礼」

SEL「カニバCANIBA」

く、怒りの女神ドゥルガーにもその死と恐怖の性格が受け継がれている。

映画の冒頭に出てくる巡礼の老人に付き添う少年は、初めはおずおずと緊張し、表情は強張っているが、時間の経過とともに、驚き、恐れ、戦き、安堵など様々に表情を変化させてゆく。その表情を見ているだけで、ケーブルカーで特別な体験が生まれていることがわかる。ケーブルカーが聖地に向かう感覚変換装置と化す。ケーブルカーに乗って移動しているうちに何かが自分に乗り移ってくる。それが現実のことなのか、幻想に過ぎないのか、神話世界の啓示なのか、次第にわからなくなってゆく。少年や老人は聖なる旅の途上にあり、あの世へ、彼岸に向かっているのではないかとさえ思えてくる。つまりここで描き出されているのは聖性の回路の生まれてくる現場とも言うべきことなのだ。

少年や老人はただの巡礼者ではなく、二人の監督が現地に長期滞在しながら関係を構築してきた人々である。親しくなった村の人たちに依頼し、ケーブルカーに乗せ、雲上の聖地マナカマナまで行く旅をしてもらっている。人類学では消滅した儀礼を現地の人たちに再現してもらうことがあるが、そうした再現儀礼と同じように、彼らはフィールドワークで知り合った現地の人に、聖地マナカマナに向かう巡礼者を演じてくれるよう依頼した。そうした再現の場ではわれわれが知るものとは別次元の演技や演出の質が要求される。もともと彼らの祖先たちは長い巡礼を繰り返してきた。しかも日常生活とは異質な儀礼の場に生まれてくるような何かがそこへ映り込んでくる。少年や老人はただの登場人物ではなくなり、演じているつもりはまったくないのに何か別のものへと転じてゆく。そのことに気づいて彼らもびっくりする。そうした稀有な変調の様相が「マナカマナ 雲上の巡礼」にはプロセスとして映しだされていた。

5. 記憶と欲望

SELのルーシアンとヴェレナの最新作はパリ人肉事件の犯人・佐川一政の心の闇に迫るドキュメンタリー「カニバ CANIBA パリ人肉事件、38年目の真実」(二〇一九)である。一九八一年にパリで日本人留学生だった佐川一政が起こした猟奇殺人事件を扱った映画だ。事件から三十年後に脳梗塞で倒れ、歩行困難となり、弟の介護を受けながら年金暮らしをする佐川に二〇一五年に密着撮影し、弟との奇妙な関係を浮き彫りにしながら、この忘れ難い事件を通し人間の闇の奥に潜むカニバリズムに洞察を加えてゆく。

佐川は当時を振り返りながら淡々と証言を続け、ラストではこれまで知られなかった事実も明かされる。しかし映画は、このスキャンダラスな事件を再び消費するスタイルからは遠く離れている。事件当時やその後のセンセーショナルな扱いから距離をとり、晩節を迎えた体の不自由な佐川があの事件を今、どのように認識しているのか、人生の締め括りにどう総括しようとしているのか、その発言に焦点が絞られてゆく。カニバリズムという性的嗜好や狂気の実態、育ってきた環境や家族との関係を呟く佐川の像を通し、事件を成立させている流動性を帯びた枠組みを浮き上がらせる。

二人の監督は、これまでと同じく多くのクルーを率いることなく、二人だけで、ブレボケ映像に特別な味わいと瞬発力を持つ一眼レフカメラで撮影した。一眼レフカメラでの映画撮影は彼らにとっては初めてのことだった。初めは老いた佐川との関係もギクシャクしたが、撮影段階で試行錯誤を繰り返し、一つの明確なヴィジュアルスタイルが決定されていった。ブレやボケで映像そのものをオーガニックに蠢くアメーバのような形状にし、佐川一政という対象にピントを合わすことなく、見たこともない角度と距離から彼の闇の不確かさを捉えようとしたのだ。

特にフォーカスされるのは佐川の食べる行為である。佐川はカロリー制限された糖尿病用弁当を自力では食べられず、弟に食べさせてもらっている。画面中央はピントがズレた茫漠とした薄闇のようになり、むしゃむしゃと動物のように食べ続ける佐川の形姿だけが揺れ動き、画面の隅にはピントの合った弟の顔が鮮明に見え隠れする。そのコントラストは描写不能な心理を想像させる扉となり、この焦点の合わない手法は言語化のプロセスを露わにし、言葉になれないものたちを立ち上がらせる。

監督たちがこの映画をつくる契機になったのは「軽薄な怒りに駆られることなく、恐ろしいものを見たいという純粋な願望を正確に認識し、誤魔化さない」という強い意志だった。映画はカニバリズムという人間の基層に横たわる記憶と欲望を、それに値する重要性を持って扱おうとする。その行為は人間のためというより来るべき映画のための実験だったのかもしれない。

6．生々しい神話を生きる

ＳＥＬの一連の映画には既成の学問領域やジャンル、カテゴリーにはとらわれない生き生きとした好奇心が根底にある。もちろん膨大な知識や、体系化を拒む柔軟な思考がそれらを裏打ちしているが、彼らが目指すのは旅する自由な人類学者の位相と移動だ。世界に対して開かれた姿勢を保持し、具体性や身体性に愛着を感じ、一見無関係に見えるものに何らかの絆を見いだそうとする。ささやかな事象の背後に思いもかけない神話を発見する。鋭い直感力と豊かな想像力を持ち、世界を矮小な意味の次元へ還元してゆくのではなく、多数性と非自己同一性へ開いてゆく思考の働きを映像音響で展開してゆく。最終的に論文として言語の枠組みの中へ纏めてしまうのではなく、世界の多様な文化の経験を伝えるために映像音響を通し、映画やビデオアートやメディアインスタレーションやフォノグラフィといった多彩な表現形式で具体化してゆく。

「リヴァイアサン」では夜の海に煌々と燃えるように浮き沈みする漁船の光が明滅している。映画のきっかけとなった港町ニューベッドフォードは世界捕鯨の中心地だったが、現実には貧困、犯罪、麻薬、暴力事件で有名であり、悪の温床と化してきた。港に隣接する地域はメルヴィルが『白鯨』で描いたように今でも怪しげな酒場や見すぼらしい木賃宿、路地にたむろする船乗りや娼婦たち、仕事を探しに集まる求職者やヤクザ、そして岸壁近くに放置され錆に食い荒らされ沈没しそうな船で溢れる。だから人間社会の軋轢や悲劇ならいくらでも撮影できたし、実際、彼らが撮影を開始し

SEL「リヴァイアサン」

た時点では海をまったく写さないで漁業にまつわる映画を作ろうと思っていた。

そのため二〇一一年夏から二〇一二年春まで、彼らは陸上で撮影できる水産業に関するあらゆる活動を撮影している。こうした時に海への誘いがあった。陸上での撮影で知りあったトロール船アテーナ号の船長に乗船しないかと誘われ、漁期のいつでも来ても構わないと言ってくれたのだ。二人は二〜三週間にわたる漁の出航へ何度も参加することになり、海との遭遇は彼らにとって圧倒的な体験となり、最終的には陸で一生懸命に撮影した映像はすべて切り捨ててしまった。

海の荘厳さ、恐怖、闇の深度、力強さは陸では決して味わうことのできないものだった。さらに言えば海では陸の時間が通用しなかった。というより海では時間の感覚がすべて失われ、一種の神話的時間へ急速に引き戻されていった。引き伸ばされたあてどない時間へ。彼らは海に取り憑かれ、時の経過は消し去られる。

船上で選別され、解体され、加工されてゆく魚や貝類、飛び散る血潮と砕ける内臓、バラバラになって動く鰓《えら》や尾、ざっくり裂ける頭部や眼球、血や汚水と共に排出口から海に垂れ流される回転するヒトデの群れが星降る夜の光景のようで陶然としてしまう。

これらの映像は防水機能付きの超小型カメラ一一台を使用し、しかもカメラは夜を徹して作業する漁師ばかりか、死んで腹を曝け出した魚や太いロープやカモメにも取り付けられ、人間の営みを遥かに超えた世界の反響が刻みこまれてゆく。人間の視点で人間や世界を描きだすドキュメンタリーではなく、人間と世界の関係を、世界と宇宙の連続を描く映画が生まれた。

まるで空と海の閾《しきみ》を往還しつつ、生と死の縁を彷徨いながら、生々しい神話の世界を現実として生きているかのようだ。いや実は私たちはいつでも深い海のような神話世界を無意識のうちに生きているのだろう。その事実に「リヴァイアサン」は目を向けさせる。

海の共鳴により私たちは太古の闇へ送り戻され、未来の光へ放り投げられる。カメラにより海は創世神話の原郷であると共に歴史の終わりを示す黙示録後の煉獄であることが示される。

私は、いま、ここで、かくも激しく神話を生きている。

あなたが生きているのは現実ではなく、謎めいた光を揺曳《ようえい》させながら次々と生まれてくる神話世界なのだ。そのことが映画を見終わった後に明らかになる。

参考文献

（1）伊藤俊治「世界を裏返しながら記述する方法／リヴァイアサン」、「キネマ旬報」二〇一四年九月上旬号、キネマ旬報社。

（2）伊藤俊治・港千尋対談「世界をふたたびまなざすために／ハント・ザ・ワールドハーヴァード大学感覚民族誌学ラボ傑作選」、「キネマ旬報」二〇一六年八月上旬号。

（3）「リヴァイアサン」公式パンフレット（発行・編集／東風、二〇一四年）

シネ・トランスの彼方へ
――ジャン・ルーシュの憑依儀礼映像を中心に

1. 憑依と撮影

映像を撮影するとはどういうことなのだろうか。

通常の映像撮影では「撮影者」が存在し、「カメラ」を介し、「対象」があり、「撮影行為」により、「映像」が生まれ、「観客」が見る。「撮影者」「カメラ」「対象」「撮影行為」「映像」「観客」はそれぞれ独立した要素だが、ある特殊な状況下でこうした要素間の境界が揺らぎ始めることがある。それは様々な要因に拠る。撮影環境の異変、対象の沸騰、機材の変調、撮影者の意識変容、観客の感覚状態……そうした要素を繋ぐ関係が変化し共振してゆくのだ。ある場合にはそれらの関係性が複数の糸の絡み合いのように解き難くなり、各要素が識別不能になってしまうことも起こってくる。それぞれの要素が分離可能なら起因があり結果が生じるという出来事の連続的なものの見方が成り立つが、そうした分離が不可能だと因果律は破綻し、撮影現場に潜在していた共時性の網が忽ち現場を覆い尽くしてしまう。おそらくこうした事態の特異な例として人類学のフィールドで多数撮影されてきた憑依儀礼の映像を挙げることができるだろう。

これまで多くの憑依儀礼の現場に立ち会ったり、撮影したりしてきた。またそれらを撮影した人類学的映像も数多く見てもきたが、そうした憑依映像からは何か空間全体に強い情動の細かい針が降り注ぎ、霧散した針が再び凝集してゆくような張りつめた感覚を感じたことはない。あの現場を支配し動かしているものが映像には決定的に欠けている。憑依はその現場で完遂されねばならないが、その完遂の刻印が映像に刻まれることは稀である。

その生涯に渡り憑依や陶酔を撮影し多数の作品を残してきたジャン・ルーシュ（一九一七―二〇〇四）の映画も同様である。ルーシュ映画のあるシーンのように、そこにはトランスし儀礼を完遂させたいのにできないシャーマンやダンサーのような、異様なもどかしさが残存してしまう。イメージと現実の違いと言ってしまえばそれまでだが、このような差異に何かルーシュ映画の秘密を解く鍵があるのではないだろうか。生々しいトランスの現場を記録しようとするならば、従来の撮影方法や撮影姿勢とは異なる撮像概念が必要になってくる。ルーシュはこうした撮影行為を解明しようと「シネ・トランス」という言葉を使ってきた。それはドキュメンタリーやフィクションを問わず、映像撮影に関わる人々や映像を見る者までが儀礼へ参加してしまうような状況を暗示し、現実と演技が交差する「エスノ・フィクション」や「ドキュメンタリー・フィクション」、さらには撮影者や被写体が場を共有しつくりあげてゆく「シェアード・アンソロポロジー」や「リバース・アンソロポロジー」といった領域とも結びついていった。

ここで問われているのは撮影者とは誰なのかという本質的な問題に絡む世界の多層的な記譜法で

ある。その時、対象や状況を撮影しているのは誰であり、主体はどこに存在し、それを特定することは可能なのか。そもそも撮影者とは何者であり、何者でありうるのか。こうした問いかけがルーシュの「シネ・トランス」には含まれる。初めの映像撮影の文脈に戻れば、それは単なる撮影者でもカメラでも対象でも撮影行為でも映像でも観客でもない。ある意味でそれらが分かち難く結びつき、互いの血液や神経を交流させ、一繋がりの肉のようになった系と呼ぶしかないものなのかもしれない。この時、カメラは現象外に置かれ固定された視点ではなくなり、撮影者と対象世界を隠れた次元で交錯させる特別な媒介となっている。こうしたことを考慮に入れながらルーシュの映像撮影の実践をあらためて辿ってみたい。

ルーシュは第一次世界大戦中の一九一七年、ロシア革命の年にパリで生まれている。七歳の時にパリで公開されたロバート・フラハティの長編ドキュメンタリー映画「極北のナヌーク」(一九二二)に強い印象を受けたことを記している。まだ幼かったとはいえ、その映像体験は決定的な出会いと衝撃となった。一九二八年には家族とモロッコへ移住し、カサブランカで二年間を過ごした。一九二〇年代はヨーロッパでもレヴュ・ネグル、ジャズクラブ、ジョセフィン・ベーカー、アフリカ彫刻など黒人文化に大きな注目が集まった時代であり、ルーシュもその影響を受けジャズにのめり込んだ。一九三七年、二〇歳の時にエコール・ド・ポン・エ・ショセズで学ぶが、この頃は人類学博物館とシネマテーク・フランセーズに通う毎日だった。一九三九年に従軍し、退役後ナチス占領下のパリでレジスタンス活動を行ないながら、パリ大学民族学研究所でマルセル・グリオールのエチオピア講座を受講し、人類学博物館ではマルセル・モースに学び、その縁でシネマテーク・フランセーズ館長だったアンリ・ラングロワの知己も得た。一九四一年にはフランス領西アフリカのニジェールでの建設現場監督としてアフリカへ行き、ダムール・ジカと出会い、翌年ダムールの祖母カリアからソンガイ族の憑依儀礼を見る初の機会を与えてもらった。他にもこの時期にいくつかの儀礼を目撃し、その調査記録をグリオールへ送り、これがルーシュ初の民族誌調査となった。

第二次世界大戦が終わるとジャーナリストとしてAFP（フランス通信）と契約を結び、再びアフリカへ赴く。この時、ルーシュはパリの蚤の市でベル8ハウエルの16ミリカメラを入手し、以後独自に映像の試行実験を行うようになった。映像撮影を始めたのは、すでにドゴン族の仮面儀礼を扱った映画「黒い仮面の下に」（一九三六）を制作していたマルセル・グリオールの勧めが大きい。

ジャン・ルーシュ
「アフリカの冒険／アフリカ民族誌映画選集」

一九四六年から一九四七年にかけてはルーシュに決定的な影響を与えるニジェール川探検旅行が決行された。ニジェール川をボートで遡り、流域沿いの様々な場所で撮影する旅だった。処女作「黒い魔術師の国で」（一九四六）はこの探検行から生まれた。当時の学友だったジャン・ソヴィとピエール・ボーティと行ったこの探検は、ニジェール川源流からギニア湾河口まで数ヵ月かけ敢行されたもので、マリではドゴン族の社会を、ニジェールではソンガイ族のカバ狩りや憑依儀礼を、三脚を紛失し手持ちカメラで撮影するというルーシュの撮影手法を確立する鍛練の旅ともなった。

探検途中でルーシュは掛け替えのない友人であり、インフォーマット（情報提供者）となる二人のニジェール人と出会う。ダムレとラムであり、彼らは以後多くのルーシュ映画の共同制作者として名を連ねる。また一九四六年にはCNRS（国立科学研究センター）のアフリカ調査旅行にも同行し、翌年には師グリオールと共作で、ルーシュがカメラを担当し、ソンガイ族ワンゼルベ村の魔術師を題材とした短編ドキュメンタリー映画「ワンゼルベの魔術師」（一九四八）を発表、一九五一年にはマリ共和国ニジェール川流域に面するバンティアガラ断崖に居住するドゴン族を調査中のグリオールを訪ね「断崖の墓場」を作っている。一九四〇年代半ば以降、ルーシュはニジェールの高度に発達した体系を有するソンガイ社会の儀礼研究と、それとは異質な精密な神話を核とするドゴン社会の儀礼研究に取り組み、この二大フィールドに以後強い関心を持ち続けるが、その原点となったのがニジェール川探検旅行だった。

ニジェール川探検後、ルーシュは「黒い魔術師の国で」（一九四六）の他、マリで「割礼」（一九四八）や「断崖の墓場」（一九五一）、ニジェールで「憑依舞踏へのイニシエーション」（一九四八）や「カバ狩り」（一九五〇）を制作し、一九五一年にはグリオールやジュルメーヌ・ディーテルランとドゴン族調査に赴き、初の著作『ソンガイ文明の歴史』（一九五三）も纏めている。一九五三年にルーシュはCNRS（国立科学研究センター）の正式な研究員となり、そこに民族誌映画委員会を創設し、同時に人類学博物館にも籍を置くことになった。当時の人類学博物館にはクロード・レヴィ＝ストロースやアンドレ・ルロワ＝グーランも在籍しており、このことによりルーシュのフランス人類学界における位置が定められたと言っていいだろう。

2. 映像という儀礼

ジャン・ルーシュは二〇〇四年にニジェールで亡くなるまで一五〇本近くの映画を制作した。まず一九四〇年代から一九六〇年代にかけて集中的に作られてゆくソンガイ族の人々の宗教儀礼や呪術的世界を描いた民族誌映画の流れがある。処女作「黒い魔術師の国で」は、ニジェール川を行き交う船を追うルーシュのナレーションで始まり、家々が連なる集落、供犠となる動物たち、槍を投げカバを仕留める狩猟、舞踏と音楽、憑依儀礼等々、その後のルーシュ映画で度々取り上げられるエピソードが網羅的に配されている。

ニジェール川はアフリカ内陸部をコの字型に貫通する大河である。西アフリカのギニア山地から北東へ流れてマリ共和国に達し、中央部で大きく湾曲し、そこから南東へ転じてニジェール共和国に入り、再び南のナイジェリア連邦共和国へ向かい流れてゆくが、その中部流域沿いにソンガイ族の集落が並んでいる。ソンガイ族はニジェール川流域でマリ共和国とニジェール共和国に分断し居住する。ニジェール川湾曲部には古くからサハラ地方と西アフリカを結ぶ通商都市がいくつも栄えていた。かつて交易や学術の都市として繁栄した〝黄金の都〟トンブクトゥもその一つで、十三世紀から十五世紀にかけて勢力を誇ったマリ帝国時代がトンブクトゥの絶頂期であり、その華やかさは遠くヨーロッパまで聞こえていた。トンブクトゥには大学のような教育機関もあり、アフリカ内陸部第一の都市となり、ここから聖地メッカへ向け、六万人もの従者を引き連れ遂行されたガンダム・ムーサ大王の大巡礼（十四世紀半ば）は有名であり、ソンガイ帝国が隆盛してくるのはその後のことである。

ソンガイ帝国は十五世紀から十六世紀にかけてニジェール川湾曲部を中心に西スーダンのほぼ全域を支配下においていた黒人帝国であり、スンニ・アリ国王、スンニ・バル国王、アスキア・ムハンマド一世といった国王たちが実権を握った。ソンガイ帝国の歴史はイスラム的伝統が優位に立つ国王の治世（アスキア・ムハンマド一世の系列）とソンガイ的伝統が優位に立つ治世（スンニ・アリ以降のスンニ朝の系列）が交互に繰り返され、ソンガイ文明は基本的にイスラム化以前のアフリカの独自性が強い。ルーシュはそうした古代アフリカを手繰り寄せるかのように撮影し、一九四七年には博士論文「ソンガイの宗教と呪術」を書き上げるが、そのテーマであるソンガイ族の世界をパノラミックに網羅し補完する方向を持つ映画が「黒い魔術師の国で」だったと言えるだろう。

この処女作はフランスでテレビ放映されるが、テレビ局側によってルーシュの意向を無視した改変がなされ、不調和な音楽も加えられた。特にカバ狩りシーンでは過剰な演出がなされ、その背景をなす儀礼的要素は取り払われ、狩りの壮絶で残酷な場面が強調されてしまった。ルーシュはテレビ局のやり方に酷く失望した。後に「カバ狩り」や「大河の戦い」で再びカバ狩りを題材にするが、この失敗に懲り撮影では意図的に制約を設けて漁師たちとボートに乗り込み、狩猟の様子を自分の身体を駆使し丁寧に撮影している。

　ソンガイ族はアラブとの混血の貴族階級アルマとスーダンニグロ系のガビビと呼ばれる農民、そしてソルコと呼ばれる漁民という階層社会を形成する。このカバ狩りは食糧のための狩猟ではなくソンガイ族の特別な儀礼であり、ニジェール川でソルコの漁師たちが数ヵ月に渡る儀礼の一環として行う。ソルコの人々は通常も網や槍で漁を行うが、このカバ狩りは異なる意味を持ち、河の精霊から狩りの許しを得て狩猟全体の無事を願う憑依儀礼であり、厳格な手続きと形式を持つ。儀礼は毎年二月から川が霧に霞む四月までになされ、子供のカバは狩りの対象にならず、カバは三頭しか狩ってはならなかった。こうしたルールにより儀礼は再現可能な形式を持つ継承可能なものとして伝えられてゆく。ルーシュ自身も撮影のルールを設け、二二秒でフィルム交換しなくてはならないハンディカメラと25ミリ単焦点レンズを使用し、三脚は使用せず自己の身体性や運動感が映像にダイレクトに反映される制約を課した。25ミリ単焦点レンズは運動中の人間の視野に近く、その設定で記録された映像にはルーシュの体癖や動静が刻まれる。映像編集もほぼ時間軸に沿い二二秒という尺のカットがリズミカルに繋げられ臨場感ある映像になっている。

　カメラと撮影者の相互関係も大切である。カメラの形態や大きさ、レンズ特性やシャッ

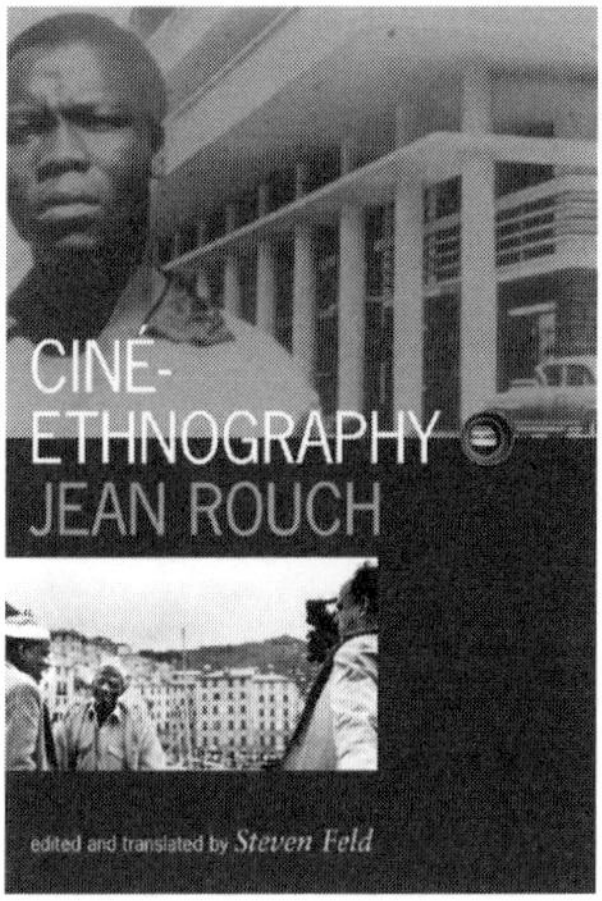

ジャン・ルーシュ
『シネ・エスノグラフィ』（ステーヴィ・フェルド編集翻訳）

タースピード、ピントや素材感といったメカニックな面ばかりではなく、使い込まれ手に馴染んだカメラならコントロールが効くし、初めて使うカメラであれば不測の事態も起こりやすい。またカメラを何度かトランスの現場に晒し慣らしておくことも必要である。隠し撮りのようにカメラを隠蔽してしまうのではなく、現実へ正直に差し出し、磁場の変化をカメラに体験させなくてはならない。ルーシュはそうしたカメラの特性や身体性、異物性を踏まえ撮影現場を調律してゆこうとした。ルーシュは狩猟を観察するのではなく、儀礼という特別な時間と空間へ参入している。だから儀礼のルール、手続き、進行をなぞるよう撮影行為にも様々な設定を課し、映像を儀礼化しようとした。それは人間の肉眼の瞬きのようにカットされ、ズームや引きのない流動感に富む映像を核としたルーシュの眼差しの写しであり、彼が信念とした映像セオリーを確立し、宣言する意気込みに満ちていた。

3. 逆転する世界

一九五〇年代に入ってまもなくジャン・ルーシュが制作した「イエネンディ 雨を降らせる人々」(一九五一)は、ニジェールのゼルマガンダ州シミリ村のソンガイ族とザルマ族の人々の間で行われた雨乞いの憑依儀礼を撮影したものである。乾季にはほとんど雨が降らないため、まもなく乾季が終わろうとする乾季七ヵ月目の七日目に〝精霊の小屋〟と呼ばれる家へ憑依した信者が歩み寄ると、村人たちもそれについて小屋の周りに集まり〝虹の木〟と名づけられた木へ水入れをする儀礼イエネンディを執り行う。

太鼓演奏と一緒に儀礼が開始され、村長ワディソルコが竪琴を奏でるとダンスが始まる。やがて精霊が現れ、選ばれたダンサーに次々憑依し、彼らの声を借り語り始める。風の精霊モウサ、墓場の女神ナイベリ、虹の女神サダラ、雷鳴の神ハウサコイ、雷と雨の神ドンコ……精霊たちはダンサーを依代に小屋の前に降りてくる。憑依された人々は儀礼服に身を包み、呪具を携え、精霊として雨季の始まりについて村人たちと交渉を始める。村人たちは雨が大量に降り雷が少ないように願うが、精霊はもてなし方に不満を訴え雨は降らせず雷だらけにすると脅し、より多くの生贄と供物を要求する。ようやく精霊の怒りが宥められると、雨乞い儀礼が再開され、祭司と信者たちは〝精霊の小屋〟の裏へ回り、東から西へ向かって地面に溝が掘られる。これはシミリの大地とニジェール川を模し、溝の先端には瓶が置かれ、前年の最初に採れたトウモロコシと水で満たされる。雷と雨の神ドンコを表すこの瓶の口先に、祭司が指を添えゆっくり水を注いでゆく。ドンコが天空の瓶から大地へ雨を降り注ぐように。こうした儀礼により村に慈雨がもたらされることを人々は切に願い、水やトウモロコシの粒が溝を流れてゆく形状で未来の天候や収穫を知るのだ。羊や鶏が生贄となるが、その現場を見てはならないため人々は背を向ける。祭司は〝虹の木〟と石に生贄を捧げ、虹の女神サダラが壺から水を汲み井戸を水で満たした。生贄の血が〝虹の木〟に注がれ、儀礼は終わり、やがて人々は家路につく。すると雨季が訪れ、空は暗くなり、家畜が集められ、砂嵐が吹き、竜巻が起こり、雷が鳴り、とうとう雨が降り出すのである。

ソンガイ族の人々は基本的にはイスラム教を建前とする階層化された社会構造を持つ。ホレイ

（精霊）と呼ばれる非祖先霊が、ソンガイ族の隣のハウサ族のボリ（精霊）と同様な役割を果たす。ホレイは自然精霊と外来精霊から成り、最下層カーストの男女に乗り移り苦しめるとされる。しかしそれは彼らにとって苦痛ではなく間接的な救済や解放の手段にもなっている。何度も繰り返される憑依に捉われる人々は〝精霊の子供たち〞と呼ばれ、ニジェール川で漁撈に携わるソルコの男たちの指揮下で儀礼は執り行われる。ソルコの人々はこの地域では最も原住民的な風貌を保持する種族である。ソルコの長老たちは女の精霊と結婚しているとされ、他の女性に関心を持つことは許されない。長老たちは川での漁撈生活を辞め、雨乞いや狩猟の組織化、雨季被害の軽減の儀礼等、祭司としてホレイに全面的に献身する。彼らの多くは雷と雨の神ドンコとの仲介役である。ソンガイ族では最下層カーストや女性など周縁的要素が憑依儀礼と結びつき、イスラム教を隠れ蓑とする古来からの積層化された呪術世界へ統合されてゆく。何かがいつも憑依や陶酔の形で噴出するのを待ち構えていた。鬱屈した怒りや絶望、生活の悲哀や苛立ちが引きずり出され、解放されてゆく。かつては土着的な呪術儀礼であり聖なるものとの霊的交渉体験だったものが、社会や時代の変容と共に変質し屈辱や苦悩の捌け口となり、彼らの暴力や情動をコントロールし燃え尽きさせる。

「狂気の主人たち」（一九五六）にはそうした憑依の変質がより明確に映しだされている。この映画はこれまでのルーシュ映画のようなニジェールを中心にしたものではない。ルーシュはこの頃からフィールドを広げアフリカのゴールドコーストへの移民調査を開始し、ニジェールからガーナやコートジボワールへ移住した労働者たちを訪ね、アクラやアビジャンといった都市における移民生活へ焦点を当てた映画を制作するようになる。「狂気の主人たち」の他には「ジャガー」（一九五四

（一九六七）、「私は黒人」（一九五八）、「ベビー・ガーナ」（一九五七）といった作品である。

「狂気の主人たち」は西アフリカのガーナ共和国の首都アクラ郊外で行われた憑依儀礼を撮影したものだ。イギリス連邦加盟国のガーナ共和国は一九〇二年からイギリス植民地となり、かつてイギリス領ゴールドコーストと呼ばれた。映画の撮影後まもなくガーナでは脱植民地運動が盛んとなり、一九五七年にサハラ砂漠以南のアフリカで初めてヨーロッパの宗主国から独立を達成した国となり、正式名称をガーナ共和国に変更した。いわゆるブラックアフリカ初の独立国であり、初代大統領クワメ・ンクリマはブラックアフリカ統一運動を推進した指導者として名高い。ゴールドコーストと呼ばれたようにガーナは金やダイヤモンドを大量に産出し、カカオの大産地として知られ、海底油田発掘でも注目を浴びた。宗主国イギリスは第二次世界大戦後、急速に国力を衰えさせ、やがて民族主義運動の高まりと共にナイジェリアやシエラレオネなどイギリス領西アフリカ各地域が同調し、既に一九四七年には独立を目的とする連合ゴールドコースト会議が設立されていた。

ジャン・ルーシュ「狂気の主人たち」

ガーナと同じイギリス連邦加盟国で奴隷貿易の一大拠点だったナイジェリアは十九世紀末からイギリス支配と

なり、一九六〇年に正式に独立してナイジェリア連邦共和国となるのだが、ルーシュはナイジェリアからの移民たちがガーナで苛酷な労働に明け暮れていることを知り、憑依儀礼ハウーカを撮影すべく現地へ赴いた。抑圧の極みにあった移民たちが町から離れたアクラ郊外の空地で、都市生活で蓄積させた日々のストレスをトランス状態になり発散させてゆく。ルーシュはその現場でハウーカという神格に乗っ取られてゆく人々が旧来の憑依儀礼を踏襲しつつ、同時にイギリス植民地支配とその搾取の歴史的過程を一種のドラマとして再現し、再構築してゆく事態を目撃し驚愕する。

映像は最初、ガーナで行き場を失ったナイジェリア移民たちの郊外のコミュニティへカメラを持ち入り込もうとするルーシュの眼の震えを内包させているが、やがて映像の質や意識の有様が少しずつ変調してゆく。カメラと一体化した撮影者の眼が憑依する黒人の眼差しを吸い込み、それまでの眼差しを失効させ、その外の世界からの視線を招き寄せ、ついには外部世界の視線さえ解体してゆくのだ。カメラになった撮影者を軸に世界が反転してゆく。認識が転倒し、知覚も逆転し、その変転が悦ばしい僥倖のように現れてくる。しかしその瞬間の真実は秘儀のように現れ、たちまちその姿をフィルムへ溶解させてしまう。ルーシュはこの憑依儀礼に参入し、その溶媒の中で変質するカメラを通し、植民地と宗主国、アフリカとヨーロッパ、支配と従属といった様々な関係を転倒させ、その境界が驚くほど流動化していた事実をまざまざと見せつける。映画を見つめる観客に「あなたはいったい何者なのか」という問いをぶつけてくることがこの映画の真骨頂と言えるかもしれない。「世界はどのように更新され、その現場を見ているあなたとは誰なのか」そうした問いのダイナミズムが迫真的に伝わってくる。「狂気の主人たち」はパリの人類学博物館で初上映されたが、その混乱極まりないとされる映像によって悪意に満ちた評判が立ち、イギリスやゴールドコーストの国々では上映中止の憂き目に遭うなど辛酸を舐めるが、ヴェニス映画祭ドキュメンタリー部門のグランプリを獲得した。

4. シネマの真実

「狂気の主人たち」以降、ジャン・ルーシュは「エスノ・フィクション」と自ら呼ぶ一連の映画シリーズを発表してゆく。「ジャガー」「私は黒人」「少しずつ」（一九六九―一九七一）といった映画は、植民地主義や人種差別といったテーマを独自のアプローチで探求したものだ。こうした映画を経てルーシュは民族誌をリアリティの開示の場として考えるようになっていった。「私は黒人」はサウンドドレスで撮影され、ワマル・ガンダとプチ・トゥーレというメインキャラクターのコメントだけで綴られた映画であり、その即興性に富んだ、偶発性を積極的に取り込んでゆくスタイルは後のヌーヴェルバーグの監督たちにも大きな影響を与えた。

一九六一年には同時録音方式の16ミリカメラを導入した第一作としてパリの人々を撮影した「ある夏の記録」を制作する。この映画はCNRS（国立科学研究センター）の社会人類学セクションに在籍していたフランスの社会学者エドガー・モランとの共同監督の形でつくられた映画で、ルーシュは本作により「シネマ・ヴェリテ（真実の映画）」の先駆者として注目を集めるようになった。フランスの植民地支配に対するアルジェリアの独立戦争であるアルジェリア戦争の時代に、テープレコーダーとマイクを持った二人の女性がパリの街頭を行き過ぎる人々に突然「あなたは幸せですか?」と問いかけてゆく。あるいは人生を生き抜く方法を尋ね、またフランス社会や労働状況について話してもらう。その唐突さに戸惑い、口籠ったり、逆に自分の考えを滔々と述べる人々の反応をカメラは素早く、小気味よく、追いかける。カメラはこうした人々の多様な反応や語りを引き出す触媒となり、カメラの存在により生成する現実が立ち現れる。同時に撮影者と被写体の関係も記録され、そうした映像は撮影後にインタビューされた人々にフィードバックされ、その際の映像も本編に組み込まれていった。最後にはルーシュとモランが登場人物たちにそのシーンを見せ、映画がどこまで現実を描いているのかを「シネマ・ヴェリテ(真実の映画)」と「シネマ・マンソジュ(虚偽の映画)」に分けて語らせる。映画のきっかけは「人は誠実に演じることができるだろうか」というルーシュとモランの議論だったという。

撮影者のスタンスは、通常は表面に現れない出来事の隠された事実をカメラとテープレコーダーで暴き出そうとするものであり、それはロシア・アヴァンギャルドの映画作家ジガ・ヴェルトフが提唱した、「キノ・プラウダ(真実の映画)」の考えに近く「キノ・プラウダ」の仏語訳として「シネマ・ヴェリテ」が採用された。ヴェルトフは「キノ・プラウダ」シリーズ(一九二四年の「レーニンのキノ・プラウダ」や一九二九年の「カメラを持った男」等)を制作し、肉眼による観察のモンタージュ、観察後のモンタージュ、撮影中のモンタージュ、撮影後のモンタージュ、編集のモンタージュといったモンタージュの重要性を繰り返し説いたが、モンタージュ思考は可視世界の新たな組織化理論であり、こうした理論を踏まえながら潜在する不可視のものへも目を向けていったルーシュはこう指摘している。

「『ある夏の記録』で私はしばしば非難の的となってきた。あの映画は真実ではない、映画に真実が含まれていないと言われた。ジガ・ヴェルトフがキノ・プラウダを提唱した時、それはただの真実の記録ということを述べていたのではない。それは真実を探しだす試みを意味していた。しかしヴェルトフは単純に言いきってしまった。シネマ・ヴェリテはシネマの真実である。真実は人々が見るメカニックな眼と耳を持つ映画の内部にある。カメラとマイクロフォンを持つと私は私ではなくなる。つまり私は奇妙な位相に晒され、シネ・トランスに捉われてしまう。その瞬間から私は新しい真実が生まれてくるオーディオ・ヴィジュアルな銀河系の中に入るのだ。それは日常的なリアリティや真実とは無縁だが、繋がりはある。カメラやテープレコーダーが存在しなければ私はそのように話すことはないだろう。カメラやテープレコーダーがあるからそう話す

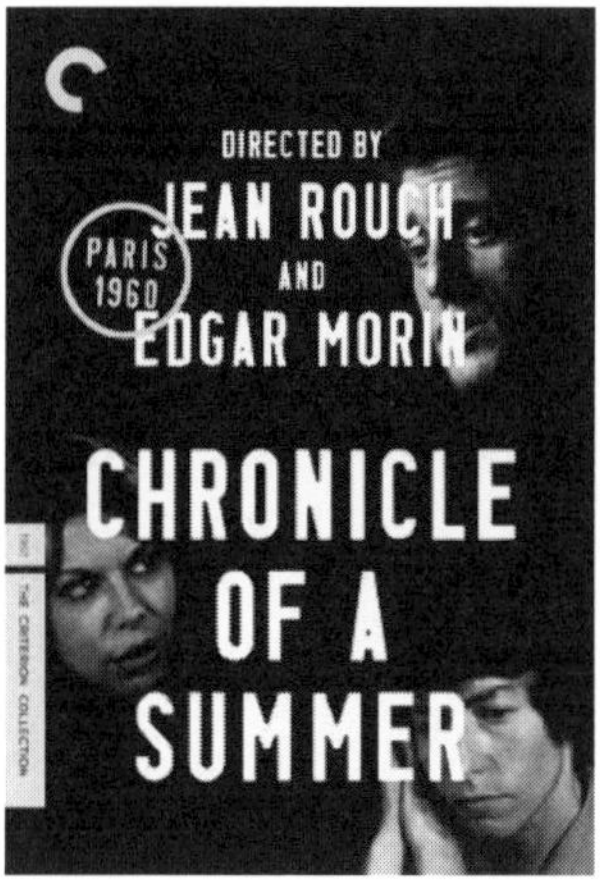

ジャン・ルーシュ＆エドガー・モラン「ある夏の記録」

ジャン・ルーシュ「人間ピラミッド」

のだ[1]」

まだら状になったリアリティの位相を斬新な構造の中で暴露した「ある夏の記録」(一九六一)を制作した年に、ルーシュは「人間ピラミッド」(一九六一)も二年がかりで完成させた。コートジボワール最大の都市アビジャンはもともとエブリエ族のビジャン村だったが、一八九三年にフランス領コートジボワールとなり、フランスが先住民を追放した後につくった都市だ。一九三四年にバッシェルヴィルからアビジャンに首都が遷都され、一九六〇年にはコートジボワール共和国が独立するが、その前後に映画はつくられた。開放政策により開発が進展し、労働力不足で西アフリカ諸国から多くの移民が受け入れられていった時代である。アビジャンの高校生の根深い人種差別に気づいたルーシュは問題を掘り下げるため映画制作に取り掛かり、一九五九年七月の夏休みを利用し撮影が行われた。サイレントで一〇時間分の撮影後、仮編集を経て、その年のクリスマス休暇や翌年の復活祭休暇を利用して追加撮影し、最後はパリの撮影所内セットで登場人物のうち既にパリで勉学中の五人とアビジャンから呼び寄せた五人で最終撮影をした。トータルで一六時間分の映像素材は半年の編集作業を経て九二分の映画として一九六一年に公開されている。

ルーシュがここで目論んだのは黒人と白人のグループの中に映画作家が介入し、新たな〝共有された現実(シェアード・リアリティ)〟を喚起できないかということだった。ルーシュはまず同じ高校の黒人グループと白人グループを集め、互いに交流するプロセスを撮影したいと申し出る。そのシーンはそのまま映画の導入として使われた。黒人男性ドニーズと白人女性ナディーヌはパリで学ぶ大学生であり、彼らはその一年前にアビジャンの同じ高校に通っていながら面識はなかった。

高校の時にアフリカに初めて来たナディーヌはそこで起きている人種差別問題をあまりよく理解できなかったが、フランス人入植者の子供たちは現地の生活や文化の違いから大きな差別を受けていた。しかし彼女が編入してきたことにより、学校、友情、恋愛、音楽、ダンスなど白人と黒人のグループ交流が始まってゆく。ドニーズはナディーヌにアフリカの抱える複雑な問題を訴えるが、誰とも分け隔て無く接するナディーヌは異性の誤解を招きやすく、やがて一人の白人男性が海で死ぬ悲劇が起こり、差別を超え築かれてきた友情関係に大きなひびが入ってしまう。

映画ではもともと一人一人の役を俳優（高校生たち）に与えていた。つまり役柄や相関関係、状況が設定された上で撮影開始され、先のストーリーは進行しながら決めてゆく方法を採っている。そのため映画途中で出演者が編集映像を見て話しあう現実のシーンも組み込まれた。そうしたシーンが挿入されながら再びフィクションへ戻ってゆく構成で物語が進行するため、観客はどこからが物語で、どこまでが現実なのか、次第に判断不能になってしまう。事実、俳優たちも映画のインタビュー・シーンで、撮影プロセスで自分たちの中に大きな異変が生じていったと告白している。だからある場面では、俳優はただ役柄を演じているのではなく、役により変わった自分が現れたり、生の自分が役を超えて出てきたりする。役柄の抑えが効かずコントロールできない自分の衝動が噴出したり、役でも自分でもないものが現れたりもする。役の中では自分と他人の区別がつかなくなる。何という映像の魔術なのだろう。映画撮影の中で絶えず自分が何者なのかが問い返されていった。

白人と黒人のグループは映画に参加する前までは理解し合うことなく、互いに嫌悪し、軽蔑していた。しかし彼らが人種の壁を乗り越え、友達になってゆくというストーリーを提示され、役を真剣に演じ、深く生きることにより、決定的なことが内部で起こり、最後には本当の友人のような親愛を覚えるようになっていった。役を演じることで違う生が現れる。カメラとストーリーと役が人と人の関係を作り変え、もう一つの現実が生まれてゆく。

象徴的なのは二つのグループが交流しあうグンベというダンスパーティである。そこでは互いの体とリズムが激しい踊りの中で混じり合い変容し、その変わってゆく何かを映画は捉えていった。化学反応のように異なる物質が溶けだし一つのものになってゆく様が映し出される。「人間ピラミッド」（一九六一）は演技と現実、ドキュメンタリーとフィクションといった境界を乗り越え、新たな現実の場を生成させた。ゴダールはルーシュの独創性を「俳優」を「登場人物」に仕立てあげてゆくところにあると言ったが、重要なのはその俳優から登場人物への転換の瞬間を観客が目撃するということだろう。

「狂気の主人たち」の憑依者の過激な映像を見て、演技ではないかという疑問を投げかけた人々もいた。事実、こうしたトランサーは何度も憑依体験をこなし、憑依に入る型を持ち、その型を演技のように心身に刻みつける訓練を経ている。演技を引き金に実際のトランスへ入り込むこともあり、ルーシュの「憑依舞踏へのイニシエーション」にはそうしたプロセスも写されている。憑依者自身もその憑依が真実なのか演技なのかわからなくなる位相が問題なのだ。いや「人間ピラミッド」の俳優同様、真実と演技を絡み合わせながら従来のリアリティを刷新し、もう一つの現実を導いてゆくことがトランスなのである。演技も現実も本質的にはどちらも互いを潜在させている。演技は他者になることであり、自己から他者へ切り替わってゆくことだ。あるいは何か自己の奥深くにあったものが現前化してくることでもある。そうした事態をカメラが媒介し、カメラが自己と他者の新たな関係を作り出していった。

5. カメラになる撮影者

「ある夏の記録」や「人間ピラミッド」以降も、ジャン・ルーシュはドキュメンタリーとフィクションの垣根を飛び越えようと、ニジェール人の友人たちに移民役を即興的に演じさせ、彼らが「移民」を経験するプロセスを撮影した「少しずつ」や「コケコッコ！ にわとりさん」(一九七四)といった映画を制作してゆくが、民族誌映画を制作しなかったわけではない。一九七〇年代に入ってからも「ホレンディ」(一九七二)「シギ一九七二、ヤメの腰巻き」(一九七三)「アンバラのダマ、死を祓う」(一九八〇)といった映画が次々とつくられている。中でも「トゥルーとビッティ、昔の太鼓」(一九七二)は〝フィルム・トゥルース(映画の真実)〟を浮上させた興味深い作品である。

「トゥルーとビッティ、昔の太鼓」は「狂気の主人たち」とは対照的な映画と言える。この年、ルーシュはソルコの友人ダオウダに、ニジェールのシミリ村へ撮影に来るように依頼される。ルーシュにとっては「イエネンディ、雨を降らせる人々」を撮影した長い付き合いのある村である。大昔の瓢箪太鼓を復活させ、シミリ村の男たちが荒野の黒い精霊に次の収穫物をイナゴの被害から守るよう祈願する憑依儀礼の貴重な瞬間を捉える目的だった。ダオウダの父である祭司ジマ・シドが儀礼を取り仕切るが、彼が懸命に努力し、古い太鼓を持ちだし演奏したにもかかわらず、最初の三日間に憑依は起こらず、四日目の最終日も何も起こらず終わろうとしていた。仕方なくルーシュは今や消滅しかけている太鼓の美しい旋律に耳を傾け、黄昏時の撮影を続けた。祭司の傍らの生贄の羊を抜け、ダンスをする人々へ入ってゆくと老人サンボウが踊っていた。カメラはその後ろ姿を追い、演奏する集団に近づく。すると突然、演奏が止むのだが、撮影はそのまま継続された。しばらくして竪琴のソロがゆっくり再開される。竪琴の奏者が黒い精霊を見たのだ。すると突然、老人サンボウがトランスに入り、クレの精霊が憑依した。続いてハドヨの精霊が老女ダンサーのツシニェ・ワシに憑依する。ルーシュには自分がカメラを回し続けたために憑依が起こり精霊が降りてきたかのように思われた。しかもダンサーだけでなくルーシュ自身にも憑依が起こっていた。ルーシュはカメラの一部となりシネ・トランスを起こし、カメラは触媒と化していた。穏やかな憑依だが、あらためて映画を見てゆくと撮影が憑依の契機となっているように見える。撮影者がカメラに同一化してゆくと、撮影者はカメラに支配された別人格のように作動し始める。ルーシュの撮影行為は村の人々から見れば憑依儀礼でダンサーが精霊に操られているように思えるだろう。撮影者は没頭するとカメラを仮面にして日常の現実とは違う次元に入りこむ。

こうしたシネ・トランスの背景にはルーシュがカメラを身体化するトレーニングを続けていたことも関与している。ルーシュ以前の民族誌映画は三脚を地面に固定した撮影が前提だったが、ルーシュは自分の体を三脚に見立て、自ら移動しながら対象の運動を巻き込み撮影するスタイルを確立していった。構図や視点の確かさよりカメラの前で起こることを環境の流れを損なわず記録することを重視した。そのために自分の肉体を安定感ある柔軟な三脚に改造し、マシニックに調整してゆかなければならない。そうした訓練の果てにある種の身構えや精神の姿勢が映像に反映するようになっていった。

「トゥルーとビッティ、昔の太鼓」で起こった憑依は、カメラが憑依の主体ではなく、カメラが自らを媒介に別の主体が入り込む場となっている。場というより器と言ったほうが適切かもしれない。人間がその器に吸い取られ、虚ろになってしまう。憑依されたダンサーが神になるのと同じような意味で撮影者はカメラになる。機械神とでも言うようなものに憑依され、その機械神は撮影対象も大きく変調させてしまう。撮影中のダンサーの憑依は、自分がカメラにのめり込み長回しで撮影を続けトランス状態に入ったことに起因するとルーシュは述べた。撮影者がトランスし、そのトランスが引き金となり対象や周りの人々の磁場が変化し、機械神に誘われるように対象の憑依が誘発されていった。ルーシュはこう言ったことがある。

「ドキュメンタリーとフィクションは私には同じようなものだ。例えばマーガレット・ミードのシネ・ポートレイトを制作したことがある。彼女は人類学におけるトーテム祖先のような存在であり、今や想像力の領域の中でしか生きていない。さらにカメラを介すると、どうしても夢や想像力が介在せざるを得なくなってゆく。

ジャン・ルーシュ
「狂気の主人たち」

だから私はミードをカメラを使って挑発し、インタビューを続けた。一〇分足らずの撮影だったのに私はかつてなく疲れ果ててしまった[2]」

人間科学（ヒューマン・サイエンス）ということで言えば、シネマ・ヴェリテにおける客観性と主観性は同じものだとルーシュは考えていた。現在という位相で人間を観察する時、そのような分別を最初からできるわけなどない。そこに真実ということの大きな歪みが現れてしまう。コンピュータを使っていてさえ、問う方法は答える者に大きな規制を与えてしまう。映像撮影の方法もまた対象にすでに大きな影響を与えているのである。

6．フィールドワークと参与観察

映像と人類学は同時代に展開され、その歴史を互いが共有し、それらの融合領域が映像人類学の基盤となってきた。映像は人類学の補助資料となり、調査対象を記録する役目を持っていたが、やがて人類学における映像の独自性や異なる意味が見出されていった。その初期段階から撮影された映像の信憑性に疑義が呈されることはあったし、映像は事実を写したものであるかもしれないにせよ、実際には撮影者の裁量で画面を制限され、状況を狭められ、方向を意図的に決められ、それ以外のものを排除することで成立していた。画角や視点だけでなく、時間配分や色彩設計といった様々な映像要素も関わってくるし、フレーミング一つとってもショットの動感や構図に配慮しなくてはならず、撮影者と対象の距離や撮影者の動きも関わってくる。また撮影者やカメラ、テープレコーダーの存在は通常とは異なる雰囲気を生み、異質な真実が記録されてしまうこともあり、カメラは対象に対し優位な立場をとりやすい。

憑依映像における演技でも触れたように、ドキュメンタリーとフィクションの間に明確な境界は引き難く、そうした映像は存在しない本当の真実と、全くの作り事を両極にする線上を揺れ動かざるを得ない。両極は分別可能であっても、線上を中央へ移動するにつれ、分別不能なものがどんどん現れてくる。「ドキュメンタリーとフィクション」という二項を前提にしてしまえば、こうした玉虫色の映像が階調をなし現れてくることは不可避である。それゆえ映像人類学は映像からも人類学からも逃れた次元を生成させ、その場をフィールドとしてきたと言えるかもしれない。しかしそのことに気づくのは近年であり、ルーシュ以後のことなのだ。そこには過去の記録ばかりではなく、撮影者が見なかったものや見えなかったもの、さらには不可視の情動、変調する無意識、運動と状況の相互作用も含まれる。こうしたことが持つ意味は大きい。言葉を変えて言えば、それは現代科学が捉えきれなかったものと言えるからだ。大文字の他者性や霊性、聖なるものや生死の揺らぎ等々、把握することが困難な磁場へ映像人類学は強く引き寄せられていった。科学のセンサーから外れ、言語の体系から漏れ、表現の構造化から逃れてしまうものの気配や痕跡を、瞬間を凍結し光を通して現在化する自然魔術としての映像により蘇らせていった。その創造性は映像が誕生して以来の蓄積と歴史の果てに今や奇妙な輝きを放ち始めている。

ポーランド生まれのイギリスの人類学者ブロニスワフ・マリノフスキーが確立し、人類学の根幹の方法論となったフィールドワークは「参与観察」つまり研究者が調査地に赴き、現地の人々と生活を共有し、彼らの視点から世界を見つめ、その眺めたものを民族誌として描きだすこととされてきた。しかしこの参与（パーティシペイト）とは対象内部へ入り込む感情移入を伴う体験であり、また観察（オブザーベーション）とは対象外に身を置き、距離を取り、事態を分析し認識することに他ならない。従ってこれまでも指摘されてきたように参与観察は言語矛盾を孕む方法論だった。それでも実際に現地に赴き、現地の人々に入って経験し解釈することの内省的考察として参与観察を捉え直すことで人類学はその可能性を見出そうとしてきた。また人類学の方法への疑義から、フィールドワークにおけるノート、メモ、写真、スケッチ等の活用や論文執筆過程での諸々の異質な要素をどのように記述し比較できるのかという問いかけまでが検証の対象となっていった。さらにルーシュの言うように撮影現場で新たな現実が生まれているとすれば、その現実もまた「参与観察」の対象としなくてはならない。

フィールドワークは人間の想像力による思考の場でもあった。異なる文化の特性を把握するため現地の人々と出会い、情報を収集し、生活や習慣のみならず儀礼や祝祭まで観察を積み重ね、仮説を立て、検討を加え、体系化してゆく。フィールドワークは文献を整理したり記述を操作したりする作業とは異次元の作業であり、形式化されない知識を形式化しようとする困難さを孕む。現地での出来事は常に複数の座標を持ち、座標も絶えず入れ替わり続けるから、フィールドワークの核は対話や観察の集積と更新である。そのためにまず現地の人々と関係をつくり、何人かの情報提供者を選別し、インタビューを重ねてゆかなければならない。集落や共同体の地理や配置、神話や伝承の聞き取り、社会階層の把握、資料整理、映像や音響の編集等々、そうして収集した膨大な断片的資料を組み合わせ一つ繋がりの世界を縫い合わせてゆかねばならない。

私たちはすでにこのような厳密なフィールドワークから生まれた映像人類学の貴重な実践としてロバート・フラハティの「極北のナヌーク」を知っている。カナダのエスキモーをテーマとしたこの映画は、人類学者でも映画監督でもなかったフラハティが撮影以前の数年に渡る現地での生活体験や事前調査を行い、現地の人々との協力関係や共同作業の過程でカメラが未知の人々との絆を生むものであると認識し、自己とカメラを現場に馴染ませ、そこへ溶融させてゆく訓練の果てに作られた。フラハティは観察するだけでなく、観察され、受け入れられ、歓待されることの大切さを身をもって示し、撮影した映像は現地の人々に見せ、互いに意見を述べ合い、批判し、その成果を再び撮影に生かし、映画が観客に新たな発見をもたらすものであることを目指した。

ルーシュが撮影した映像を現地の人々に見せるフィードバック作業を欠かさなかったのはフラハティの影響である。編集段階で現地の人々に見せ、調査する者と調査される者の関係を映像で明らかにし、研究者と被研究者が共同で作り上げてゆく共有人類学の方法を確立していったのだ。フィールドワークでは生気に満ちた出来事が平板化され、ニュアンスに富む言葉が均質化されてゆく危険性が常に待ち構えている。それゆえ現実を再構成するための論理的な思考だけでなく、想像力による思考が必要となってくる。大切なのは対話や観察したことを言語化しやすいように抽象化したり形式化したりするのではなく、それらが内包する生きた多次元性を露わにしてゆくことだろう。その時、映像人類学は一方で芸術へ限りなく近づいてゆく。

7. 世界から夢見られる

ジャン・ルーシュは一九四〇年代後半以降、西アフリカを毎年のように訪れ、人類学調査と映像撮影を組み合わせたアフリカ研究を続け、従来の人類学的実践とは異なる知の領域を模索していった。ルーシュはかつてこんなことを考えたことがある。一人の男がカメラを構え撮影している。ファインダーは一つしかないから片眼で対象を凝視し、もう一方の眼は現実を見ている。ファインダーを通し世界を見ることは肉眼で世界を見ることとは異なる経験をもたらすのを男は熟知している。儀礼を撮影していてもその儀礼はカメラにより変形を余儀なくされる。だから男はその違う世界をなんとか同時に感知しようとする。ルーシュによればカメラのファインダーを覗く右眼は現実の内部へ食い込み、現実に潜在する可能世界や想像的なものへ入り込んでゆく方向性を持つ。対して左眼は眼前の現実をリアルな実在として見つめ続ける。つまりルーシュにとり右眼の可能性と左眼の現実性を同時に感知することで生まれてくる世界が映像人類学がフィールドとすべき領域なのである。さらに言えばカメラが現象に介入することで〝第三の眼〟も現れてきていた。つまり物の世界や自然宇宙の側へ引きずり込まれてゆく眼である。カメラが撮影者を思いがけない次元へ巻き込み、現実とは異質な層へ紛れ込ませてゆく。撮影者の身振りや息遣い、感情の震えを縁飾りにした〝第三の眼〟が新たな磁場へ巻き込まれる。

ルーシュは長いフィールドワークの中で自己と世界の関係が反転してゆくような実践的な記述の方法に気づき、それを映像撮影により模索していった。撮影者、カメラ、撮影行為、対象、映像、観客といった各要素が連動した交流器のようになってしまう事態の探究である。撮影者もその交流器に接続され、血も神経も混じり合う。そこには撮影者、カメラ、撮影行為、対象、映像、観客といった要素の連動から逸脱してゆくうねりさえ垣間見られていった。そのような交流を記述する方法がカメラにより可能になるのではないだろうかとルーシュは考えた。カメラは撮影者を見えない世界へ混入させ、撮影者は出来事の一部として組み込まれてゆく。場に参入する人々が相互作用により連鎖し、予測のつかない不穏な動きに巻き込まれる。カメラは物神となり、見える世界と見えない世界の合流点と化す。撮影者はカメラに寄生し、その連結を生き始めるのだ。

　ルーシュにより呼び出されたのは、それ以前に記録された人間とは異なる人間の形姿だった。憑依の最中にある人々はいったい何者なのだろうか。彼らは本当に人間なのか、呪物なのか、動物なのか、新たに分裂した人類なのか、進化以前のヒトなのか、その答えを見出せないカメラは憑依の外部ではなく、憑依の内部へ撮影者と共に引きずり込まれる。このような人間そのものを再考せざるを得なくなるような質を持つ映像は、従来のリアリズム・ドキュメンタリーやオブザーベーション・シネマといったジャンルとは異なり、もう一つの生起する現実へ入ろうとしていることがわかるだろう。

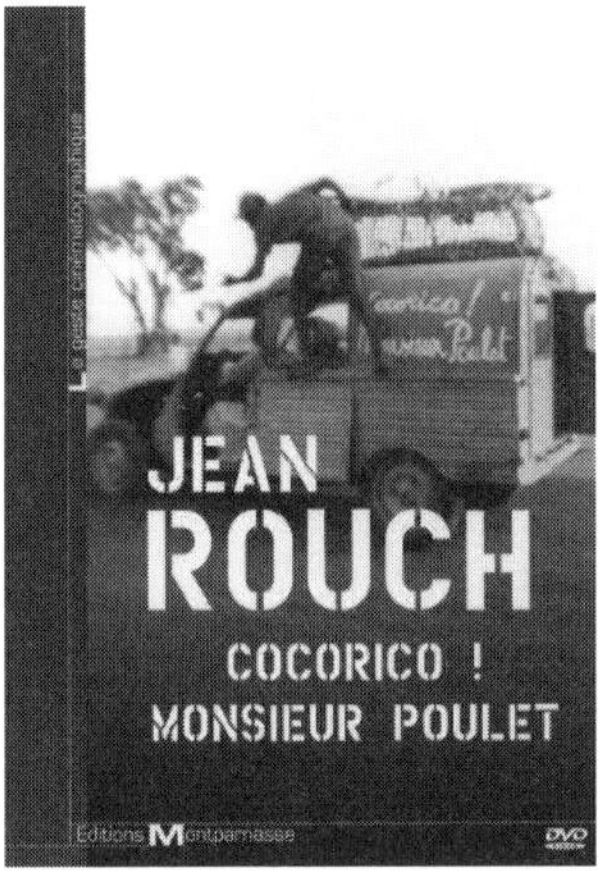

ジャン・ルーシュ
「コケコッコ！　にわとりさん」

　ルーシュの映像を見てゆくと対象の変貌と自己

の意識変容が共振し、双方に地殻変動が起こっていることがわかる。カメラと撮影者が質的変化を起こし、眼前で繰り広げられる世界の裏側へ回りこみ、その網膜世界を内部から突き崩してゆくような感覚である。ここでは世界をどう見つめ記録するかより、一つになった交流器の中で世界にいかに夢見させるかが重要だった。あるいは交流器の一部である撮影者がいかにして世界から夢見られる存在になりうるのかが大切だった。

「映像人類学を実践することは現地の人々のように夢見ることだ。その夢の中で境界や壁に突き当たるのではなく、世界が目を覚まし続ける(3)」

ルーシュは夢見ていた。世界にゆっくり目を開かせることを。世界が撮影者の夢を見ることを。撮影者は何か得体の知れないものに夢見られた結果として現れてくる。一つ繋がりになった交流器を肉体として、血の流れが撮影者の方からではなく世界の方から逆流してくると、映像には撮影者が世界からどのように夢見られているのかが現れてくる。つまり撮影者が世界に夢見られていることを記述する方法の手がかりがそこに秘められている。撮影者は夢の組織なのである。

こうしたカメラになりつつある身体が新たな夢を見ることに気づいた人々が映像人類学を従来とは異なる方向へ導いていった。その深化により観客もまたこの一つ繋がりの網へと編み合わされてゆく。カメラは外ではなく交流器の深部へ入り、世界と撮影者を結ぶ接触点となり、その周りで世界がダイナミックな運動を始めていった。

世界を直接把握するために世界を見つめ、世界から見つめ返される。そうした経験の感覚的な写しが映像に刻まれる。そのことが世界との関係を生み出す唯一の方法であるかのように。そのことが世界から一回性や聖性を受け取れる唯一の方法であるかのように。自らが新たに見出され、夢見られていることを感知させる映像が必要なのだ。ルーシュの反響し合う膨大な映像群は、そうした事実を手探りで切り開いていった道標として長く記憶されてゆくことだろう。

（1）CINETRANCE/THE VISION OF JEAN ROUCH,interview between Jean Rouch and Dan Yakir, Film Quarterly vol. XXI, no3,1978, University of California Press, Oakland, CA ,USA.
（2）同上。
（3）同上。

4

転生する記憶

転生と精霊

――アピチャッポン・ウィーラセタクンの映像芸術

1. 転生のメカニズム

私はかつて水牛であり、王女であり、兵士であり、夜の闇であり、光る虫であり、河であり、森であり、流れる星であった。

東洋と西洋を大きく隔てる観念があるとすれば、それは「前世」という考えではないかと言われる。あるいは近現代とそれ以前を分ける決定的な要素があるとすれば、それは「前世」の存在を信じるか否かということなのではないだろうか。日本人の多くは随分長い間、こうした思考を忘れ生きてきたが、アピチャッポン・ウィーラセタクンの一連の映画を見てゆくと、その封じ込められていた「前世」の記憶と現在の感覚がゆっくり重なり、立ち昇ってくるような思いにとらわれる。最新作の「光りの墓」(二〇一五)では、そうした転生という考えを、アピチャッポンの思考が、味わい深い静けさと共に精緻に開示されている。しかもその転生という考えを、現代を生きる人々が日々の営みを続けてゆく上で欠かすことのできない姿勢として現実に対置させようとする。

「前世」という観念は様々な見方が可能だが、具体的には想像もできないほど多くの複雑なものから自分が合成され生まれてきたという遥かな思いを感知することではないだろうか。一人の人間には必ず両親がいて、父母の両方から遺伝子を受け継いでいる。そして四人の祖父母と八人の曽祖父母と一六人の曽曽祖父母がいるという具合に遡ってゆくと、わずか三〇世代前に同じ世代の直系尊属が数億人以上いるという単純計算になってしまう。当時の世界人口はそんなに多くはないから人は多重に重なり合う先祖を持つことになる。

人間の脳は進化の過程で受けた限りない経験の組織化された記録の塊であり、これらの経験の中で最も普遍的なものが世代から世代へ、より強く受け継がれてきた。人の脳髄には、その祖先の脳髄が受け継いできた無数の経験が納められている。

「私」とは言わば、そうした限りなく繰り返されてきたモンタージュの産物である。モンタージュされた映像がその性質や状態を大きく変えるように、「私」もまた二度と同じ方法で組み合わされることはない。人間と動植物の間に限界線を引くことも難しいし、生物と無機物の間にも、物資と精神の間にも、明確な境界を設定することは不可能だ。それらは形を変えて現れてきたものであり、転生は程度の差こそあれ、実際の世界にも根拠を持っている。

2. 前世と来世のモンタージュ

「光りの墓」はタイ東北部イサーン地方の街コーンケンの仮設病院に運ばれてきた原因不明の〝眠

り病〟に罹った男たちの物語である。仮設病院の場所は様々な記憶の折り重なる土地であり、以前は小学校や映画館だった。さらにずっと以前には王宮が聳え、王の墓が安置されていた。そして間もなく光ファイバーの会社に変わるため仮設病院は取り壊される。周辺では工事が慌ただしく進行していた。

アメリカ人の夫を持ち、交通事故で脚を痛め、松葉杖をついたジェンという中年女性が、かつて自分が通っていた小学校だった仮設病院を訪れ、誰も面会者のいない〝眠り病〟の兵士イットを息子のように思い、ボランティアで世話をするところから映画は始まる。ジェンが病院で出会った少女ケンは、眠る人の体に触ってその夢を伝えられ、死者と交信し、前世や過去の記憶さえ見れる特殊な能力を持っていた。ケンがイットの夢を探ると、彼は兵士でありながら、同時に何十世代も前に生きていた王であることがわかる。その夢は複数の人間の思いが錯綜する、現世と前世と来世のコラージュのようになって立ち現れてくる。夢もまた違う生を生きる方法なのだろうか。王の魂が兵士イットの魂を吸い込み、彼をコントロールし、今も戦いを続けている。

〝眠り病〟の治療のため設置された、光と色により脳細胞を活性化し、特別な記憶を蘇らせるという機械も不可思議だ。青、緑、赤……ゆっくりと色を変えてゆくマシーンの光は、兵士たちの夢や記憶だけでなく、街全体に放射され、土地の記憶を揺れ騒がし、映画を見る者の記憶も変容させてゆく。

「光りの墓」の舞台となったコーンケンやコーンケン湖は、行ったことのない初めて見る場所だが、その光景に言いようのない懐かしさを覚えたり、その森のざわめきや虫の音を聞くと何とも言えない感情が湧きあがってくる。それは個人の感情ではない。そうした感情が浮かぶのは、例えばカンボジアとラオスという異なる帝国下にあり、やがてタイの支配下に入った、クメールのアニミズムを今に伝える色彩豊かなこの街の祖先たちが転生を繰り返しながら感じたり記憶したりしてきたことを、私たちが映画を通し追体験しているからではないのだろうか。こうした体験が可能になるのもアピチャッポンが同じことを感じ、その重要性を認識し、その思いの行程を辿りながら撮影していったからに他ならない。

見知らぬ風景や場所に接し、染み通るような親しみを感じたり、胸騒ぎを覚えたりするというこの映画的現象は、論理的に説明できるものではない。しかしそのように強く感じているのに説明不可能なのであれば、それは「前世」の記憶のなせる技なのだとも言える。そしてそうした「前世」の感覚は人間の内部にではなく、土地や場所に深く根を下ろしていると考えることも可能である。

アピチャッポン・
ウィーラセタクン「光の墓」

撮影地のコーンケンは一九九〇年代以降に太古の化石が続々と発掘され、〝恐竜の街〟として一躍有名になり、そこでは一五〇万年前の恐竜化石を実際に見ることができる。同じイサーン地方のコラートにもピマーイやパノムルンといったクメール王朝時代の貴重な遺跡群や先史時代の墓が多数眠っている。アピチャッポンの作風にも影響を与えるクメール文化は紀元前四世紀、アレクサンドロス大王時代の東方遠征行軍によって南インドから追われ、ようやくメコン河のほとりに辿り着いたクメール人たちのつくりだしたものだ。周りに隣族を持たず、他の王権から遠く離れ、広大な森の中で独自の展開を遂げた移動する民の文化である。しかしその栄華もやがてシャム（タイ）や安南（ベトナム）や中国との間で繰り返される戦乱により衰弱し、十五世紀には土と緑に埋もれてしまった。そうした積層化された土地の歴史と記憶がこの映画の基層を形成している。

3．想起のトリガーとしての映画

アピチャッポンは映画において記憶ということを何よりも大切にしてきた。「光りの墓」でも少女ケンに乗り移った王のイットが、ジェンをかつての自分の王宮へ案内し、眩いばかりの装飾の大広間や翡翠の浴室や鏡張りの化粧室を巡り歩きながら、現実世界には見えない王宮の全体像を伝えようとする。それはまるでギリシャ神話のシモニデスの記憶術〝座の方法〟のように、ある特定の場所ごとにイメージを貼り付け、その出来事の順序を記憶する方法を思い起こさせる。歩き疲れたジェンの脚をケンがマッサージするシーンがあるが、その光景は身体もまた記憶の場であり、交通事故で左より一〇センチ短くなった右脚の部位を揉まれるとそこから様々な記憶が湧きあがってくるようにも見える。ある場所の記憶と人の体の記憶が新しい繋がりを見出し、感覚と経験が未分化な状態が浮かび上がる。そうした共感覚的な表現がアピチャッポン映画には何重にも折り畳まれ、散りばめられている。だからイットがジェンを王宮へ導いてゆくシーンを見て、私たちはマルセル・プルーストの『失われた時を求めて』で、紅茶に浸されたマドレーヌの蜜を口にする場面を想起することも可能だろう。その語り手はそれまで何度もコンブレーの広大な館のイメージを思い出そうと試みるのだが、限定された狭い空間しか思い出せなかった。意志的記憶の限界である。しかしマドレーヌを口にした途端に、その無意志的記憶の館の扉が次々と開かれ、廊下を突き進んだり、外の庭を窓から見降ろしたり、門を抜けて街に出てゆけるほど鮮明に記憶が蘇ってゆく。眠るイットの場所にケンとジェンが戻り、化粧品の香りを嗅いでいるとケンにイットの魂が乗り移ったり、「ブンミおじさんの森」（二〇一〇）では、ブンミの連れていった養蜂場で、ジェン（同一俳優）がタマリンドとトウモロコシの味のする蜂蜜を舐めて驚いたりと、アピチャッポン映画には味覚や匂いや肌触りが溶け合わされ、シネステジー（共感覚）の蠢きが潜在化しているかのようだ。

シネステジーは、よく知られているように脳の最も古い部位にその要因があるのではないかと言われ、その部位は「生きた化石」と呼ばれる。つまり共感覚とは、遥か太古の人間たちが途方もなく長い時間の堆積の中でどのように感覚を働かせ、その動きや性質を世代世代が受け継いできたのかという記憶を濃密に宿しているのだ。

これまで映画はカメラやレンズといった光学的装置をモデルにつくられてきたが、アピチャッポンの映画はカメラやレンズの代わりに記憶や知覚

アピチャッポン・ウィーラセタクン「ブンミおじさんの森」

を精密に駆使してつくられているように思う。プラトンは有名な「想起説（アナムネシス）」で、人間の魂は何度も生まれ変わり、人はこの世とあの世を区別せず、万物を見尽くしていると語るが、アピチャッポン映画はまさにその言葉を思い起こさせる。つまり映画とは実は私たちの魂が深い所で知っているものを見出すための新たな方法だったのではないだろうか。[1]

4．記憶の入れ替わり

映画は個人の記憶ではない。それは前世から引き継がれてきた無数の集合記憶を内在化させている。転生とはそうした記憶が入れ替わり、記憶があちこちに移動可能な状態になることを意味している。記憶が生命のように流動化する。あるいは映画こそが転生のメディアだった。映画の中では誰もが転生可能であり、様々なものに生まれ変わることができる。映画を転生のメディアとして使うことは、アピチャッポンにとって従来の「前世」「現世」「来世」というリニアな転生概念に新たな視点を与え、「夢」や「旅」まで巻き込んだノンリニアな転生のヴィジョンを展開してゆくことだった。

マンゴーを採るため無理に木に登らせ、そのために落ちて死んだ弟の生まれ変わりが登場する「世紀の光」（二〇〇六）では、映画撮影の撮り直しシーンが象徴的に物語の中で繰り返される。テイク1、テイク2、テイク3……そうした撮り直しがまるで別の人生を生き直すことを暗示するように冒頭で演じられるのだ。この映画は、前半と後半では登場人物が別の物語を生きているように描かれるし、この映画の同一俳優を別の役で使う「ブンミおじさんの森」では、彼らはまた別の人生を生き直しているように見える。アピチャッポン映画では、人々は繰り返し別の生を生き、そのような連続した配役や関係が様々な意味で映画が転生のメディアであることを示唆してくる。「ブンミおじさんの森」でブンミの息子は父親のカメラを携え、猿の精霊を撮影しようと旅に出るが、いつのまにか自らが猿の精霊になってしまう。それはまるでカメラが転生のメディアであり、その映像を通し、転生の遺伝子が見る者へ注ぎこまれてゆくことを示しているかのようだ。大切なことは映画の観客に実は自分が転生した何者かであることを直感させることなのである。

なぜ東洋に「前世」の思想が空気のように浸透していったのかと考えれば、それは個人の生死を超え、すべての人々の経験が蓄えられている場所がどこかにあり、その記憶の集積場が生きることを支えているという、長い時を経て確信した人々の思いがあったからではないだろうか。つまりそのような記憶の集積場があるという可能性が、人々の荒んだ心を宥め、バラバラになりがちな魂の一体感をもたらすことができると考えた。「前世」という考えが、現在と未来を生きる鍵となり、様々なものに生まれ変わりうるという世界観が、自己と他者を共に救う掛け替えの無いヒントになってきた。

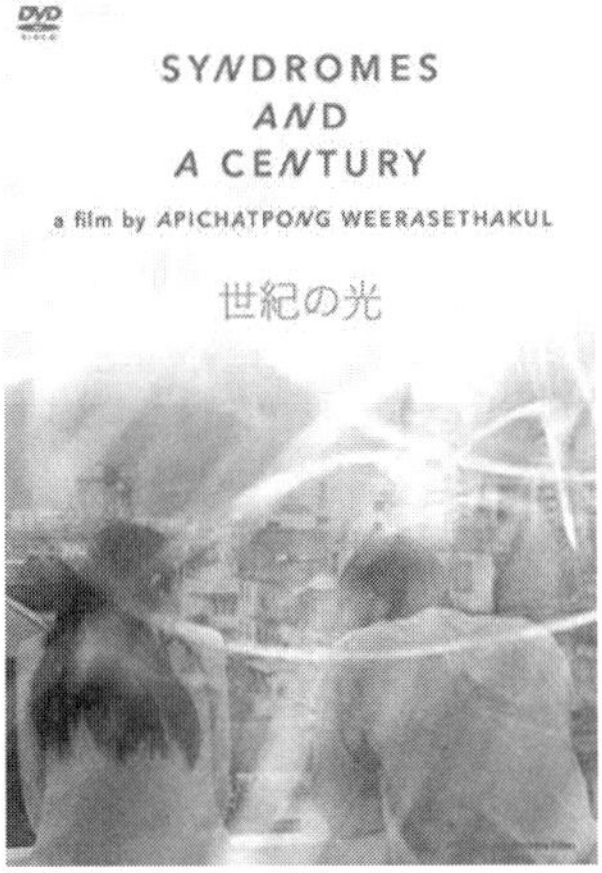

アピチャッポン・ウィーラセタクン「光の世紀」

5. 大きく目を見開いて

「光りの墓」のラストはとても印象的だ。少女ケンに乗り移ったイットはジェンを案内し見えない王宮を彷徨った挙句、大好きだった歌を聞いてジェンは現実の世界へ戻りたいと痛切に思い、「もう目を覚ましたいの」と言う。するとイットは「じゃあ目を大きく見開いて」と答え、ジェンはできる限り目を見開くが、目覚めることもできず、何か硬直したような表情になり、フリーズしてしまう。そこに「あらゆるものがはっきり見える」とか「もっとよい未来のために」といった言葉が挿入されるが、ジェンは夢か現《うつつ》かわからない状態を永遠に続けてゆくように見える。このシーンは映画という視覚の盲目性について語っているのか、現世を超えて来世を見ようとする姿を暗示しているのか、多様な解釈を許容するだろう。

セーン・アルン寺院の僧侶プラ・シリヤッティヴェティーの書いた小冊子「前世を思い出せる男」から着想を得たという「ブンミおじさんの森」の終り近くでは、ブンミの見た未来の夢の物語が語られる。タイムマシーンに乗って未来へ辿り着くと、猿の精霊が軍服を着た青年たちに捕らえられていた。未来は独裁者が支配し、〝過去の人〟を発見すると光が当てられ、その影をスクリーンに映し出すと人々は消滅してしまう。

この未来の夢の撮影地もタイ東北部のナブア村であり、一九六〇年代に共産主義者の拠点としてタイ国軍との戦乱が繰り返された地だ。ブンミは当時、共産党員を数多く殺害した体験を持つ。腹膜透析を続けるブンミは自分の病気をそのカルマと見做している。ジェンも父親から共産党員を何人も殺したと告白されていた。軍の命令で森に人狩りに行った父は、人の代わりに動物を狩り、動物の言葉をわかるようになるまで森にいたが、とうとう精霊にはなれなかったという。現代ではそうした戦乱の痕跡は何一つ残っていないが、未来の夢が静止画とナレーションという特異な映画内写真の形式で語られることで埋もれていた事件や歴史が再帰し、さらに映画が写真の奇妙な連続体であることも明らかになってゆく。

タイ東北部には中央のバンコクに対抗する特別な伝統や信仰があり、一九三〇年代以降、クーデターや反政府デモが幾度も行われ、多くの人々が投獄されてきた。現在もまた軍事クーデターに煽られたナショナリズムがイデオロギーの対立を激化させ、芸術や表現の世界でも現体制に不都合な活動は禁止される傾向にある。アピチャッポン映画も度々、上映禁止等の弾圧にあい、そうした社会的な困難さや不自由さとどう向き合ってゆくのかが若い世代の切実な問題となっている。大きく目を見開きながらその現実をすり抜け、来世を信じる。「光りの墓」のラストはタイの現状へのアピチャッポンのスタンスも暗示している。(2)

アピチャッポン・ウィーラセタクン「ブンミおじさんの森」

6. 死者たちの現世

森や丘や谷を前にすると、動物や他のものだった「私」の「前世」が現れる。「ブンミおじさんの森」の始まりで語られる言葉だ。腎臓の病に冒され、死を目前にしたブンミは妻の妹ジェンと甥のトンをタイ東北部の村の自分の農園へ呼び寄せる。そこへ十九年前に亡くなった妻フェイが夫の病気を心配し、やってきて、数年前に行方不明になった息子ブンソンも猿の精霊に姿を変え、父を迎えにくる。

アピチャッポン映画はどの映画も「ブンミおじさんの森」と同様、死んだ者も生きている者と同じような確かさや存在感を持っている。死者は確かに実在するという感覚が溢れる。死者たちが私たちの日常生活の隅々に入り込み、生きている者と喜びや哀しみを分かちあう。死者たちは夕餉の場にも現れるし、団欒の席にも忍び寄り、家族の幸せを見守り、好物のお供えに舌鼓を打つ。あの世とこの世を行ったり来たりする死者たちがいて、私たちもその家族の一員である。死んだ者たちは現世に棲みつき、この世界のバランスを調律し、生きている私たちの思いや行いに影響を与え続ける。そのような気配がアピチャッポン映画には染み渡る。

ブンミは最後に愛する者たちと森へ入ってゆき、映画を見ている者たちも彼と共にその深い森を彷徨う。やがてブンミは洞窟へ潜りこみ、得体の知れない誰かの呟きを聞き、記憶を失いかけた時代の朧《おぼろ》な愛情の衝動を甦らせる。その呟きを聞いていると、滔々《とうとう》とした哀歓と堪えられない懐かしさに心が満たされる。前世のイメージが強く注がれ、転生とは死をどう迎えるのか、死をどのように受け入れてゆくのかの態度と姿勢であったことが明らかになる。

死者たちと共にいるということは生者に深い安心をもたらす。だから自分が死ぬ時に、死者たちと共に生きたいと思い、死者たちがどこにいて、どうやったら死者たちを探しだせるのか、その方法と場所をしっかり心に留めておきたい。迷わないように、生きているうちにその場所と方法を見つけようと目を見開いているのに、何も見えない。闇に慣れればまた見えてくるのか。それとも目は開いているつもりなのに閉じられているのか。見開いた目の向こうに来世が投影されているのか。そんな思いを巡らし、何ものかの声が木霊するのを聞きながら、ゆっくり目を閉じる。閉じた目の裏側で自分の前世が映画のように流れてゆく。

(1) プラトン『パイドン—魂の不死について』岩田靖夫訳、岩波書店に、以下の言葉がある。
「もしもわれわれが生まれる前に知識を獲得しながら、生まれるや否やそれを失ったとするならば、そして、後にその知識の対象について感覚を用いながら以前に持っていたかの知識を再び把握するのだとするならば、われわれが『学ぶこと』と呼んでいる事柄は、もともと自分のものであった知識を再把握することではなかろうか。そして、これが想起することである。」
(2) アピチャッポン・ウィーラセタクン：伊藤俊治対談「いくつもの夢/現、現在/過去、前世/来世、そして土地の記憶」、「キネマ旬報」二〇一六年一〇月上旬号、キネマ旬報社。

イメージの山へ

――フィオナ・タン「アセント」

1. 浄化する山

「もっと上を見てごらんなさい。もっと高いところを」

長い漂白の旅の果て、何十年振りかで故国へ帰り着く主人公と、初めて日本を訪れる外国人たちを乗せた船が横浜港へ近づいてゆく。日本の象徴としての富士山を見ることを楽しみにしてきた外国人たちは、口々に富士山はまだ見えないのかと問いかけてくる。そのとき、ひとりの船員がそう言うのだ。

「ああ、あなたがたは目のつけどころが低い。もっと上を見よ。もっと高いところを」

海上の低いところばかり見ていた外国人たちは頭を大きくもたげ、船員の言葉を驚きとともに理解する。山裾は遠景に霞み、遥かな天空に、この上なく優美な山が薄い靄に篝火のように揺らめいていた。夜の眠りからまだ醒めやらぬ山は例えようのない清らかさを湛え、薔薇色の朝焼けに照らしだされた山頂は息を飲むほどの美しさに刻々と煌めいている。近代が向き合うべき記憶と言語の問題に正面からぶつかり続けたラフカディオ・ハーン（一八五〇―一九〇四）の「ある保守主義者」（一八九六）に描かれた印象的なラストの光景だ。[1]

富士山のイメージは夥しく流通し、日本という国を代表するイメージとなって海外へも伝わっていた。もちろん日本人にとっても富士山は自らのアイデンティティを確認したり、検証したりする場所となってきた。特にそれは日本が国家として欧米列強に自らを示す時の重要なイメージとなる。というのも〝日本という国家〟は日本人にとっても近代における新たな発見だったからだ。わずか百数十年前、薩摩や長州といった国々に分かれ、どこからどこまでが日本の境界か曖昧だったこの国にとり、その帰属観念と国家意識を明確にするイメージの戦略が必要となった。明治政府は〝日本という国家〟の宣伝イメージとして富士山を多用した。一八七三年の日本政府初の出展となったウィーン万国博覧会以降、無数の富士山の工芸、絵画、彫刻、写真等々が出品され続け、日本という朧げな国がある形を浮かび上がらせてくる。日本人という概念もこのような表象作用により一挙に形づくられていった。近代国家としての日本は教科書や唱歌の中で擬人化された富士山を頻出させ、富士山で日本を人格化し、日本＝天皇という皇国思想を醸成させることになるが、しかしそれより遥か以前から富士山は神と山が一体化した大霊山だった。

山が神であることは日本固有の信仰なのだろうか。いや中国にもインドにも山が神の場所であるという信仰は古くからあるし、ギリシャのオリンポス山やチベットのカイラス山など山を神の宿る処とする例は多い。しかし日本の山は神そのものである。山は御神体であり、山を拝む位置に神社仏閣が置かれる。富士山も古くから聖なる山であり、最も気高く最も大きな神であった。富士山がかくも長きに渡り途方もない数の人々の信仰を受け続けた理由の一つは、三六〇度どこからでもその日本一高い山を遥拝することができたからだろう。そのため富士山を取り囲むように富士見と呼ばれる拝見所が広大な地域に放射状に作られた。富士見は富士山周辺に留まるものではない。日本各地に「ふるさと富士」や「あやかり富士」と呼ばれる富士がいくつもあり、『国鎮記《くにしづめのふみ》』（一八一七）には陸奥、薩摩、伊豆、近江、讃岐などの擬富士が記されているが、「大和の国の鎮め」と歌われたように富士山は〝日本の鎮め〟だった。そうした山々は祭祀以外は立ち入りを禁じられた禁足地とされ、山容を望めるように遙拝所が設けられた。縄文時代中期とされる富士宮市上条の千居遺跡の配石遺構もその跡と言われる。

山に死者が葬られたことから山は死者の赴く処ともされ、山に祖先や鬼が住むとする山中他界観も日本には古えからある。さらに役行者《えんのぎょうじゃ》が富士山に飛来し修行を重ねるという『日本霊異記』（平安時代初期）に記された話は富士山を山岳密教や修験道の地へ転じていった。富士講という富士信仰の祖とされる長谷川角行《はせがわかくぎょう》（一五四一―一六四六）は人穴と呼ばれる洞窟で苦行を重ね、悟りを開き、富士山には一二八回登山したとされる。江戸中期に組織化され発展した富士講は、山頂を聖なる場所と考え、山に登ることを富士参りとして信者に推奨した。当時は登山に莫大な費用を要したため、積み立て金で代表者が毎年順番に登山する講の仕組みが作られた。老人や病人は江戸各所に富士山から溶岩を運んで山の形を模した富士塚を作って登り、山開きの神事も執り行った。

富士山は浄化する山である。登山の前に精進潔斎しなければならない。山に登り、頂上を極め、山を下る行程が人々の心を洗い、清々しいものにする。富士講の活動は、「拝み」の行事と登山からなり、「拝み」では「お伝え」という教典を読み、「拝み箪笥」という祭壇を燃やす「お焚きあげ」を行う。その後、山へ登り、山を拝み、山と一体化する。土は肉であり、岩は骨であり、水は血であり、山に登頂し、心の穢れを落とせば、生まれ変わり、後世により良く生きることができるとされた。

白衣に白帯、白布を頭に巻き、手甲脚絆《てっこうきゃはん》という出で立ちで、手に金剛杖を持ち、鈴を振り、何人かで組となり、六根清浄《ろっこんしょうじょう》と唱えながら山を登る。六根清浄は人間に備わった六根（目、耳、鼻、舌、身の五感と第六感とも言える意識）を清らかにするという意味であり、音便化し「どっこいしょ」となる。人間の認識の根幹が日々の我欲や執着に塗られ、正しい道（八正道）を行くことが出来なくなっている。その穢れた感覚の出入口を清める六根清浄は、山を登るときに欠かせぬ掛け声として人々の口端に昇り、唱和され、反響し、うねりとなっていった。

フィオナ・タン「アセント」

2.〝イメージの山〟の果て

富士山ほど無数に描かれ、撮影されてきた日本の山はない。一年を通じ、その姿は描かれ続け、視点や距離を変え多彩な構図と色彩で写しとめられてきた。このように長きに渡り多様な視点から望まれたイメージは一つの連続性を持ち、一体化し、日本に住む人々の富士山への記憶と思いを形づくる。そのイメージの集合は言わば一つの山のようになってきた。富士山は三保の松原や田子の浦といった名勝、浅間神社や清見寺といった名刹、太平洋を臨む広々とした景勝地といった風光明媚な場所の多い静岡側から見るものとされたが、深々とした山々に囲まれ雪を被る三峰富士を描く山梨側からの〝裏富士〟と呼ばれる絵も時代を経るにつれ見られるようになり、湖面や水面に映る〝逆さ富士〟も好まれた。近現代以降は四季折々、日々の生活の中で移ろう富士山の写真や映像も撮影され、通学バスから垣間見た雲間に隠れた富士、新幹線の窓を掠めてゆく富士、海水浴の浜辺で家族と仰ぐ富士、ポストカードの人工着色写真、銭湯のペンキ絵、小石清や岡田紅陽らの撮影した富士等々、有名無名を問わず富士山のイメージ群が巨大なアーカイブとなり人々の記憶に眠っている。

様々な視点から刻々と変化する富士山のイメージの全体を把握したいという試みもなされてきた。各幅を一月から十二月にあて、八幅を瀟湘八景に見立て、四幅を赤人や西行らの和歌に応じて描いた狩野探幽《富士十二景図》（一六七三）や富士を望む風景を長大な画面に歳時記的要素を盛り込みつつ変化させていく狩野惟信《富嶽十二ヶ月図鑑》（一七八一）など時間の流れを主調にした絵画もある。

こうした富士山連作の総決算が葛飾北斎《冨嶽三十六景》であり、奇抜な構図で評判を呼ぶが、このシリーズには後に〝裏富士〟の一〇枚が加わり計四六枚となった。さらに北斎は《富嶽百景》（一八三一）を描き、江戸は空前の富士山ブームに湧き、幕末から明治にかけて来日した欧米人はその富士一色に染まった日本のイメージを海外に発信してゆく。一九〇七年に書かれたライナー・マリア・リルケ（一八七五―一九二六）の詩「山」はその北斎の富士山を見て書かれたものである。

「三六度、そして一〇〇度、画家はその山を描いた。消し去り、再び追い詰めていった（三六度、そして一〇〇度）。あの不可解な火山の実体に迫るまで。さわやかな山、誘惑に満ちた山、途方に暮れさす山。一方、輪郭を与えられた画中の山はその輝かしさを絶え間なく増していった。来る日来る日の光の中に山は千回もその姿を浮ばせ、たぐいない夜々をも身に合わぬ衣のように、たえず無造作にぬぎすてながら。一つの画面が完成すると同時にそれを廃棄し、形から形へと上昇をつづけ、無関心に、闊達に、いささかの邪念も持たず。そうして、とつぜん、知の究極、自然の現象さながらに、あらゆるものの隙間から、その秀麗の姿を高くもたげた[2]」

千の富士、千の光、千のイメージ、千の上昇……《冨嶽三十六景》に追加された十枚の〝裏富士〟の最後を飾る《諸人登山》で北斎は富士山の姿を描くことはなく、険しい山中の岩室で休む行者の姿が中心となる。これは版元の永寿堂が富士講の講元だったためと言われるが、注目したいのは近代へ近づくにつれ、実際の登山のリアリズムが富士山のイメージへ入りこんでくることだろう。

当時、江戸から吉田まで三日、吉田から山頂まで二日かかり、往復だと十日の旅であり、好天に恵まれないと想像を絶する難行苦行が続いた。しかも江戸時代まで富士山は噴火を繰り返し、火が天を焦がし、灰が大粒の雨のように降り、大量の溶岩が流れ、新たな山を作ったり、湖を分断したりしていた。最後の噴火は一七〇七年であり、山の中腹は吹き飛び、大きな窪みと宝永山が出来上がる。活発な火山活動を鎮めるため、富士山本宮浅間神社を筆頭に、全国に一三〇〇社あまりの浅間神社が日本一の火山を取り巻くように分布している。

そのような火を噴く荒ぶる神々の怒りの痕跡が、桑山王洲《富嶽登攀図巻》（十八世紀末）や富岡鉄斎《登嶽図巻》（一八七五）といった絵にも現れてくる。見渡す限りの砂礫とゴツゴツした岩肌を見せる裸山、これらの岩くれは地中深くから爆発し、山体を形作った途方もない力のモニュメントである。円錐形の流れるような山は、もうそこにはない。激しい凸凹があり、大小の谷に刻まれ、風化作用と侵食作用でボロボロになった山が現れてくる。荒々しさや暗鬱とした色の複雑さ、遠近感の彎曲、山頂付近の厳しさが人を圧倒する。それはシンボルとしての富士山を粉々に打ち砕く新たな身体性と感覚の発露となった。

フィオナ・タンの富士山を主題にした新作「アセント」（二〇一六）には、そうした亀裂や落差が刻み込まれている。「アセント」はフォト・フィルムと呼ばれるように、注意深く選び抜かれた写真を核にした新しい富士山映画である。いくつもの時代にわたる、さまざまな世代による、多視点から集められた富士山の写真が精選され、再構成され、多様な変化を見せながら〝一つの富士山〟を浮かび上がらせる。それらの写真は集合離散し、見る者もまたその山の外観や特徴を心で確かめながら聖なる山へ自己を融合させようとする。しかしそれは単なる〝イメージの山〟ではない。そこでは様々な距離と親密さの反響、見えるものと見えないものの関係の累積が特別な形を生み出している。その火山の地質学的な成り立ちや地理的な広がり、蓄積された歴史的な事実や宗教的な事跡といった知見を超え、〝イメージの山〟の神秘的な形は瞬間の中で流動し、見えたり見えなくなったりする。

フィオナ・タンの凝視は映画の流れの呼び水となり、何千もの人々の撮影した幾千ものイメージが雲のように山を取り巻き、山を隠すとともに明らかにしてゆく。「アセント」では、美しい稜線の均整のとれた富士山のイメージが、斜面から岩くれが黒い歯のように突き出す醜悪な光景へ変わっていった。雲一つない空に遠く望む幻のような富士や頂上からの筋が扇の骨のように見える〝逆さ扇富士〟といった神々しい姿が、地獄や賽の河原の光景へ変容する。それは実際に登り、上昇する肉体の移動と行為によりイメージを身体へ実装させる試みであるかのようだ。映画の声の登場人物ヒロシがジグザグの道を体力の限界を越え歩き続け、ヘトヘトになりながら山頂へ辿り着く。見下ろす火口の跡は、遠くから霞みを通せば極楽の蓮花の蕾が開こうとしているかのようなのに、恐ろしくも陰惨な怪物の醜く開いた口のように見える。

フィオナ・タンはこれまで自分の見方や判断といったものを丹念に吟味し、映像を多面的で精緻な塊に彫琢してゆくように作品を作り上げてきた。例えば写真を有機的に繋ぎあわせてゆくことで見る者の奥深くに横たわる深層のイメージをゆっくり掘り起こしてゆく。あるいは肉声の多孔性を大切にし、口承で伝えられてゆくものの共鳴を重視し、音やイメージの無意識的な性質を掬いとってきた。また匿名の他者や見知らぬ過去を収集し、その群れから湧き上がってくる物語を聞き取る。そのためアーカイブ・フィルムやファミリー・アルバムといった埋もれたリソースをできる限り渉猟し、そのことにより語られることのなかった人間の歴史や想像力の行方をあぶり出してきた。映像の流れの中で、その流れに沈殿する時の閃きを、個の認識をベースに新しい経験として再生させる。世界で動いていること、起こっている現場を的確に感知し、そうした様々な現象がそれぞれの特殊性を持つことを伝えられる能力が彼女の作品を際立たせる。

3. 遺伝子としての映像

フィオナ・タンの「取り替え子」(二〇〇六)は、ある光景の観照がいつのまにか瞑想に変わってゆくかのような質的転換を孕んだ映像だ。卒業アルバムからの複数の女子学生の写真とボイスオーヴァーで作られたこの作品には、柔らかで強靭な時間の繋がりが繊維のように多重に秘められる。視覚、記憶、知識の間の不確かで曖昧な関係とともに、言葉とイメージの並置、真実とフィクションの混在といった要素を糸を紡ぐように擦り合わせてゆく。時間と歴史と記憶が一つの溶融した状態になる地平へ辿り着こうと、解体と再構築を同時に行う映像言語を彼女は見つけ出そうとした。

映像は私たちの記憶を作り出し続ける。映像は私たちの前世や現世や来世の反映であり、そこには見る者の眼差しを介し、かつての生やこれからの生が立ち現れてくる。それは転生(トランスマイグレーション)の影のようなものだ。私たちは個ではない。「私」は生物学的にも心理学的にも想像もできないような複雑な合成物である。「私」には幾千万人もの人々が寄り集まり、残響している。私たちの感情の深い変化も無数の人々が生きてきた生の海から繰り返し押し寄せる波の重なりだ。花の匂いや木々の緑や鳥の鳴き声により私たちの心が繊細に動き、蛇の鱗や蛾の羽ばたきやカビの色を見て怖れを抱くのは、私ではなく無数の人々が感じた〝感情の山〟の反応である。映像もまたそうした前世から経験された膨大な記憶を内包する。ダゲレオタイプの鏡のような反射やカロタイプの粗い粒子、ブラウン管の揺らぎや電子モニターのノイズなど、映像の質感や傷跡、褪色や変質の特性は人格や身体性のように、直線的な時の矢を乱し、その隙間から〝影の王国〟を湧出させている。

人間の脳は生命進化のプロセスで精選されてきた無数の経験の組織化された記録体である。そうした夥しい経験のうちで最も普遍的で最も多く反復されてきたものだけが受け継がれてきた。それゆえ「私」は合成されたものに他ならない。映像もまた合成される。物は合成されれば、その質と構造を変えるが、映像もモンタージュにより、その質と構造を変える。霊魂もまたモンタージュされ、一つの人格を生み出すため多くのものが結合し、合成されてゆく。フィオナ・タンの作品はそのような「私」の経験や記憶の螺旋の積み重なりが複数の必然の下に瞬間的に結びつくことを引き金に生まれてくる。そうした作品は人生の出来事に似て、繰り返しや反復のように見えながら、まったく異なるものとなる。それは時という形式を細密に走査し、記憶という素材を精選し、その瞬間瞬間に的確な選択と判断をすることなしには成し得ない。

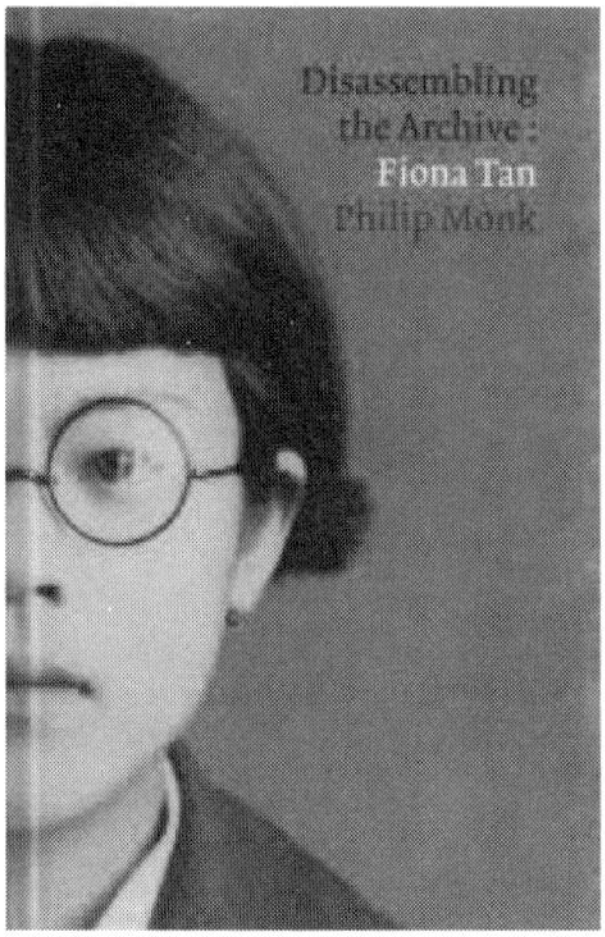

フィオナ・タン&フィリップ・モンク『取り替え子』
アーチストブック

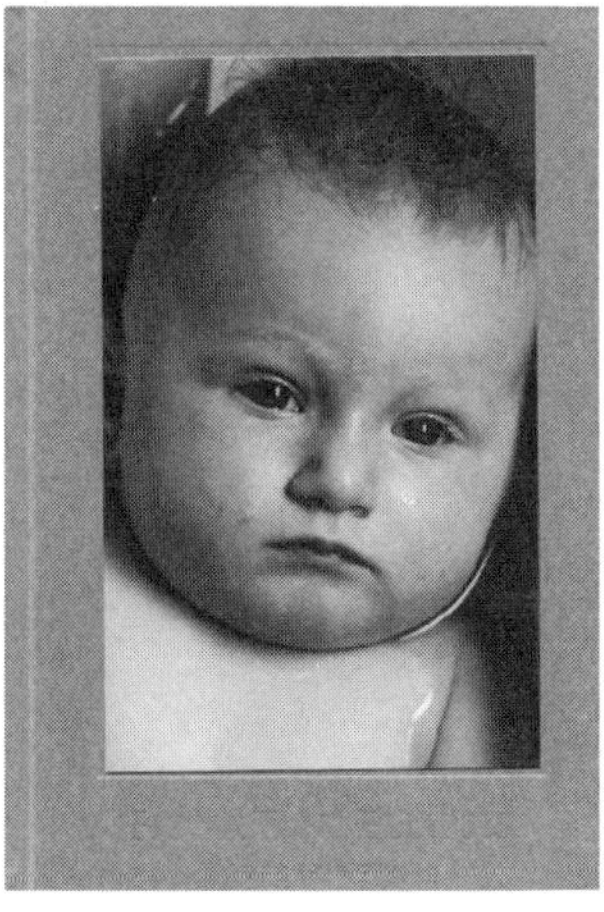

フィオナ・タン『エクリプシス』
アーチストブック

「インヴェントリー」（二〇一二）では、どんなカメラで撮影するかを長時間かけて綿密に検証し、スーパー8や35ミリフィルムビデオなど六つのメディアで同一の光景を撮影し、それぞれのメディアの最良の効果が得られるようなインスタレーションとして構成した。このようなインスタレーションもカメラの美点や欠点、特質や感触まで踏まえた時間の関係性のモンタージュである。「ライズ・アンド・フォール」（二〇〇九）では、別々の場所にいる老いた女と若い女の光景が見ているうちに、大きな時の経過を経た同一人物であるかのように思えてくる。時間と場所の〝取り替え子〟が生じるこうした瞬間がフィオナの作品の特性であり、時空が複雑に絡み合う私たちの生そのものを想起させてくる。乳児から老人まで男女の肖像を撮影し、世代の異なる七人の一時間ずつが一繋がりの人生の記憶の流れのように見えてくる「セヴン」（二〇一一）も、同様な構造を持ち、モデルの瞬きや震え、息遣いや表情の揺らぎなど微細な変化が感じられ、それぞれの人間固有の態度が明確に伝わってくる。

シノワズリーに満たされた貴族の館で架空の旅と夢想を繰り返し、下着姿で太極拳をしたり、廊下に電球を並べたりといった、間違いだらけの記憶を手繰り寄せる行為を辞めない認知症の義父を描いた「記憶のうつろい」（二〇〇七）もこの記憶の海の漂流物である。時の堆積に埋もれ見えなくなった記憶の海へ潜り込み、それらのエッセンスを捉え、新たな波の動きを生成させる。不正確で曖昧な記憶や想起を元に、時間が弾力に富み可塑性を持つものであることを知らしめる。前世と現世と来世は、それぞれの強度を隠し、折り畳まれ、同一の時間と記憶の中に角度を変えつつ存在する多面体である。

ファウンドフォトとファウンドフッテージからなる「人々の声」(二〇〇四―二〇一二)は、ノルウェー、シドニー、東京、スイス、ロンドンの各都市で継続して制作されてきたシリーズで、その都市に住む一般の人々から集めた家族写真を核とする。東京では八八人からファミリー・アルバムを借り受け、三〇五枚の写真を選び構成した。誕生日や記念日、休日や観光、学校や職場の集り、赤ん坊や子供たちのポートレイトなど、ゆるやかなカテゴリーに分類され、場所も時代もバラバラだが、掛け替えのない瞬間をモンタージュとして留め、幸せとは何か、家族とは何か、といった無数の問いを発しようとする。ある偶然や機会を利用しながら、人、時、場が輻輳《ふくそう》し、集合記憶として再生してくる。それらのイメージは新たに出会い、参照しあい、呼びかけあいながら、時と場所を超えた他世界としか言いようのない非時間性の次元へ吸い込まれてゆく。

4. 瞬間の深遠

フィオナ・タンのスタンスはあくまでも異人である。彼女は異邦人の視点で、旅の行程の狭間で世界と向き合い続ける。彼女の初の日本の旅で撮影されたスナップ写真と収集した古いポストカード、そして異なる時代の異人の旅人たちが日本への初の旅で書いた四つの日記の引用でなるアーティストブック『客人《まれびと》』(二〇〇一)には、そうした彼女の視点が最も明瞭に現れている。「客人」は来訪者、異人、異邦人、外来者、外来神、さらには霊的存在をも表す言葉だ。フィオナ・タンは自ら客人となり、日本への旅を解体し、同時に再構築する。何かの総体を示そうとするのではなく、それぞれ焦点の異なるパースペクティブを示し、文脈を持った複数の物語を組み合わせる。しかしそれらの物語は断章であり、一貫性を持たず、未完のままであるため、これらのモンタージュは物語の意味に回収されることなく、見る者の想像力の中で不思議な形で生き続ける。つまり様々な経験を客観的に分類し体系化しようとすることを断念し、生きた精神の働きを示そうとするのだ。

こうした複合的な歴史認識は近年のフィオナ作品ではより強まってきた。それは時代が一つの終わりを迎えていることを彼女が認識し、一つの歴史のサイクルが終盤に差し掛かっていることを確認しているからなのだろう。多様に変遷する現実の記録をベースに、現在を解き明かしながら未来を透かし出そうとする探求の形がそこには示される。

「亡霊たちの住処I-III」(二〇一四)は、三つの国で撮影された三つのプログラムで構成された映像インスタレーションである。不動産バブルで都市周辺で進行していた巨大住宅プロジェクトが経済危機で破綻してゆくアイルランドのコークとその周辺(I)、破壊された自動車工場や放棄された住宅、全焼した建物など自動車産業の衰退を描くデトロイト(II)、地震と津波と原子力事故の有様を追う福島(III)、それらはどれも崩壊による荒廃の研究であり、終末の実態を扱っている。カオティックに流転する歴史場(ヒストリカル・フィールド)を確定し、概念化し、物語化/叙述(ナラティブ/ナレーション)してゆく。もはや映像にはフィクションやドキュメンタリーといった区別はない。映像は人間が探しているもののメタファーとなり、真実とは人間が切実に希求しているものに他ならない。この作品にはフィオナの「記憶」から「歴史」への変換が写しだされている。

こうした軸の移動は「アセント」にも濃厚に反映されている。人は過去の時間や世界をどういう風に覚えているのか。それを歴史や記憶というのなら、その歴史や記憶を人はどのように構造化し、自分たちが崖っ淵にいることを把握するのか。そしてもしその歴史や記憶を映像で表し得るのなら、スローモーションやフリーズやリピートといった手法により、撮影、編集、展示といった段階でどう示しうるのか。時間と空間を同時に刻んでゆくような、記憶と想起のメカニズムを同時に感知しうる記述法はどのように可能なのか。富士山に関する様々なイメージを印象深く奥行きのある一つのモンタージュとして集合記憶のように表わそうとした「アセント」は、そうした問いへのフィオナの返答である。

この作品は富士山というテーマの下に、ヒロシの死の五年後に偶然に届いたノートや写真や資料から彼の富士登頂の足跡を辿り、生者と死者の世界を行き交うようにメアリーとヒロシの対話が全編を流れる中、富士山の縁起や説話が挿入され、この山の特別な一回性を際立たせる。さらには古代の山岳信仰を基層に様々な信仰や宗教が積み重なってゆく様や、竹取物語、コノハナサクヤヒメの神話、修験道、富士講、宝永噴火、北斎、ゴッホ、横浜写真、魔の山、占領と検閲、プロパガンダといったエピソードが積み重ねられ〝イメージの山〟のマトリクスが生み出される。

冒頭で触れたラフカディオ・ハーンは明治時代に実際に富士山に登った数少ない異人のひとりである。アイルランドに生まれ、アメリカで文筆家として活躍していたハーンが、ニューヨークからカナダのバンクーバーへ出て、そこから船で横浜港に辿り着くのは一八九〇年のことだ。ハーンにとって富士山登頂は来日の目的の一つだった。それは一八八四年に開かれたニューオリンズ万国産業綿花百年記念博覧会の日本館展示に触れたことに起因する。そこには北斎の「富嶽百景」や扇面山水富士、磁器に描かれた富士や着物に刺繍された富士など多数の富士山が犇めいていた。中でもハーンは火口付近が八弁の聖なるロータスの形をした富士山を縫いとった絹布に強く惹きつけられる。ハーンの夢がようやく叶うのは一八九七年八月二十四日のことだ。その行程が『富士の山』に正確に苛酷に綴られている(3)。

ハーンは松江時代の教え子藤崎八三郎とともに、自分の脆弱な体力を慮って、強力《ごうりき》二人を雇い、御殿場口から登り始める。金剛杖に紺足袋、編笠の巡礼装束を纏い、明け方の湿った空気の中、足が沈み込むような黒い砂と火山灰の道を進んでいく。なんとか山頂に到達したいという思いだけで一歩一歩登ってゆく。前と後ろから支える強力の太い足は正しい角度で砂利の上でバランスを保ち、鳥のように軽やかな動作で登っていくのに、ハーンが踏む石はみなボロボロと足元から転がり、滑り、うまく登ることができない。空気が薄くなり、心臓は早鐘のように打ち続ける。疲労で口もけず、朦朧としてまるで夢の中にいるようだ。ハーンはこの世で一番美しいと信じていた景色が恐るべき荒地に分解してゆく様に驚き、人間の美の理想とはこのような死と苦痛の力により創造されてきたのではないかという思いに捉われる。もしそうならば、すべてのものはその本質から言って、遺伝的記憶という不可思議な薄靄を通し、回顧的に遥か遠くから眺められた死のモンタージュかもしれない。

しかしハーンは最後にようやく辿りついた山頂で、先に登頂した巡礼者たちが至高の岩上に身を置き、太陽に祈りを捧げ、柏手を打ち、拝む姿を見て、眼前で繰り広げられている光景が消え去るとのない記憶の結晶になってゆくことを体で感じとる。この壮大な景色の記憶は、このようなたくさんの巡礼者たちの目が塵と化し、ハーンが生まれる遥か以前から山頂の日の出を拝んできた人々の目の塵と混じりあい、舞い上がっているような思いに捕われる。それまでの登山の長く辛い行程が一瞬に凝縮され、無限の悠久の時間が怒濤のように流れ込み、その記憶が生き続けることを確信するのである。

フィオナ・タンの「アセント」を見ていると、ハーンが感じたような限りない詩情が湧き上がってくる。一瞬現れては消えてゆく富士山、露のように儚く雷のように響くその瞬間に、計り知れない深遠が潜む。見るということはそのようなことだ。私はその時、光を受けて小さな身震いをする自分の中の永遠の生命から夢見られている。そしていっさいが朦朧としてきて朧げな富士山のイメージだけが眼底をたゆたう。それはこの現世においては映像だけが伝えうる遺伝子イメージであり、人を内部から大きく変容させてゆくものであることを改めて感じさせてくる。(4)

フィオナ・タン「アセント」

(1) ラフカディオ・ハーン『心—日本の内面生活の暗示と影響—』平井呈一訳、岩波書店。
(2) ライナー・マリア・リルケ『リルケ詩集』高安国世訳、岩波書店。

（3）ラフカディオ・ハーン『富士の山』村松眞一訳、個人出版（〒422-8006　静岡県静岡市駿河区曲金5-10-13）。

（4）伊藤俊治「イメージの山へ」（フィオナ・タン『アセント』に収録、IZU PHOTO MUSEUM, 2016）

旋回する想起

——ビル・ビオラの踊る知覚映像

1. スーフィズムと陶酔舞踏

イスタンブールのヨーロッパ側にあるトルコ国鉄シルケジ駅は、パリとイスタンブールを繋ぐ長距離急行列車オリエントエクスプレスの終着駅として一八九〇年に完成した駅舎である。この駅から西方へ向け、多くの国際列車が発着していたのだが、今は鉄道博物館やレストランが併設された美しい建物に変貌している。このシルケジ駅の夜の待合室を使い「セマー（SEMA）」と呼ばれる不思議なダンス・パフォーマンスが週三回行われている。メヴレヴィ教団による旋回舞踏公演である。

メヴレヴィ教団とはイスラム教スーフィズム（イスラム神秘主義）の一派であり、十三世紀にジェラルディン・ルーミー（一二〇七―一二七三）を祖として始められた。白いスカートをはいた踊り手が音楽や合唱に合わせ、くるくると回転しながら踊ってゆくセマーはメヴレヴィ教団の宗教儀礼であり、ダンスというより礼拝や祈りであり、何より信者たちの修行手段だった。その回転運動は宇宙の運行を現し、信者たちは旋回し、陶酔することで神との一体化を試みようとする。

スーフィズムは九世紀頃に、イスラム教が形式化し世俗化してゆく風潮の中で生まれていったとされる。そのような世俗化の方向を元に戻し、改革しようとする運動からスーフィズムは起こった。信者たちは旋舞の厳しい訓練により自我を滅却し、恍惚として神との神秘的な合体を計ろうとする。修行は人里離れた場所で隠遁生活を行いながら個人として遂行されていたが、やがて修行者たちが集合し、教団の組織化や大衆化が進むようになる。

メヴレヴィ教団の本拠地はイスタンブールではなく、ルーミー終焉の地コンヤにあり、そこには彼の墓も存在している。教団は十五世紀にオスマントルコ帝国庇護下に隆盛を極め、セリム三世のように熱心に信仰し手厚い保護をする王も現れた。しかし二十世紀に入って一九二三年にトルコ革命が起こり、脱イスラム政策が実施されると、教団関係の霊廟や聖地が次々壊され、一九二七年にはとうとう解散命令が出されてしまう。第二次世界大戦後ようやくその歴史的価値が再考されて復興運動が起こり、霊廟やルーミーゆかりの遺跡も博物館として再生された。

創始者ジェラルディン・ルーミーが教団を興すきっかけとなったのは、一人のイスラム神秘主義者との出会いだった。ルーミーはその老師から精神的影響を受け、一二四七年に教団を組織することを決意する。その後、老師が行方不明となり、ルーミーはトルコ各地でセマーを舞いながら恩師探しの旅を続け一〇年余りの旅で三万を超える厖大な詩を残した。[1]

セマーは人間の基本的な存在状態が回転であることを説く。右手は上向きで神の愛を受けとめ、左手は下向きで大地の人々へ神の愛を流す。頭の上には墓石を表す長い灰色の帽子を被り、白いスカートの回転する広がりへ宇宙を招き入れる。セマーは「ジキール（ZIKIR）」とも呼ばれるが、その意味は「想い出す」ことである。旋回する時間の中で人々は大切なことを想い出し続ける。回転が止まるとそれらはまたたくまに失われてしまう。

2. 映像と想起のシステム

アメリカのビデオアーチスト、ビル・ビオラが現代美術の世界で一躍脚光を浴びた一九九五年ヴェネチア・ビエンナーレのアメリカ館での展示は、このイスラム神秘主義詩人ジェラルディン・ルーミーの代表的な詩「埋もれた秘密」をテーマとし、ビオラは自分に最も強い影響を与えたのはルーミーだと公言もしている。

人間が掘り起こされるべき秘密そのものであることを示した「埋もれた秘密」、体を洗う男の外面と内面のせめぎ合いを同時に表す「インターバル」、個人の秘密をつぶやき続ける「プレゼンス」、男と女が空間の両端に分かれ、互いにはっきり認識できないアイデンティティの問題を示唆する「ヴェイリング」といった作品が暗闇の中で緊密に結びつきあう不思議なインスタレーションだ。そこには「暗い大地に種が埋められ、やがてその種に含まれる秘密が成長し、花咲き乱れる庭となる」というルーミーの詩が添えられる。

人間はいつまでも秘密を解き明かされることのない存在である。ある人が様々なレベルの体験を経ていても、それは他人にはわからず、謎に包まれている。同様に自然宇宙も秘密の秘密であり、人は永遠にその謎を解き明かし続けなくてはならない。

ビオラにとって映像を撮り、編集し、配置することは、自己に関する秘密を他者に明かし、内密な個人的体験を最も開かれた方法により提示することだった。ルーミーは人間という小宇宙と自然という大宇宙との交信や照応に注目し続けた詩人だった。世界を形作る粒子の一粒一粒が宇宙全体に関わる情報を内包するという思想をルーミーは持ち、ビオラもそうした思想を共有する。

ビオラの作品はイメージ、サウンド、スクリーン、カメラ、場所といった様々な要素が緊密に組み合わされ、潜在する宇宙のヴェールが呼び覚まされてゆく特別な方向性を持つ。バラバラな要素が固有のリズムと振動で結びつきあうと共に各要素間にダイナミックな相互性が生まれるよう構造化されている。ビオラの作品は厳密な要素間の関係と展開により生まれてくる。

ルーミーはあらゆる瞬間に世界は生まれ、死滅してゆくとも語った。ビオラの作品もまた瞬間瞬間に生と死が同時に訪れてくることを実感させる。

パリ・グランパレでのビル・ビオラ展覧会（2014年7月）

セマーはジキールとも呼ばれると言ったが、この「想起」を意味する言葉は、人間が回転を本質とし、回転を止めると思い出せなくなることを表す。ビオラもこの「想起」にこだわり続け、映像の構成と人間の想起が直結することを検証してきた。ビオラの作品は記憶や時間の問題と切り離すことはできず、最新技術を駆使し意識と無意識の境界の変化に光をあて、人間の認知作用の秘密を探ってきた。世界は内なる意識と意識の外にあるものを共に包含する。世界は眼差すものと眼差されるものとを同時に含んでいる。この当たり前の真実がビオラの作品の中ではまったく新しい形で目覚めさせられてゆく。

3．映像人類学者としてのビオラ

ビル・ビオラは一九五一年にニューヨークに生まれ、一九六九年にニューヨークのシラキュース大学美術学部へ入学し、ビデオの研究制作に取り組み始めた。まもなくビオラは実験スタジオ科へ移籍してジャック・ネルソン教授に師事、シナプス・ビデオ・グループの創設メンバーとなった。同時にシラキュース大学学生センターにケーブルTVシステムとカラー放送スタジオを設け、運営の中心となってゆく。

一九七二年には最初のビデオ作品「野生の馬たち」を発表し、ナム・ジュン・パイクやピーター・キャンバースといったアーチストたちの展示助手も務めるようになった。

大学卒業後はディヴィッド・テュードアに学び、テュードアのグループ「コンポーザーズ・インサイド・エレクトロニクス」と「レイン・フォレスト」プロジェクトに参加する。一九七四年から一九七五年にかけてはイタリア、フィレンツェのビデオアート・スタジオ「ART/TAPES/22」の制作ディレクターとなり、ヤニス・クネリスやマリオ・メルツ、ヴィトア・コンチらと交流し仕事を請け負った。帰国後はカリフォルニアのモハーヴァ砂漠の〝死の谷〟へ旅し、その光景に強い衝撃を受けている。

一九七五年にはニューヨーク、フォートエドワードのZBSメディアでアーチスト・インレジデンスの機会に恵まれ、オーディオ・エンジニアのボブ・ビーレッチと知り合い、彼との最初の共同制作として水中のサウンドスケープに挑戦した。ニューヨークのWNET/13研究所でのアーチスト・イン・レジデンスへ移動した翌年はコンピュータによる精密なフレーム編集をはじめとしたラボの先端技術を駆使し「4つの歌」（一九七六）を制作した。さらにこの年には南太平洋ソロモン諸島へ旅し、現地の民族音楽と舞踏を記録しながらモロの民族運動を取材している。

メラネシアのソロモン諸島の首都はホニアラにあり、フィージーやバヌアツ、ガダルカナルなどの島々を含む。紀元前千年前にはメラネシア系住民が定住していて、旧石器時代にサフル大陸（ニューギニア、オーストラリア、タスマニアなど現在のオセアニアをカバーしていた大陸）から人類が移動してきた最南限にあたっている。ビオラはここにポータブル・カラービデオ・システムを持ち込み、二ヵ月の滞在期間中に二本の幻想的なドキュメンタリーを作った。

「祖霊の力の記憶／ソロモン諸島のモロの運動」（一九七七）は、偉大な指導者ペリセ・モロが現代文明の影響と対峙しながら、伝統的な儀礼や習慣を保持しようとする努力に焦点をあてた映像だ。ビデオはイギリス植民地時代に起こった伝統文化への回帰をめざすモロ運動の創始者モロとその信奉者たちと共同作業を行い、録画の構成や内容は現地の出演者により決定され、共有人類学の実践となった。指導者モロは村の「記憶の家」と呼ばれる祖霊の住まう家や神聖な場所を訪ね歩き、その途上で自らの考えと共同体のありようを丁寧に説明し、移動を繰り返す。まるで先祖たちが映像を動かしているかのように。

ソロモン諸島で作られたもう一つの「月の上の椰子の木」(一九七七)は、伝統に根差すと同時に西洋文明の影響と直面する島のパラドクスの隠喩として、映像により固有の意識の流れを描きだそうとした。月に到着した最初の人類であるアポロ宇宙船飛行士を記念し椰子の木を植えたヴィル村のフレッド・コナとのインタビュー、そして儀礼や舞踏が娯楽化した祝祭の光景などにより島の文化の推移が示される。古来から伝わるダンスの長いシークエンスは絶えず異文化の映像の介入で中断され、それが強い違和感を感じさせるこの作品は、ソロモン諸島の人々にとっては日常そのものである。

4. 映像の身体性と動物性

ビオラは一九七七年にはインドネシアのジャワ島やバリ島へ出かけ、民族音楽研究家アレックス・ディとガムラン音楽等の伝統的音楽の採集や舞踏の記録作業に集中的に従事した。この時期にアジア太平洋地域を広く旅して回ったことはビオラに映像人類学的な思考を植えつけ、フィールドへの鋭敏な感覚を養わせ、やがてそれが彼の作品の核心をなすようになっていった。

一九七九年には冬の草原風景を記録するためカナダ中西部のサスカチュワンへ、また蜃気楼を撮影しようとチュニジアのサハラ砂漠へ旅し「ショット・エル・ジェリド―光と熱の肖像」を完成させた。砂漠の茫漠とした蜃気楼や冬の草原地帯の寒々とした景観など、極限的な風景と向き合う知覚の揺らぎを写しとめたこの作品は、映像の身体性や形式への独自の解釈を含み、それまでの映像の構造や物質性から逃れた新たな模索の次元を指し示すものだった。

灼熱の太陽の下では蜃気楼が見られる。チュニジアのサハラ砂漠にある巨大な干上がった塩水湖は「ショット・エル・ジェリド」と名づけられるが、その湖面に強烈な砂漠熱が集中し、光線を大きく屈折させ、歪曲させるため、実際にはその場所にない様々なものが立ち現れてくる。森や丘が空中に浮き上がり、山や家が波うち、色彩や形態は小刻みに震えながら大気へ溶けてゆく。私たちが慣れ親しんだ世界が見知らぬ世界へ変貌してゆく。しかもまったく異質なものになるのではなく、そのぎりぎり直前で巧妙に留める。その境界の設定の仕方が重要である。

蜃気楼の光景と厳寒の草原の凍てつく光景という正反対の映像をじっと見ていると、この二つが不安定で方向感覚を失った類似のイメージではないかと思え、まったく異なると思っていた光景が何処かしら似通っているのに気づく。いや、実はそこにはイメージの臨界というヴィジョンが同じように現れてきているのだ。通常の認知状態が崩壊したり、当たり前の視覚情報が遮断されると、私たちは現実認識を再考せざるをえなくなる。物理的な位相から心理的な位相へ関心領域がシフトし、心の「距離」と「時間」の問題へ転調してゆく。

一九八〇年にビオラは日本友好基金を受けて十八ヵ月間日本に滞在し、日本の伝統文化と先端電子技術を研究する機会を得た。ソニー厚木研究所でアーチスト・イン・レジデンスをし、日本各地を旅しながら、厳密に制御された時間構成とコンピュータ編集技術を駆使した「初夢」（一九八〇）や「上帝（絶対者）」（一九八一）等の作品を作り上げた。

その後、一度カリフォルニアに戻り、再びヒマラヤ山中のラダックへ旅行、チベット仏教寺院で曼荼羅などの宗教芸術や宗教儀礼を視察している。一九八三年にはカリフォルニア、ロングビーチのメモリアル・メディカル・センターでアーチスト・イン・レジデンスし、人体に関する映像収集とそれらの映像化技術について研究した。

翌年は「動物の意識」に関する研究に取り組み、サウスダコタのウィンドケーヴ国立公園でバイソンの群れと共に三週間過ごした後、カリフォルニアのサンディエゴ動物園で動物行動や生態を観察撮影した。またフィージー諸島へ旅し、ヒンドゥー教の火渡り儀礼をビデオに収めたのもこの年である。

ビオラはこのように旅と移動を繰り返す中で、ある内なるアイデアが生きるのはこの場所しかないということの重要性を感じるようになっていった。まさにここだ、と感じる場所は一つだけであり、自己の固有のヴィジョンを生かすにはその一つの場所と巡り会わなければならないと感得していったのである。

5．記憶装置としての儀礼

この時期の目まぐるしい旅と移動の渦中でビオラが「聖歌」(一九八三)を制作していることに注目しておきたい。一人の少女が鋭く刺すような叫び声をあげる。その叫びは宗教音楽と結びつけられ、グレゴリオ聖歌や仏教タントラの声明のような聖別された形式を呼び覚ます。

叫び声は時間的に引き伸ばされ、周波数も変えられる。その変調する叫びにビオラは産業社会や肉体主義を賛美するかのような物質的イメージを並置させる。ロスアンゼルスの巨大な会議場、石油工場のポンプ、鼓動する心臓、高速道路を行き来する車の群れ、絶え間なく血管を流れる血液、最新の外科手術、古い森の木の枝……そうした映像の対置により叫びはさらにその反響効果を強めてゆく。

苦悩に満ちたその叫びは、生きている有機体から立ち上がり、幾何学形のように現代文明の物質性を突き抜ける。ビオラにとって「聖歌」は人間の原初的な畏れを想起させ、その深淵を感知させ、肉体と精神の急速な分離を「儀礼」の形式のように指し示すものだった。

「儀礼」とは参加する者たちの意識や言動を調律し、共通の目的や目標を目指し、精神を高めてゆく行為と技術を言う。古来から人は儀礼を通し生《なま》の人生が芸術へ変わるプロセスを垣間見てきた。

ビル・ビオラ
「初夢 hatsu-yume」

ビル・ビオラ「己は
如何なるものかをしらず」

「生きていること」は儀礼の中でより高次の段階と意味へ引き上げられる。

芸術の側から言えば、作者↓作品↓観客という構造が崩れ、そうした境界が融合した状況が生まれ、人間の普遍的な聖性が掬いあげられる。それは決められた時間と空間の中で行使され、身体や行為を細分化し、ある順序と構成へ再編する共感のための営みである。

儀礼はまた神話の再現とも結びつけられる。神話は象徴言語であり、儀礼は象徴の身振りであり、両者は不可分の関係にある。神話は過去に起こったことだが、同時に時間を超え、現在に起きている何ものかでもある。つまり儀礼は神話という楽譜を歌う声であり、神話を身体的に実装する行為と言えるだろう。

儀礼には神話を再編したシナリオが存在し、それゆえ反復することが可能だ。儀礼が精緻化することは多数のシークエンスや動作へ固有の意味を与え、ありうべき状況を現出させることを意味する。儀礼はそうした自然に基づく始原的な力により文明を浄化しようとする。ビオラの「聖歌」にも同様の方向が秘められる。それは世代を超えて生者と死者を結びつける過程を現前化させ、反響させる木霊のようなものと言えるかもしれない。

6. 己は如何なるものであるのかを知らず

一九八七年、ビオラは半年間、アメリカ南西部を旅し、古代のアメリカ・インディアンの遺跡や岩絵を調査し、砂漠の風景も記録した。また特殊改造カメラを用いた粒子の荒いモノクローム作品も制作し、夜間や暗所の微光用増感赤外線ビデオカメラで人間の肉眼を超えた映像も撮影し始めた。

翌年には初めての子供ブレイクが誕生するが、その出産の過程を撮影したことを契機に「人間の存在」という普遍的なテーマに取り組むようになった。コンピュータ制御による自己生成的な時間構成のビデオ・インスタレーション「スリープ・オブ・リーズン」（一九八八）の制作も開始し、この作品では再生メディアとして初めてビデオ・オーディオ技術を使い、宗教絵画の伝統的なトリプティク（三枚組絵画形式）を借りたプロジェクション「人間の都市」（一九八九）の準備も始めている。

多くの制作を同時に進行させ、色々なアイデアや構想を実現させていったビオラだが、「己は如何なるものであるかを知らず」（一九八七）を見ると、この時代の彼の思考プロセスを精密に辿ることができる。ビオラはこの作品を「誰もが内部に宿す動物的意識やそれに連なる事象についての個人的探究」と言ったが、その言葉通り、超越性と自己意識を探る壮大な〝自己の叙事詩〟となった。

タイトルは古代インドの口承伝承の聖典「リグヴェーダ」から採られた。このウパニシャッド哲学の前身とも言うべき聖典には、出生誕生から始まり、原初の存在形式、意識の立ち上がり、直感、知識、合理的思考、信仰、祈りといった軌跡を辿りながら物理的法則を超えた現実へ至るためのアプローチが詳述されている(2)。

ビオラはその「リグヴェーダ」を踏まえながら、象徴性を多面的に孕む映像と寓意的エピソードを繋げ、内部の動物的意識が喚起するシャーマニスティックな幻想を連想的に編んでゆく。その連なりは他者にコンタクトすることでのみ自己が認識されるという事実をダイナミックに展開するものと言えるだろう。

「己は如何なるものかを知らず」の全体は、①闇の身体②鳥の言葉③感覚の夜④錯乱の太鼓⑤生きている炎という五部に分かれ、この繋がりのどのシーンにもスクリーンを貫く世界からの眼差しが揺れ騒ぐ。自然宇宙から神聖儀礼へ至る直観的思考や、形而上学的な見ることの歴史の変転が綴られてゆくのだ。それは知覚の臨界点を超えて、自然宇宙と生命体とのミスティックな合一へ誘う類稀な映像の冒険となった。

7. 通り過ぎてゆく／パッシング

一九九一年にビオラは母を亡くし、二番目の息子アンドレィが生まれた。この喪失と誕生を同時体験したことは彼に大きな試練と示唆を与え、翌年から「死と誕生、そして運命」をテーマとする一連のインスタレーションを制作してゆくことになった。最初の35ミリ・ハイスピード・フィルムを使った作品「登頂の印」（一九九二）、窓の上へ二四時間の投影を続ける「辞めることなく祈ること」（一九九三）、ナント美術館の十七世紀の教会シャペル・ド・ロラントワールのためのインスタレーション「ナント・トリプティク」（一九九二）、他にもロンドンのアンソニー・ドフェイ・ギャラリーやシアトルのドナルド・ヤング・ギャラリー等の現代美術ギャラリーでしばしば展覧会を行った。

「パッシング」（一九九一）はこうした時期の重要作品である。「ウィニー・ビオラの思い出に」というサブタイトルがつけられているように最愛の母に捧げられ、家族の死と誕生という極端な精神状態に引き裂かれながら、個の意識がどのように変容してゆくかを刻明に凝視しようとする。

白黒画面の夜の心象風景と水中で遊泳する緩やかな情景が、人間の知覚と意識の境界に漂う薄明の世界を浮上させ、記憶や幻想が綴れ織りのようにさざめく。母親の死亡と子供の生誕という二つの出来事に見舞われた精神の動きを描きだすと共に、その特別な意識の流れが方向を変えたり、時間感覚が塗り替えられたりすることへ応答を試みようとする。映像とは様々な意識が複合化してゆく場であり、記憶や現実が衝突し、新たな生命の跳躍が起こる基盤であることをビオラはこの作品で知ることになった。

一九九四年には、ドイツ、フランクフルトのアンサンブル・モデルンから著名な音楽家エドガー・ヴァレーズ（一八八五―一九六五）の楽曲《砂漠》に基づく新作を依頼された。この制作のため、フル・フィルム・クルーとセット設営及び俳優のオーディション、そしてハイスピード・フィルムとビデオ・セグメントの組み合わせという前例のない試みが実現され、以後のビオラの制作手法のベースとなった。

ビオラの「砂漠」（一九九四）はヴァレーズの楽曲の構造を辿りながら、様々なシーンの対比を連続させてゆく。窓のない部屋に一人の男が居て、彼の内面を透かしだす空間が立ち上がり、広大な外の世界の無人風景が挟み込まれる。揺らめく砂漠の眺め、うねる水中の光景、空虚な夜のストリート、荒れ狂う炎の輝き、荒廃と破壊のイメージは超越と跳躍の媒介となり、ついには自己の裂け目へ突き落とされる。そして対立していたものが溶融し、代わりに現れる水面が打ち砕かれ、水上と水面下の世界も判別できなくなってゆく。

「砂漠」という言葉は、あちこちの砂漠を旅してきたビオラにとって意味深いことを喚起させる言葉だった。砂漠は、空無や虚無を、寂寞と孤独を、流動と移動を暗示する。それはまた砂や岩を、海や山を、雪の中や不毛の地を、寂れた室内や悲しい路上や剝き出しの荒地を伝えてくる。自然が枯渇し剝ぎ取られた様相という意味だけではなく、どんな高性能の内視鏡を使っても届くことがない、遠くかけ離れた内なる空間を意味する。ビオラはその神秘と本質的な孤高の相を浮かび上がらせようとした。

8. 交錯すること／クロッシング

一九九五年にビオラは現代美術の祭典と言われる第四六回ヴェネチア・ビエンナーレのアメリカ代表に選出され、ジェラルディン・ルーミーの詩からインスパイアされた「埋もれた秘密」と題された空間作品を展示した。五つのインスタレーションを並置したもので、それぞれ独立した作品でありながら相互に結びつき、全体としてルーミーの旋回するヴィジョンが湧き上がってくる場となった。

翌年にはニューヨークのグッゲンハイム美術館ソーホーで大作「クロッシング」(一九九六)を発表する。暗い倉庫のような展示空間に二つ大きなスクリーンが置かれている。プロジェクターは向き合うように設置され、一〇分三〇秒の同期する映像がスクリーンの前面と後面にプロジェクションされる。そのため観客が作品を体験しようとすると、真ん中に置かれたスクリーンを回りながら移動して行かなければならない。この観客の動きがスクリーンを中心に交錯することから「クロッシング」というタイトルがつけられた。

真っ暗闇から始まり、次第に前面スクリーンに人の輪郭が朧げに現れてくる。揺れ動く輪郭の映像がしばらく続くと男の姿が次第に明確になり、観客に向かってゆっくり進んでくる。近寄ってくる男の大きさがスクリーンの半分以上になると、男は真正面をじっと見つめ、動きを止める。静寂の緊張が頂点に達すると、いきなり男の足元から炎が立ち上がり、次の瞬間には強烈に炎上し、舞うような炎が男を飲み込み、天を焦がす勢いで燃え上がる。男は炎に溶け込み、燃え尽きると跡形もなく消え去っていた。

実は男の足元から炎が燃えだすと同時に後面スクリーンでは同じ男が現れ、その頭上から水滴が落ち始めていた。水滴は前面のスクリーンの炎が舞い上がる高さに合わせられ、やがて暴雨のよう

ビル・ビオラ「パッシング」

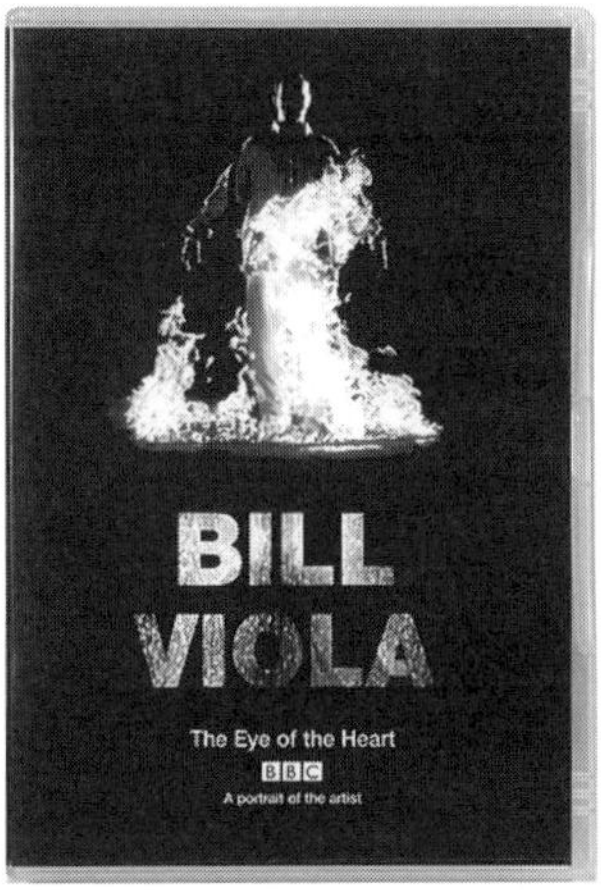

マーク・カイデル
「ビル・ビオラ　心の眼差し」
BBCのアート
ドキュメンタリー映画

に男の全身を打ち、ついには滝の如く巨大な水流となり、男の姿が見えなくなるまで落下し続ける。水流の増大で男の姿が影も形もなく消え去ってしまうと、何もない空っぽの空間が残り、始まりの静寂が戻ってくる。

湧き出てくる光と音が観客を圧倒し、エネルギーの磁場を作り上げる。火と水が混じり合う映像の不思議な作用はルーミーの旋回舞踏で人々が感じる感情と陶酔に近いかもしれない。旋回し、交錯するダンスの渦の中で最も深い記憶の層が動きだし〝埋もれた秘密〟が解きほぐされる。ルーミーには「我々はみな水の入った器である」という詩がある。人はみな人生を深めるにつれ、その器を水で満たし続け、ついには自らの重みで水面から沈み、器の中の水が外の水に溶けてゆく。

ルーミーはイメージを使った独特の思考を繰り返した詩人である。心の中の、内面的で、私的なイメージを呼び出し、言葉を梃子に結晶化させる。イメージは言葉が表現する内容を同じように表すことが可能だが、イメージ特有の力も持ち、それを発揮させるにはイメージ独自の流れに添って、その力を解放してゆかなくてはならない。ビオラはこのイメージ思考の深化をルーミーの教えから学んだ。

9. アナムネシスの教え

ビオラが映像に関わるようになったきっかけは、人間の知覚の不思議さへの関心からだった。眼、耳、鼻、皮膚といった感覚器官、あるいは意識や心が行なっていることを深いレベルまで降りて理解する必要がある。そのためには映像の特性を熟知しなくてはならない。

知覚の再定義は、まず眼前にあるものを凝視することから始まる。ビオラが初期に知覚のメカニズムを探究し、見る行為を仮定し直してきたのもそのためだった。当時はＴＶ全盛時代であり、ビオラがビデオを始めたのもＴＶに対抗するパーソナルな道具としての可能性をそこに見出したからだ。画一的に人間を操作する、自由度の少ない、想像力の余地の残っていないＴＶは、企業や政治、消費や欲望の宣伝道具となり、偽りや見せかけを提示し、人々の透視を遮り、誤った情報や自己満足で見る者を麻痺させてしまう。ビオラはそうしたＴＶの向こう側を覗いてみたいと切望した。

人間の認識形態は多数あり、そうしたものは自己認識と深く関わるが、自己認識と関わるが故に言語や記録として効果的に伝えることは難しい。その結果、繊細で複雑な個人の経験や知覚は存在しないかのように、事実ではないかのように蔑ろにされてしまう。そうしたＴＶ時代のメディア状況の困難さがビオラの起点だった。

またビオラは様々なフィールドワークやレジデンスの過程で、直接的な経験の時間を通じて現れてくるものでなければ力になりえないことを実感していった。かつてビオラが、自分がビデオでやろうとしていることは作品を体験している現実の時間よりも、見終わった後の記憶の中で完成されると言った言葉も忘れ難い。

ビオラにとって使用するメディアの基本は、イメージの内容よりも、イメージの表層下にある時間の性質や奥行きのようなものだった。時間が経過すると、空間が広がり、そうした時空の変化は知覚速度を変化させる。さらに知覚速度の変化は「現在」という瞬間の認識の混乱から引き離し、イメージの下の様相を見ることを可能にし、記憶の地平を揺れ騒がすきっかけとなる。私たちは絶え間なく記憶し、多様な記憶を心の何処かに留めている。私たちはいつもその広漠たる砂漠の砂のような記憶と結びついているのだが、意識という小さな指の間からはいつも無数の砂がこぼれ落ち続けている。

プラトンはその「アナムネシス（想起）」という概念で、人の魂は何度も生まれ変わり、この世とあの世の万物を見尽くしていて、物事を学ぶことは実はこれらを思い出すことに他ならないと指摘した。つまり自分が知らないと思っていることでも、思い出そうとすれば自己の記憶が答えてくれるのだと。(3)

ビオラもまた魂が深い部位で知っていることを想起させる方法としての映像の力を信じていた。

「例えばスローモーションは記憶と強く結びついています。なぜなら時間は記憶の中でますます流動的になり、引き伸ばしたり縮めたりできるようになり、想像力と融合させることも可能になります。私たちは絶えずあらゆる出来事を記憶していて、そうした記憶は心の何処かに書き留められているのです(4)」

10. 出現する記憶術

ビオラはかつて中世の記憶術やコンピュータ・メモリーなどを比較しながら、未来の芸術と科学が協力しあい探求すべき領域は記憶の深いメカニズムではないかと問いかけた。ルネサンス以降、

　西洋美術の歴史を支配してきた遠近法による現実の模倣原理が光学レンズと単眼ヴィジョンによる一点透視空間だったとするなら、それに代わる原理はコンピュータ技術とデータスペースを支持体とする無限遠空間であり、その次元を探るには古代の記憶術やチベット曼荼羅からデジタルアーカイブや脳神経回路へ至る包括的な記憶研究が不可欠だと指摘したのだ。

　ビオラのアトリエや制作スタジオの壁を見ると、確かに多彩な図像やスケッチ、写真や地図などが夥しく貼り付けられている。ビオラはそれらを貼ったり取ったり、新たな要素を書きこんだり消したりしながら作品を構想し、発展させてきた。

　私たちの視覚世界を数百年に渡り拘束してきた光学的な世界観が崩壊し、記憶と想起のメカニズムや、情動と認知のシステムを包括する心のモデルが浮かび上がってくる。ビオラの作品群はまさにその非光学的な実践と実験のモデルと言えるだろう。

ジェラルド・フォックス
「ビル・ビオラ 聖パウロへの道」
ビル・ビオラの
ドキュメンタリー映画

　記憶はコンピュータのメモリーのように脳内のある部位に固定され、コード化されたイメージとして必要な時になって呼び出されるものではない。記憶は私たちの生きている一瞬一瞬に変化しながら現出してくる。それは存在しているのではなく、生成してくる。それは動的な仕組みである。可塑性を持つ曖昧な記憶は、可変的で柔軟なフレームのように動き、以前に獲得された知覚の枠組みは変化しつつ反復される。つまり「現在」という位相の文脈や前後関係によって「現在」に適合するように記憶は構成されてゆく。だからいつでも同じ記憶を呼び出せる訳ではない。

私たちの記憶は常に情報を得ながら新しい枠組みや範疇をつくり続けている。知覚や認知はその枠組みや範疇を作り直す別の働きである。それゆえ記憶は創造行為となり、過去の経験や反応に対して私たちがとってきた態度や感情と切り離すことはできない。創造とはイメージ創出に関わる行為であり、記憶は瞬間瞬間に絶えず変化し続ける形の現出の要となる。

「想起とは無数の、生命のない、断片的な記憶の痕跡を改めて呼び起こすことではない。想起とは想像的な再構築であり、新たな創造のことなのだ[5]」

イギリスの認知心理学のパイオニア、フレデリック・チャールズ・バートレットのこの言葉をなぞるようなビオラの作品の足跡は、まさに記憶の遠近法の解体と再生の軌跡と言ってもいいかもしれない。ビオラの作品は無限の多様性を持つ外部世界と触れあうプロセスから生み出され、同時に作り変えられていった。つまり人間と世界は深く交わりあい、溶け合い、離れることができないことをそれらは明示してくる。その事実はまたジェラルディン・ルーミーの思想の核心だったことをビオラの作品群は想いださせてくれる。

(1) 井筒俊彦『ルーミー語録』、『井筒俊彦著作集』、中央公論社。

（2）『リグ・ヴェーダ讃歌』辻直四郎訳、岩波書店。
（3）プラトン『パイドン—魂の不死について』岩田靖夫訳、岩波書店。
（4）マイケル・ナッシュによるビル・ビオラへのインタビュー「自意識的な視点を越える試み」、北村智子訳、「月刊イメージ・フォーラム」一九八八年七月号、所収。
（5）Frederic Charles Bartlett, Remembering, Cambrige University Press, Cambrige, UK,1932. イスラエル・ローゼンフィールド『記憶とは何か—記憶中枢の謎を追う』菅原勇訳、講談社、から引用。

5

陶酔のドキュマン

夜汽車のメタモルフォーゼ

――一九三〇年代の小津安二郎

1. 夜汽車の想像力

空をおおいつくす大きな夕焼けの反映が鉄橋の下の川の流れに赤、青、緑と玉虫のような七色をまきちらし、列車の窓から黄色い条光が漏れ、暗い空にたなびく煙や山あいの淡い影が揺れるシルエットになって心を騒がし、懐かしい空間を現出させる夜汽車の記憶……一九三〇年代から一九四〇年代にかけての小津安二郎の〝夜汽車〟には埃だらけの野球帽をかぶった少年がいつも窓辺の片隅に瞳を輝かせていた。

終始二本のパラレルな鉄路を背景にする二人の少年とその父との移動循環劇である「生れてはみたけれど」（一九三二）、名のりえない父と子を描いた、夜汽車で始まり夜汽車で終る「浮草物語」（一九三四）、夜汽車で息子に会いに上京し、「これが東京なんですよ」という子の言葉を浴び、夜汽車で無残に帰ってゆく母の無言物語「一人息子」（一九三六）、夜汽車で結ばれた束の間の父と子のランデブーを追い、父の遺骨を夜汽車で運ぶ息子の視線で閉じられる「父ありき」（一九四二）……

小津映画では、列車や線路が他の日本映画には見られないユニークな位置を占める。サイレントからトーキーにかけての名作といわれる帰山教正の「生の輝き」(一九一九)、村田実の「椿姫」(一九二七)、野村浩将の「愛染かつら」(一九三八)、渋谷実の「母と子」(一九三八)などにあらわれる〝別れ〟や〝都落ち〟といったイメージに直結するセンチメンタルな沈降する装置としての〝夜汽車〟の傍らに置くと、小津の〝夜汽車〟の特異性がよりはっきりとわかる。

小津の〝夜汽車〟はそれ自体が日本近代の圧縮した空間であり、〝日本人〟という個人の存在が、近代空間の中でどのような影響を受けていったかを示すひとつのシンボルだった。

しかし、それは小津が私淑していた志賀直哉の処女作『網走まで』(一九一〇)の淡々とした透明感の強い〝夜汽車〟とも、小津が愛読していた「新青年」で活躍した、夢野久作の『少女地獄』(一九三六)や『犬神博士』(一九三一)にでてくる〝温泉鉄道〟を連想させる土着的な生理を封じ込めた〝夜汽車〟や、戦中の台湾を舞台にした日影丈吉の『内部の真実』(一九六九)における、天井灯を慕い窓から飛びこむ蛾や光の噴射のように羽をふるわせ狭い車窓を横ぎる螽蚯《ばった》が時ならぬ昆虫館の奇観を呈する〝夜汽車〟とも大きな隔りがある。〝夜汽車〟がくりだされる深層のイメージ空間が異なるのだ。小津の〝夜汽車〟に近いものを探してゆくと、ひとつだけ呼応しあうのがあった。『シグナルとシグナレス』(一九二三)や『月夜のでんしんばしら』(一九二四)にもでてくる宮沢賢治の〝夜汽車〟の世界である。宮沢賢治も汽車と鉄路をなによりも愛した。小津の映画と同様、『氷と後光』(一九二二)『氷河鼠の皮』(一九二三)といった初期の童話から晩年の『銀河鉄道の夜』(一九三一)に至るまで彼の作品はそれこそ夜汽車のイメージで満たされている。無垢のぼうっと明るい光暈のまわりに哀憐や悔恨や死の表象が儀式的な雰囲気をたたえ、お互いに浸蝕しあい、半透明の外被をつくる。

『浮草物語』の冒頭部、白光りを帯びて暗闇に浮かぶまっすぐなシグナルの柱がカタンとペンキのはげかかった腕木をあげる静謐なシーンは、ほとんど『シグナルとシグナレス』の世界だし、『生れてはみたけれど』で上役にへつらう父のふがいない三枚目ぶりに落胆し、乾いた電信柱の列が透視図をつくる路ぞいの夜道をトボトボ歩いて帰る二人の少年の後姿は、「こんなやみよののはらのなかをゆくときは客車のまどはみんな水族館の窓になる」という『青森挽歌』（一九二三）の夜汽車の窓から見える風景のように妖しく哀しい。

二人とも諦念を作品に通底させ、そのあきらめに軽やかさと伸びやかさを秘めさせ、肉体の弱さを含めた思想の体質の限界をみさだめ、逆にそれをバネに作品を様式化していった。異性への肉体的な愛情関係を持たなかったことや少年時代に〝東京〟へ向う想像力のすべりだす源泉がすべて二本のレールと夜汽車に託されていたことなど、三〇年代の小津のサイレント映画、言い換えれば〈汽笛のない夜汽車〉にある種の不自由さと胸のつまるようなせつなさがつきまとっているのも、宮沢賢治との同質性や時代との関連を考えればより明確になる。二人の〝夜汽車〟は、たちつくしたままのシグナルや地を這う線路が肉体に縛りつけられた人間を想起させ、不自由さをそのまま受けいれないかぎり幸福などないのだという教訓めいた日本近代のテーゼにつながってゆくのだが、それにあらがうように〝夜汽車〟そのものに社会的、運命的束縛を超える一瞬の共感の至福空間への熱いおもいが託される。それは小津や宮沢ら大正少年のひとつの固有のイメージだったのだろうか。

2. 自閉する繭の家

大正から昭和初頭にかけては日本における少年文化のルネッサンスだった。しかし、それはすぐに〈天国から地獄への転落〉の急転回を招く。「少年」の空間がこれほど急激に変動した季節はかつてなかった。健康的で明るい子供たちの世界が謳歌され、カレーライスやコロッケなどの少年食が生まれ、自由教育の理念が沸騰し自由学園や文化学園など多くのユニークな私学が創立されたし、「赤い鳥」「金の足」「コドモノクニ」といった童話雑誌、「少年倶楽部」「日本少年」等の少年誌が創刊されていった。少年スポーツの決定版である野球がひろまったのもこの時期だし、「夕焼け小焼」「赤とんぼ」「青い眼の人形」「赤い靴」などクラシックとなる童謡のほとんどがこの時代につくられた。しかし、それから十年もたたぬうちに第一次大戦による日本経済の好況に支えられた空前の少年文化は一転して冷たい冬への道を走りだす。多くの少年誌、童話雑誌の廃刊、自由主義教育学校の廃校、労働者農民階級の少年少女たちが欠食児となり、身売りという形で

小津安二郎
「生れてはみたものの」

年少労働者が都市へ流出していった。そしてついには「サクラ、サクラ」や少年航空兵、少年戦車兵募集のポスターが象徴するような少年文化全体のファシズム化がまちかまえていた。

小津の〝夜汽車〟はその時代の「少年」の凋落を抜きには語れない。〝夜汽車〟は小津にとって「少年」のイノセンスを固く閉じ込めて走る容器だった。外界がどんな嵐にみまわれていようが、弾丸がふきあれていようが、火につつまれていようが、〝夜汽車〟は「少年」を密閉させ寡黙に駆け抜けていった。

〝夜汽車〟は闇のなかの移動する小宇宙である。閉塞する秩序としての鉄車とその外へ無限にひろがる暗黒の混沌との対比は美しい。美しいからこそ、内部がつややかで洗練されすぎていたからこそ、この小世界が長く続かないことも小津は知っていた。小津の三〇年代の映画には、小世界が「こわれる」ことの危惧をそのまま受けいれていこうという意志のようなものがある。意志をもって閉じてゆく。

小津の初めてのトーキー作品である「一人息子」に決して忘れられない息をのむほどまばゆいシーンがあった。繭のくずが天井からハラハラと音もなく落ちてくるのだ。繭は、「父ありき」や「彼女は何を忘れたか」などにも繰り返しでてくる日本近代の成果のシンボルである。暗闇をバックに、ほのかな室灯に繭が光片となってきらめき揺れる「自閉する繭の家」のイメージは、三〇年代の小津の映画がやろうとしていたことそのものだったのではないだろうか。

小津の映画に触れる時の耐え難い懐かしさはそうやって閉じこめられた、われわれが忘れはてたと思っていた無垢なものへ帰ろうとする衝動である。学校をサボり、原っぱで寝ころび、どこまでも青い空の下でアルマイトの弁当箱をカチカチさせて無邪気な束の間の解放感に生をときめかす少年たちをターンするようにすくいとるあの移動撮影（「生れてはみたけれど」）、ずうっと向うに工場の煙突がポツポツと無造作に生《は》える川崎の荒涼とした埋立地で、まるで舞台劇ででもあるかのように規則正しい「形」をたどって、長い隔たりをなぞりあう母と子、「ひばりがないていますね……お母さん」（「一人息子」）、網だなにあげた父の遺骨のカラカラ鳴る音を聞きながら山明りの流れる夜汽車の窓にふと目をやり言う、「僕は子供の時から、いつも親父と一緒に暮らすのを楽しみにしていたんだ……それが到底一緒になれず、親爺に死なれてしまって……でもよかったよ、たった一週間でも一緒に暮らせて……その一週間が、今までで一番楽しい時だったよ」（「父ありき」）……なにもかも忘れ根源的なものへ帰れる可能性が泡立ち、新しくめくれてゆく透明な世界を感じることができる。たとえ一瞬の至福であろうと、またそこへ帰れるかもしれない可能性の認識が大切だ、

小津安二郎「一人息子」

小津安二郎「浮草物語」

小津の三〇年代の映画はそう自分にいいきかせる。

3．移動と交通

こういった経験の浄化作用を描く場面は、往々にして自己憐憫や現実回避へ傾きやすいが、小津はそうした情緒的満足のために「少年」を利用しなかったし、感傷性や逃避とは無縁である。それは小津の態度が、生きることに対する一種の信頼をとりもどす日常的なリアリズムを失うことがなかったからである。小津のイノセンスの希求は、多様で変化する人間性に関するたくましく、しかも繊細なリアリズムと調和するものであり、確かな説得力を持ち、「立ち向う」ことを前提に絶望や敗北に流されることはなかった。そこにひそやかではあれ充実した〝回路〟が生まれたのは当然だろう。親と子、伝統と西欧化、人間と自然などの緊張をつなぐ回路の問題である。

小津の映画がわれわれの前に驚くほど新鮮にたちあらわれてくるのは、見失った移動のすべを「生きられた交通」や「生きられた空間」として意識的に描いていたからではないだろうか。社会的な閉塞状況や内的な抑圧に攻めたてられながら、小津は三〇年代において「少年」を生かす交通と移動を捉え直す果敢な模索を続けていた。儀式的な反復と抑制されたスタイルで小世界を深化させ、その濃密さで新たな交通の回路を求める努力をし続けた。

日本映画が夜汽車を描かなくなり、少年の眼で見ることをやめ、交通の問題をとらえきれなくなってから長い時間がたつ。そのなかで日本映画は、事実だけではなく真実までもはっきりと認識することを病的に拒否するようになっていった。小津の映画がそうした現代日本映画の状況のなかで新しい輝きをもつようにみえるのは、ひとつには、戦前戦後を問わず、現代が回避してしまった物的でもあれば心的でもある「交通」の問題へのアプローチを一貫して続けてきたからに他ならない。一九三二年の「生れてはみたけれど」のリメイクである一九五九年の「お早よう」で、少年たちの父への抗議のすべがハンガーストライキから喋べらないことに変わり、あの野原で弁当を開き心ゆくまで解放感を満喫する長尺シーンが、川原でおひつの御飯をほおばっている最中、警官に邪魔をされ、やかんをもってあたふたと逃げてゆく中途はんぱな安息となってしまうように、三〇年代の少年のイノセンスがしだいに色褪せ変質し、最終的には老人のイノセンスにとりかえられてしまうが、それでも小津は「交通」と「移動」の問題を常に新しい角度(〝新しい〟ということは古くならないということなのよ!」と「宗方姉妹」(一九五〇)で田中絹代は言った)から照射し続けた。

その回路をつなぐものは、三〇年代においては、〝夜汽車〟であり、伝えられる最も大切なものは少年のイノセンスであった。

4. 〝空ショット〟の変容

誰もいなくなってしまった部屋で破れ障子にほの暗い影を落とすダラーンと吊り下った裸電球、湯気だけがシュンシュンあがる囲炉裏ばたの鉄びん、物干しに干した洗濯ものが風に揺れる長いショット、ポトリポトリと水道の蛇口からたれる水滴、焼却場の煙突から白く淡くたなびく煙、消毒用アルコールがにおってくるような病院の漆喰のかべ……三〇年代の小津の映画には頻繁に人気のないガランとした風景がはさみこまれる。まるで時がそのまま凝固してゆくような、その時間が永遠に続くような奇妙な緊張感をはらんだ静的な風景が繰り返しあらわれる。そこには小津が好きだった柱時計やステンドグラス、オルゴールやランプ、壺やネオンや書画骨董の類が巧みに配置され、小津独特の内省的な含蓄を含む奥行きが与えられる。

通常、〝空ショット〟や〝カーテンショット〟といわれるこのシークエンスの終結部はさまざまに論議されているが、そのほとんどが戦後の小津作品について論じたものであり、三〇年代の小津映画について書かれたものは少ない。そしてそれは、例えばポール・シュレイダーが『聖なる映画』でウイル・ピータースンの「この空は人が去ってしまったあとの空なのである。そこには人間の存在がほのめかされているのだが、人間は存在していない。この結果感じられるのが、孤独と人間への思慕である」という言葉や馬遠《ばえん》の水墨画を引いて説明しているように、カットとカットのつなぎだとかフェードインの代りだとかの技法的な効用を抜きにすれば、大方は「無」へ連なる〝東洋における禅〟的な解釈ばかりである。(1)

しかし、三〇年代の小津の映画に限れば、逆にこの、〝空ショット〟には多くのアメリカ的要素が混じっているように思える。三〇年代の小津作品が戦後の小津世界とは別の観点からとらえられる必要があるのと同様、三〇年代の〝空ショット〟と戦後の〝空ショット〟も別の角度からとらえなければならない。

試みに、三〇年代から四〇年代に描かれたアメリカン・シーンの画家たちの絵を見てみるといい。そこには小津の空ショットをおもわせる、どこか透明に抜けてゆく失われた風景がちりばめられている。エドワード・ホッパーは二十世紀アメリカ具象絵画の父といわれ、映画の手法から多くのものを学んだと告白する最もアメリカ的な画家であるが、彼の描くのは人気のない淋しい喪失した風景ばかりだ。黄色い光だけが煌々とまたたく深夜のコーヒーショップ、田舎町の昼下りのショーウインドウ、ガランとしたペンキ塗りたての部屋に入りこむ陽射し、エッソの看板だけが生きているような寂しい十字路（そういえば、ほとんどこれと似た、コカコーラの看板だけがつったっている三叉路の空ショットが「晩春」にあった）、線路ぞいの小さな赤い家と電信柱。ホッパーもまた鉄道が好きで生涯を通じ数多くの汽車とレールの絵を描いた。鉄道や夜のモチーフを彼が好んで選ぶ理由を「私の内的な経験を総合するのにそれらが最も適当なメディアであると信じるから、ということ以外に確かなところは実は私にもわからないんだ」と答えているのは小津の夜汽車との関連の上でも興味深い(2)。

アメリカのイラストレーションの伝統を受け継ぐテンペラ画の天才アンドリュー・ワイエスの描く不在の風景も同様だ。半分ほど開かれた窓に海からの風が吹きこみ、蜻蛉《かげろう》のように踊る透きとおるレースのカーテン、針金を曲げただけのハンガーがひっそり掛けられている部屋、白いテーブルの上にナイフとティーカップと皿が置かれ、花模様の壁紙に冬の光がチラチラと揺れる無人の室内、空のバケツとモップ、レンガの煙突からあえなく空に溶ける煙……それらは〝いなくなってしまった人の気配〟を感じさせるがゆえに人の存在を深く投げかけ、心の奥深いところからなにか耐え難い感情をほとばしらせる。ワイエスはこう言ったことがある。「私は自分を空に、つまり一種の共鳴板のようにしておこうと努めます。絶えず何かから、誰かからのバイブレーションをとらえるのです」[3]。不在の風景はいわば〝共鳴板〟なのだ。ワイエスの絵は非痛さを漂わせてはいるが、その共鳴板ゆえにタッチはさわやかで清冽に揺れ騒ぐ。ワイエスにしろホッパーにしろ二十世紀初頭に噴出する衝撃的な快感（「このショックが今や美とよばれる」とケネス・クラークは『風景画家論』で書いている）を触発する美術運動とはかけ離れ、身のまわりの日常的な物や風景ばかりを追い求めた。[4]

5．間のスタイル

こうしたあっけらかんとしたペシミズムに縁どられたアメリカン・シーンの画家たちの絵と小津映画の空ショットとの類似を言うことは危険ではある。しかしすくなくともルネ・ユイグの言う「空虚はとりわけ一九三〇年から四〇年にいたる時期に正面きって現われる。それは、近代の大胆な諸実験が最初の飽和感を知った時期に相当する。その上、近づきつつある破局の陰にこもった前兆のため、感受性がとぎすまされる。ここに苦悩に満ちた沈黙という様相が生じて、自然のなかで嵐の前触れをなすあの生命感の停止状態のように芸術の上にのしかかった」という共通する時代感覚はあったろう。[5] また「浮草物語」が貨車に天幕を積んで鉄道沿線の町から町へ旅興行を続ける見世物一座の物語、ジョージ・フィッツモーリス監督のアメリカ映画「煩悩」（一九二八）からアイデアをいただいたと小津自身が語っているように、小津の根底にはアメリカニズムがあり三〇年代はそれが戦後の作品のように沈殿してしまわず表面的にあらわれていた時代だった。

もちろん小津が禅文化から多くのものを負っていることは否定できない。しかし、小津の好んだ日本の画家が、「父ありき」で父が息子に見にゆくように勧める渡辺華山にしろ、「戸田家の兄弟」（一九四一）で死んだ父のコレクションの競売の中心になる円山応挙にしろ、いずれも南宋の禅文化の流れをくむ日本の伝統的な文化や感性を受け継ぎながら、困難な時代状況にもかかわらず盛んに西洋をとりいれ、換骨奪胎し自らの血肉としていった画家たちであることに注意したい。華山は西洋画の合理的写実主義の手法を詳しく研究しているし、応挙はヨーロッパ絵画の視覚空間に啓発され、中国古来のリアリズムの意義を再認識し日本画にとりいれるという経路をたどり自分の手法をあみだしている。小津の禅文化の影響もまた時代や社会によって強引に変形されているし、さまざまなファクターがからまりながらより複雑な発露をとっている。シークエンスの終結部に見る者の感情を整理させ、ためさせることができる映画メディア特有の編集方法がまず小津の空ショットのスタイルを決定したし、文化的なかりこみ作業によって集められた〝喪失の美〟のエッセンスがそのスタイルで把握され、小津独特に再構成されていった。

小津の一見、純粋に日本的な、あるいは禅的な表現は、実は近代日本が諸外国から摂取してきたものの洗練された「形」であった。小津の映画をみていると、西洋よりも西洋らしい、日本の社会の中の鮮やかな異空間にめぐりあうことがあるのも、その純度の高さによるものだろう。小津映画の室内に、鎧《よろい》や兜《かぶと》と一緒に泰西名画やペルシャ古鏡がなんの異和感もなくしっくり自然に配置されているのもその好例である。

そして何よりもここで触れておきたいのは、小津の空ショットの成立の背後に夜汽車と少年をそのまま凍結させてしまおうという小津の強い希求があることだ。三〇年代の小津の〝止められた風景〟は、いわば夜汽車と少年を剝製や標本にするためのホルマリンの役目を果たしていた。それによってわれわれは、小津の映画を見ながら肥大したイメージの蓄積で最下層におしやられたかすかな記憶のかたわれがほり起されてゆくのを感じるし、三〇年代に〝走っている汽車のなかで生まれた〟という寺山修司の言葉を共有できる。

「遠い闇のなかで汽笛が聞こえる。『上り、か？』と父が言う。『下り、だ』と私が言う。『じゃあ、おれは上りだ』と父が言う。それから二人は寝巻のままで、戸をあけて闇のなかにとび出してゆき、鉄路の前の草のしげみで『音が、形態にかわる』のを息をつめて待っている、のである。夜風の中で、汽笛がはっきりと方位をしめし、やがて凄まじい勢で私たちの前を通りすぎてゆく。それはいわば汽車というよりは重い時間の量のようなものであった。そして、愛によってではなく思わず目をつむってしまうような轟音と烈風の夜汽車によって、私と父とは『連結』されていたのだとも言えるのである」（『自叙伝らしくなく　誰か故郷を想はざる』[6]）

寺山は大正少年の残影をいつくしむように書く。うもれてしまった円環論的な夜汽車と少年のイメージを描きだす。自分のあり方を探すため父を超えようとする少年が結局は父と重なってゆく。小津が父を憎みながら一方で根源的な尊敬を失わず父へのノスタルジアを永遠に持ち続けてゆく。「もっと深い〝輪廻〟というか、〝無常〟というか」と語ったこうした少年円環は、三〇年代の小津映画の重要な骨格となり、小津の〝夜汽車〟のレールとなった。

空ショットと空ショットの「間」、重い時間のしがらみを小津は規則的な歩みで何度も何度も降りていった。三〇年代の空ショットはその「間」の苦悩の下降感覚のなかにひょいとあらわれる夢のようにせつない浮上感だった。そこには「歴史」がつまっている。小津映画のひとつのシークエンスが終るごとに、時代が経てきた歴史が見透かされ、記憶がたぐられてゆく。空ショットは小津の夜汽車や少年と緊密に通底しあった、日本近代の最良の部分を結晶化させるときすまされた「スタイル」だった。それは解放寸前で不意に挟みこまれ、その美しい一瞬を、蝶をピンで止めるようにスクリーンに静止させてしまう。

小津安二郎「父ありき」

6．イノセンスの分光器

三〇年代の小津の映画は「少年」という分光器を通した光が夜汽車のガラス窓の向うに綺麗な七色を描いていったものである。小津にとって「少年」は個々の人間に対する小津自身の関わりかたの象徴であり、多くの「少年」を扱った文学や映画と同様、人間性に対する合理社会、産業社会、都市社会の影響（それはほとんど侵害という形をとる）と結びついて「生きること」に対する小津の真摯な態度になった。

小津の〝夜汽車〟が独特なのは、最も素晴しい旅＝移動がきわめて日常的であり、それでいて抽象的な旅であるように、人々をより深遠な神秘へみちびくとともに、人々をより日常的な現実へ引きもどすスペクトルであった点である。そこに合理主義的な単一ヴィジョンではない小津独自のダブルヴィジョンが生まれた。聖なるものと俗なるもの、自我と環境、古い日本と新しい日本、近代と反近代、東洋と西洋……小津の〝夜汽車〟はその間を有機的に行き来する。近代テクノロジーの成果である機関車の拡大する交通網と、小津のもうひとつの大きなモチーフだった〝東京〟の出現は、実は小津の嘆いた「家族」の崩壊を助長させたものであった。地域社会が都市と交通によって分解してゆき、離れ離れになった人々は夜汽車で「東京」へでかけ故郷喪失者として都会を彷徨するようになった。小津は「都市」や「近代」に魅せられながら、それらが巻き起こす決定的な分離や喪失を憎んだ。しかしそのせめぎあう感情を小津は押し殺すことはなかったし、ありのままに並置し、共存させせスクリーンに揺れ動かせた。戦後の小津作品よりも三〇年代から四〇年代にかけて撮られた小津の映画にひかれてしまうのは「人間を超えること」とは正反対のそうした震え、おそれ耐えている少年の存在のためである。喪失感が強ければ強いほど保持し続けなければならないと小津は思った。その思いは小津の精神と存在を強く感じとれる突き刺す郷愁となりフィルムに焼きついた。

二十世紀とは中心を喪失した時代であった。かつて個々の芸術がすべて和合し互いに接触しあったひとつの共通の中心が離反し、共感に支えられた郷愁感が欠落してゆく時代であった。その喪失してしまった郷愁感への激しい渇望に憑かれ、自らの小世界を息せき切って作りだしていった多くの「少年」を失わない作家たちがいたが、小津安二郎もまた、すくなくとも一九三〇年代においてはそういった映画作家のひとりであった。三〇年代に小津が描いたのは郷愁感そのものなのである。映画はなによりもそのための最適のメディアであったし、そこにはいつも無垢な眼差しがふりそそがれていた。遠くで汽笛が聞こえてくる。二条の線路の上をゴトゴトと、窓の外の彼岸花を右から左へとたぐりながら。

(1) ポール・シュレーダー『聖なる映画』、山本喜久雄訳、フィルムアート社。
(2) Gail Levin, Edward Hopper/The Art and The Artist, W.W.Norton & Company,1996.
(3) Thomas Hoving,Two Worlds of Andrew Wyeth, Houghton Miffin,Harcourt,1978.
(4) ケネス・クラーク『風景画論』佐々木英也訳、岩崎美術社。
(5) ルネ・ユイグ『イメージの力——美術心理学のために』池上忠治訳、美術出版社。
(6) 寺山修司『自叙伝らしくなく　誰か故郷を想わざる』芳賀書店。

サイレント・デスマスク

——「非常線の女」における小津安二郎の写真／映画

1. 写真と映画

ワンショット・ワンショットが一枚一枚の写真のようだ。小津安二郎のサイレント映画「非常線の女」(一九三三)は都市の俯瞰シーンから始まる。ゲオルク・グロッスの線描画を思わせる、点と線を組み合わせた志賀友易の幾何学的なタイトルバックをなぞるように、左上から二人の男と右下から一人の男が現れ、画面中央のアスファルト路上で交差し、斜線のシルエットが淡い余韻を生む。長い人影のゆっくりした動きとリズミカルな歩行、開け放されたオフィスの窓と微かに風で震えるブラインドカーテン、窓の向こうには真新しいビルディングが覗く。ブラインド越しに三時四〇分を指す二台の柱時計が見えるが、それぞれの時計の針は微妙にずれている。オフィスの壁に掛かった規則正しい帽子の列が人格を持ったサラリーマンのように並んでいる。そのなかの帽子が、突然、目に見えないものに揺り動かされるように、パタッと床に自然落下する。光と影の不思議な階調を秘めた静寂。タイムレコーダー、柱時計、室内灯、壁に映るブラインドカーテンの影、タイプライター、背を向け顔を見せない自動人形のようなタイピストたちの列を横ぎってゆく移動撮影、再び帽子の並び、無人のタイプライター……そしてようやく縞のセーター姿の初々しい田中絹代演じるヒロイン時子が紗を透かすかのように現れてくる。

映画の冒頭は、このようにグラフモンタージュの手法を踏まえ、白黒写真を一枚一枚繋ぎ合わせ構成するようにショットを組み立てている。静止と運動のシーンは混在するものの、写真と映画の中間形態のような画面形式で進行する。カット・カットは端正で静的なイメージの連続だが、その中にカッティング・イン・アクションで、壁に掛けられた帽子が生き物のように床に落ちるシーンがあり、その光の粉をまぶしたような、この世のものとは思えない佇まいが見る者を魅了する。落下した直後の帽子の風情は、物質が光と影に細かに溶け合う写真そのものの物性と霊性を放射してくる。「非常線の女」には、以降もこのような不可思議としかいいようのない、強い写真性を帯びた無人ショットが幾度も現れる。

四時四〇分を指す柱時計、コーヒーカップと琺瑯ポット、アドバルーン、半円形のペーブメント、装飾ガラスを透かす街路や電柱、モダン建築群、ガラス扉越しのボクシング・クラブ、体重計とグローブ、カクテルグラスとシェーカー、窓からの煙突の眺め、ビクターの犬の置物、ガラス扉で閉じられた試聴室、蓄音機の列、レジスター、回転するレコード、ガラス窓を背にしたビリヤード台、ガランとした倉庫街、洗面器、七輪、植木鉢、卓袱台、ガスストーブ、階段、電話、皮の手袋、誰もいなくなった部屋、明滅するネオンサイン、影が落ちるショーウィンドウ、揺れるサンドバック、テーブル上の指輪と腕輪、夜のアパートの無人廊下、巡査のサーベル、ピストル、手錠、ガードレールに掛けられた赤ん坊用の小さな毛糸の靴下、投げ出された毛玉、窓際の萎んだ花々、空のトランク……。

小津はひとつひとつのカットに細心の注意を払い、精緻な静物写真を撮るように物を綿密に配置し撮影している。意識的な焦点と背景を照らす照明は、前景を引き立て、遠景の層を正確な明度で何重にも重ねてゆくような独特の効果を生じさせる。またショーウィンドウや窓、ガラス扉といった透明な物質の反映や透過を狙った撮影が多用され、それらは都市をそっくり水槽に入れてしまったような特別な輝度を生む。特に夜のシーンは水中都市の趣を湛え、光の揺曳する架空の街の迷路に迷い込んだかのようだ。ガラスのモダニズムと絖《ぬめ》のような日本情緒を融合させた「非常線の女」はスタイリッシュな犯罪映画であるとともに、その画面構成、視点、質感、空間性により当時の最先端都市の光学的様相を巧みに描出したフィルム・ノワールとなった。

2. 小津安二郎と〝写真眼《フォト・アウゲ》〟

小津安二郎は第一次大戦中の中学時代から写真愛好家だった。中学時代の親友である乾豊からベス単を借り撮影を始め、写真に強い関心を寄せた。ベス単はコダックが一九一二年に発売したロールフィルム式小型カメラであるベスト・ポケット・コダックの略称であり、この時代を代表する単玉レンズ・カメラだ。蛇腹を畳むとポケットに収まる大きさで、携行に便利で安価なため世界中に広まり、アマチュア・カメラマンを一挙に増大させた。そのレンズフードを外したり、レンズを削って広げたりしたものは「ベス単フード外し」と呼ばれ、独自のボケ味のある軟調の芸術写真を生むカメラとしてもてはやされた。大正後期から昭和初期にかけて、カメラはベス単時代であり、そのカメラを応用し絵画的な構図やソフトフォーカスを特徴とする芸術写真運動が起こってゆく。小津も少なからずこうしたカメラとレンズが生む独特のトーンや物性を追求した写真動向に影響を受けた。

その後、小津は〝精霊の宿るカメラ〟の異名もあるブローニーにカメラを変え、さらに「非常線の女」を撮る直前の一九三一年に念願のライカを手に入れている。一九二五年にドイツで発売され、写真の歴史を変えたと言われるライカは当時、非常に高価だったが、小津はどうしてもこのカメラを試してみたかった。ベス単、ブローニー、ライカという小津のカメラの変遷はそのまま日本の新興写真運動の流れと重なっていた。小津はライカを入手して以降、一九三五年まで、機動力があり瞬発性に優れたそのカメラにこだわり写真撮影を継続する。月刊「ライカ」一九三四年一月号には小津安二郎名で、「兵器」と「静物」という題名で写真作品が発表された。同号には日本の近代写真を代表する木村伊兵衛の写真も掲載され、上海での小津のポートレイトを木村が撮影したこともあり、おそらく木村の紹介で小津の写真掲載が実現したと思われる。一説には一九三二年に創刊された、日本近代写

小津安二郎「非常線の女」

真史上のメルクマールである「光画」誌上に小津の写真作品が掲載予定だったが、同誌が一九三三年に廃刊になったため掲載が移行されたと言われる。一九三三年の小津の写真作品「兵器」は、窓際の毛布に弾薬嚢や小銃弾を配置し、柔らかな光の階調のなかに兵器が精妙な佇まいを見せる無人写真である。「静物」は欧文字看板を背景にフェンシングのサーベルと釦《ボタン》を組み合わせたもので、こちらは光と影のコントラストを強調した構成になっている。「非常線の女」と同時期の作品と考えれば、武器をモチーフにした両作品は、国際連盟を脱退し、関東防空演習が始まる非常事の時代と関係するようにも見える独特の静物写真だが、日本の新しい写真表現と極めて近い同質性を持っていた。

小津の写真作品は当時のドイツの新即物主義《ノイエ・ザハリッヒカイト》の影響を受けた写真であり、物質をなぞり、物の表面に妖しく纏わりつく気配を精妙に写しとめようとする眼差しに貫かれている。ただ感覚そのものはあくまでも日本的であり、しかもどこまでも写真の機械性を磨き上げてゆくような、叙景と叙情を溶け合わせようとする写真スタイルだった。

この頃、松竹蒲田撮影所には多くの熱心なカメラ・マニアがいた。サイレント時代の小津映画に出演していた俳優の河原侃二は写真雑誌の常連で『ベス単作画の実技』(光大社)を出版しているし、二枚目スターの岡田桑三(山内光)は一九二〇年代前半のベルリンに留学し舞台美術を学び、帰国後俳優となるのだが、同じドイツ帰りで「マヴォ」や「三科」を率いて新興美術運動の牽引役となった村山知義とともに国際光画協会を結成し、日本の写真界に影響を与えている。一九二九年にドイツのシュツットガルトで開かれた歴史的な展覧会「映画と写真」の日本への移動展が実現したのは、この二人の功績が大きい。岡田は現地でこの展覧会を見て衝撃を受け、「フォトタイムス」誌上でその報告をいち早くおこなっていた。

一九三一年、「映画と写真」展は「独逸国際写真移動」展とタイトルを変え、朝日新聞社主催で東京と大阪で開催され、日本の写真家たちに決定的なインパクトを与えた。ドイツではドイツ工作連盟主催で、ラズロ・モホリ＝ナジのディレクションにより企画された展覧会である。有名なそのポスターは、大きなスピードグラフィック・カメラを地面に向け構える写真家の姿を仰ぎ見るイメージをチェコのデザイナーのヤン・チヒョールトがデザインしたものだ。

映画と写真の新しい方向を象徴的に示したそのポスターに先導された展覧会は一九二〇年代の最後の年に開かれ、その十年の映像の革新的様相を一覧しようとするものであり、前衛的な映画や写真ばかりではなく、科学写真、広告写真、工業写真など多岐にわたる映像分野を射程に入れた内容となり、人が世界を感知する方法の根本的な変化を指し示そうとするものだった。ドイツはライカに示される最先端のカメラ技術を持ち、映画・出版・印刷の分野でも他に類を見ないほど活性化していた。こうした土壌を背景に写真の多彩な機械的機能が再認識されてゆく。そしてナジを筆頭とする意欲的な写真家たちは流動化する現実の核心を写しとめ、世界を刷新する方法として写真を活用し始める。

ベルリンでロシア構成主義の強い影響を受けたナギは、絵画的なヴェールに包まれていた写真の世界を覚醒させ、新たな知覚に導くべくこの展覧会を企画したが、展示に合わせ出版された、ドイツの美術史家フランツ・ローとヤン・チヒョールトによる『写真眼《フォト・アウゲ》』にも注目しなければならない。

そこでは仰角や俯瞰、対角線や垂直線、規則的なパターン、クローズアップやモンタージュ、連続的なグラデーション、画面のリズム感、前景と遠景のフォーカスのズレやボケ、幾何学的な構図など、日常的なオブジェをカメラとレンズで生き返らせる〝機械の眼〟としての〝写真眼〟の方向についての論考がなされていた。映画と写真は、カメラとレンズという〝写真眼〟の下に、ここではその差異を識別されず、逆にその共通性を押し出そうとしている。写真も映画も同じ光学特性を有する連続的なメディアである。その同質性を生かした写真／映画の知覚の可能性を、小津もまた「非常線の女」で試そうとしていた。

3. 新しい都市のヴィジョンと光学

一九三〇年前後は日本の写真の大きな転換期にあたっていた。ドイツを起点に写真の機械性を強く認識し、国際的な展開を見せた新しい写真の動向（ノイエ・フォトグラフィ）は日本では〝新興写真〟と呼ばれる潮流となり、ほとんど時差なく流れこんでくる。〝新興写真〟の名付け親と言われる「フォトタイムス」主幹の木村専一は、一九三〇年に新興写真研究会を組織し、「フォトタイムス」でモホリ＝ナジやマン・レイらの写真や論文を積極的に紹介し始めた。

この時代の日本の写真家たちは初めて「都市」のイメージを持った。工業時代や消費時代へ転換し、様々な矛盾と乖離を孕み始めた日本的な近代都市の広がりに写真家たちは目覚め、そのような変動を反映した都市の表現を試行してゆく。その移行は日本人が初めて写真という〝機械の眼〟を自覚し、表現と認識の方法として使ってゆくプロセスと重なっていった。その最たる動きが一九三二年に野島康三、中山岩太、木村伊兵衛を同人に創刊された前衛写真雑誌「光画」だった。創刊号には木村伊兵衛「工場地帯風景」、飯田幸次郎「看板風景」、佐久間兵衛「都市風景」など都市の意識を自覚した写真が多数掲載された他、伊奈信男「写真に帰れ」や堀野正雄「グラフモンタージュの実際」、室田康造「画面構成の新形式」、清水光「写真と映画のモンタージュについて」、さらにはモホリ＝ナジ「新しい映画の諸問題」やフランツ・ロー「メカニズムと表現」など、写真と映画の道標となる重要論文が並んでいる。

「光画」は一九三三年まで一二号に渡って刊行されるが、誌上では松竹蒲田撮影所の名カメラマンだった佐々木太郎が「微粒子現像液について」や「35型活動写真用ネガテーフ材量」といった実践

『光画傑作選』（国書刊行会）

「FILM UND FOTO 映画と写真」展（1929年、シュツットガルト）ポスター

的な技術ガイドを連載しているのも興味深い。

なかでも「光画」の中心人物だった〝日本近代写真の父〟と称される野島康三の「女」シリーズは都市の変容を強く意識した印象深い連載である。「光画」創刊と相前後するように野島の作風は大きく変容する。野島は絵具を使って仕上げる、写真と絵画の中間形態のようなそれまでのブロムオイル印画法を止め、ストレート写真に移行した。「女」シリーズはちょうど日本の建築が関東大震災以降、ガラスとコンクリートで生まれ変わったように、日本の女たちが洋装や化粧という新たなモードで変貌してゆく様をフェティッシュに写しとったものだ。野島は「女」を通した都市の観察者として変容する東京の感受性を写真に込めようとした。銀座や浅草を中心にモダンな風俗が大流行し、カフェやバーがあちこちにでき、タイピストやマネキンガールが現れ、ダンスホールやレヴューに人々が群がり、ジャズのリズムやネオンの煌めきが巷に溢れていた。東京がワイドから望遠に至るカメラ・レンズのパースを受容する都市構造を備え、大胆な移動撮影やロングショット、クローズアップに耐えうる空間性を獲得していたことは「光画」の写真を見れば明らかである。

昼間はタイピスト、夜は元ボクサーのギャングの情婦という二面性を見せるヒロインが、オフィスビルやボクシングクラブやダンスホールやビリヤード場を背景に、非常線下の夜の迷路を逃げ惑う「非常線の女」も、こうした新しい都市や新しい女の出現を前提に生み出されたものである。

表現主義映画から新即物主義映画への扉を開いたとされるヴァルター・ルットマンの「ベルリン、大都市の交響曲」が作られたのは一九二七年である。室内から街路へ、セットから現実へ、サイレントからトーキーへの流れのなかで、この映画は新しい都市の出現とカメラワークの革新の下に都市が物語空間として本格的に機能してきたことを明示していた。つまり大都市の交通と建築が、工場とオフィスが、犯罪と貧困が、路上の喧嘩や橋からの身投げが、光と陶酔が、映画の主役になりうるのだということを示していた。映画の中の都市はそれまでの映画には見られなかった規模と内実を持ち、カメラとレンズにより都市の映像表現の新たな次元を切り開いていた。

プロデュースを担当したカール・フロイントはF・W・ムルナウの「最後の人」(一九二四)のカメラマンであり、「解放されたカメラ」を合言葉に、三脚を必要とせず、自由に持ち運びでき、新しい動きと空間感覚をもたらすメタル製軽量カメラを駆使し、都市のイメージを刷新したことで知られる。この映画は、そうした方向を受け継ぎ、人間の眼のためにではなく、すべてはカメラ・アイのためにという鉄則に添って映画都市が作り上げられた。まさに「映画と写真」展や〝写真眼〟の世界だった。

もともとこの映画は、モホリ゠ナジが一九二五年に描いた映画のためのスケッチ「大都市のダイナミズム」を参考につくられている。早朝の人気のない都市、歩行者と街路、交通と群集、タイプライターとオフィス、電話局、映画館、コンサートホール等のナジのスケッチは映画にも生かされた。一九二〇年代後半のカメラの軽量化とフィルムの感光度の向上により野外撮影が容易になり、ドキュメンタリー映像の断片を繋ぎあわせ、軽やかな運動感とテンポを生み出すことを可能にしたその感覚は多分に「非常線の女」に通じるものがある。

4. 無人風景とサイレント

日本映画における本格的なトーキー映画第一作は、一九三一年の五所平之助「マダムと女房」である。以後、トーキー時代に入り、一九三六年九月に小津安二郎が重い腰をあげるようにトーキー第一作「一人息子」を発表し、サイレント時代は幕を閉じた。

「一人息子」は松竹大船撮影所作品とされるが、実際は蒲田撮影所で撮られた。蒲田から大船へ撮影所が移ったのは一九三六年一月である。大船では土橋式トーキーを採用していたが、蒲田では茂原式トーキーだったため大船では使えず、誰もいなくなった蒲田撮影所の空のスタジオを使い、小津のトーキー第一作はつくられた。

こうしてみると新興写真時代である一九三〇年代前半は、日本映画のサイレントからトーキーへの移行期と重なっている。小津はサイレントにどっぷり浸かり、サイレント的なものが骨の髄まで染み込んで抜けないと常々語っていた。小津は自分がトーキーを撮るのが最も遅れた映画監督であることを自覚し、自分がサイレントに最後のとどめを刺す存在であることを肝に銘じていた。「キネマ旬報」(一九三四年四月一日号) で、小津はサイレントでは心理描写のため、手袋やハンカチや帽子など小道具を精密に使う必要があり、多くのショットを説明用に当てなくてはならないと言い、顔や表情、身ぶりの明晰さの重要性に言及している。

「非常線の女」は一九三三年のサイレント映画であり、冒頭から芳香漂う典雅な画面づくりがなされ、映画の進行とともに丸い柔らかなレンズを使用した無人ショットが多数挿入されている。こうした小津の無人ショットはこれまで空ショットと称され、数多くの詳細な分析や論考がなされてきた。空ショットは「導入」や「区切り」を表すものだとか、「場所」を表したり「解説」のためだとか、「枕詞」や「季語」の役割を果たすとか、場の転換や時間経過を示しているといった指摘である。しかし最後期のサイレント映画である「非常線の女」の無人ショットにはそうした説明から逃れてしまう多くのものが含まれていることに気づく。

「非常線の女」の無人ショットは映画と写真の中間形態のような時間性を探求し、静止と運動のあわいにフォーカスを当て、物を通過した〝写真眼〟の本質を注ぎ込もうとしたものである。より正確に言うなら小津は写真家としての自らの資質をこの無言の映画のなかで発揮し、ひとつひとつの映画のショットを写真として目覚めさせようとした。さらに言うならそうした〝写真眼〟をサイレントの最後を見届けるために使おうとした。

〝写真眼〟という言葉を使ったフランツ・ローは〝ノイエ・ザハリッヒカイト（新即物主義）〟の名付け親でもあり、この言葉は一九二五年に彼が表現主義以降の絵画についての論考で使ったものである。

新即物主義は一九二〇年代後半から一九三〇年代前半にかけて突然現れ、瞬く間に消え失せた、表現主義と抽象主義全盛期における異様なリアリズムの総称を言う。その中心は写真であり、代表的な写真家にオーギュスト・ザンダーやアルベルト・レンゲル＝パッチュ、カール・ブロスフェルトらがいる。表現主義は宗教、歴史、社会といった大文字の表現に目を向けることが多かったが、新即物主義は静的で、客観的なカメラとレンズで「この場所」や「いまの時間」といった自分たちの日常へ目を向けようとした。しかしそれはただの日常ではない。

ヴィーラント・シュミートは新即物主義のモチーフに関して「世界や反世界ではなく間世界とでもいうべき曖昧な領域」であり、「実在と非在の間に膜のように張り巡らされた虚構めいた世界」であると言う。(1) 新即物主義が見つめようとしたのは仮象と実在が共存する場であり、とりわけ窓ガラスやショーウィンドや鏡といった鏡像や反射像を現実と併置させる虚実の多重化が好まれた。そのことにより事物が既知と未知の二重の相貌を垣間見せ、生死の間隙に秘められた得体の知れないものを覗かせる。シュミートの指摘は新しい都市の光学がもたらしたものであり、この時代の新たな対物意識、カメラとレンズとフィルムという物質を通したリアリズムの位相だった。

新即物主義はカメラやレンズやガラスを通して存在と非在のあわいにある特殊なモチーフを選び、この世のものではない世界からの眼差しを呼び寄せようとした。「非常線の女」にもそうした気配が溢れる。この映画の無人ショットでは世界から見つめられているような感覚が不意に襲う。それは時間のひび割れから染み出す彼方の眼差しであり、この時代の人々が環境として感受していた写真の特性だった。

新即物主義は単なる即物的なリアリズムではない。それは物の外部の物質的形態をなぞりながら、まだ形をなさない内部をまさぐり、その奥に潜む物神のような細かな振動を目覚めさせようとする。それは言語的な認識の刻印により忽ち物の背後に隠れてしまう精霊のようなものであり、前言語状態の微かな記憶の広がりと言ってもいいだろう。それらは見えないが、カメラはそれらを解き放つことができる。その解き放たれたものの佇まいを写真は留めうる。空ショットとは空なのではなく、不可視のものの充填だった。それは「無」でも「空」でもなく別の世界からの多くのものの流入である。

5. デスマスクと〈最後の前の最後のもの〉

一九三一年に公開されたフィル・ユッツィの映画「ベルリン・アレクサンダー広場」は、ユダヤ系ドイツ人で作家・精神科医のアルフレード・デーブリンの同名の都市文学を原作としたものだ。もともとこの小説自体が映画のモンタージュ手法を踏まえ書かれたものであり、ディーブリンとハンス・ヴィルヘルムが共同で脚本を担当した。世界恐慌下、行き場のない不安が横行し、ナチスと共産主義の対立が深まり、失業者は増大し、犯罪が溢れるこの時代に、刑務所から出て、なんとかまともになろうとする主人公が再び犯罪に巻き込まれてゆく物語だ(2)。

ディーブリンは一九二九年に出版された新即物主義の代表的な写真家オーギュスト・ザンダーの写真集『時代の肖像』に序文「顔、映像、それらの真実について」を寄せ、セーヌ川の身元不明少女のデスマスクについて書き記している(3)。

その少女は一八八〇年代末にセーヌ川から身投げし溺死体で見つかった。川から引き揚げられた死体が明瞭な容貌を保つことは少ないが、少女の美貌は水の冷たさに削がれることなく、安らかに微笑んでいるように見えた。ザンダーの写真を語るのになぜディーブリンはこのデスマスクを持ちだしたのだろうか。それは第一にデスマスクが、死という大きな力の刻印を記し、人間の顔の個体差を喪失させてしまうことへの注目のためだった。デスマスクはすべての顔を平板化し、同質のヴェールでその表情を覆ってしまう。さらに言えばディーブリンは写真をデスマスクのようなものと考えていた。

少女の死顔は優しく、何かに呼びかけ、囁き、幸福に近づいてゆくような表情を浮かべているが、何か決定的なものがあらかじめ大量に抜き去られてしまっている。生き生きとした瞬間的なものが消され、死が人の顔に大きな修正を施した。その吸い取られ、消されたものはどこへ行ったのか。ナチスが政権を握った一九三三年に直ちにパリに亡命することになるディーブリンは、ザンダーの写真にもまた巨大な力の予兆が働き、人間から何かを大量に抜き去っていると指摘した。そこでは新しい写真の即物性が写真というメディアに潜在する死の本能を露呈させている。

小津の「非常線の女」を見ながら思い浮かべていたのは、この映画がいわばサイレント映画のデスマスクをつくろうとしていたのではないかということだった。一九三一年に書かれたヴァルター・ベンヤミンの「写真小史」では、ザンダーの『時代の肖像』とともに、一九三〇年に初めてライプチッヒで出版されたウジェーヌ・アジェの写真集に寄せたカミーユ・レヒトの序文について言及されている。(4)

ウィーン生まれのドイツの作家・出版人だったレヒトは推理小説家としても知られていたが、その序文で、人影のない街路や無人の室内を捉えたアジェの写真は〝犯行現場の写真〟であると指摘した。ベンヤミンはその部分を抜き出し、われわれの都市のどの一角も犯行現場ではないのかと記したが、その言葉だけがやがて一人歩きしてゆく。しかしレヒトの序文を正確に辿ってゆくと奇妙な文章に行き当たる。

「たとえばアジェの撮った室内であり、そこでは暖炉のそばに置いてある安っぽいストーブの横に人造の観葉植物を入れた飾り皿が輝いている。こうしたものは他の場所にもかつてあったし、いまもある。またたとえば乱雑な台所の隅であり、これは警察による犯行現場の写真を思わせる。またたとえば、ある労働者の住居の写真が語っている住居問題。またたとえば食堂であり、これはフランスの生活様式について、最高の文筆家たちの叙述以上に雄弁に語っている。そしてさらには夫婦のベッド。その隣にはお定まりの暖炉があるが、その装飾をアジェはきっと皮肉な微笑みを浮かべながら記録したことだろう。安っぽいヘアーローションや香水の小瓶が並んだ洗面台を、こうした眼差し、こうした愛情を持って画面に定着する映画監督は一人もいないし、カルム市場の靴直し屋やグランダルメ大通りにあるカフェの人気のないテラスを見せてくれる映画監督は一人もいないだろう(5)」

小津は「非常線の女」で誰も映画にしなかったそうしたものを画面に定着させ、それらが主役であるかのようにサイレント映画をつくった。アジェには自分がカメラを置き、そのカメラを通して見ている世界は、すでに消滅しているのではないかという思いがあった。その消滅している世界がカメラのこちら側、つまり自分の存在する世界の消滅も実は照らし出している。「非常線の女」にもそのような、もうすでにないという特別な思いが秘められる。些細な、細やかな日常の、そのような無数の絶え間ない消滅や粉々になってゆく時間を可視化しうる発光素のようなものがカメラの身ぶりから振り撒かれる。消滅する世界に充満する光の波動を運ぶ、見えない粒子の流れをカメラはゆっくりその内部に納めてゆく。

歴史は人間を〝最後のもの〟として見る眼差しである。ザンダーの厖大なポートレイトのように、いま見つめている人たちが最後の人であるかのように凝視する。歴史の眼差しとは、これらの人々が〝最後の人間たち〟だと認識し、彼らを〝最後の人間たち〟として見届けることである。

同時代の映画史家ジークフリート・クラカウアーはその『歴史――永遠のユダヤ人の鏡像』で「歴史」と「写真」の間に多くの平行関係があることに注目した。彼は、写真は歴史という「最後の前の最後のもの」へ精神を集中させるものだと言う。写真は歴史の前にある日常世界の生煮え状況のような部屋、つまり前室に留めさせられている。しかし重要なのはその前室に留まることなのかもしれない⑹。

歴史の最後を写しとめる写真、死の最後の表情を写しとめるデスマスク、サイレントの最後を写しとめる映画。サイレントのデスマスクは、新しいトーキー映画の形式ではつくることができなかった。そのためには映画を写真に近づける必要があった。映画を動かない沈黙の写真に重ね合わせる。小津は写真家としての経験と技術からそのことの重要性を知っていた。それゆえ「非常線の女」は写真／映画のような独特のショットが溢れる。そのような意味で「非常線の女」は小津作品のなかでも特別な光学を孕む。

通常は死の直前の断末魔の苦悶や恐怖の表情を留めるデスマスクだが、セーヌ川の少女のデスマスクは甘やかな死を受け入れ、彼女の「最後の前の最後のもの」を穏やかに写し留めていた。「非常線の女」もまたその写真／映画の特別な形式の中に、サイレントの死の様相が煙るように湛えられている。

（1）種村季弘『魔術的リアリズム――メランコリーの芸術』筑摩書房。
（2）フィル・ユッツィ「ベルリン・アレクサンダー広場」（一九三一）は、ライナー・ヴェルナー・ファスビンダーにより一四話一五時間の連続TV映画として再映画化された（西ドイツ、イタリア合作、一九八〇）。
（3）アルフレード・ディーブリン「顔、映像、それらの真実について」（ヴァルター・ベンヤミン『図説　写真小史』久保哲司編訳、ちくま学芸文庫、所収）。
（4）ヴァルター・ベンヤミン『図説　写真小史』久保哲司編訳、筑摩書房。
（5）カミーユ・レヒト「ウジェーヌ・アジェ『写真集』への序」（ヴァルター・ベンヤミン、前掲書、所収）
（6）ジークフリート・クラカウアー『歴史――永遠のユダヤ人の鏡像』平井正訳、せりか書房。

閃光／記憶と忘却

――ジョシュア・オッペンハイマー「アクト・オブ・キリング」から「ルック・オブ・サイレンス」へ

1. 演ずることは想い出すこと

演ずることは想い出すことだ。

大量虐殺を行った人間に、カメラの前で再び自らの殺人を演じさせる。それを何度か繰り返すうちに当時は麻痺していた行為の意味と向き合うことを迫られ、下腹部が硬くなるような感覚に捕われてゆく。苦い胃液が逆流してくるようだ。

なぜなのだろう。あの時はまったく平気で、それが正義だと疑うことはなかった。けれど自分がやったことを何度か演じているうちに、過去の自分と現在の自分が混じり、殺す者と殺される者が反転し、一種の錯乱状態となり、ものの見方や態度が大きく変化していった。

一九六五年、インドネシア北スマトラの州都メダンで、インドネシア独立の指導者であり建国の父（国父）と呼ばれたスカルノ初代大統領親衛隊の一部がクーデター未遂事件を起こしスカルノは失脚する。その収拾にあたったスハルト陸軍少将（その後、インドネシア第二代大統領）が事件の背後に共産党勢力がいるとし、西側諸国の支援もとりつけ、二百万人とも言われる二十世紀最大の大虐殺を行った。しかもそれ以来、虐殺に関わった中心人物たちが政治の中枢に深く入りこんでしまう。

ヴェルナー・ヘルツォークが製作総指揮をとったジョシュア・オッペンハイマーの「アクト・オブ・キリング」（二〇一二）はインドネシアの人々にとっては忘れることのできない、この9・30事件を斬新な手法を使って抉り出す。この映画はフィクショナル・ドキュメンタリーでもイマージナリー・ドキュメンタリーでもなく、演技が真実となる人間の想像力のメカニズムを精緻に記録していった映画と言えるだろう。(1)

印象的なのは本作の主人公たる殺戮の実行部隊が、映画への愛に満ちた映画館のダフ屋プレマン（フリーマンの意味、ヤクザの民兵）だったことだ。彼らは実は今なお「パンチャシラ青年団」という数百万人規模の極右軍事集団のメンバーとして政権を支えている。

プレマンは日々の小銭を稼ぐ生活に追われながら、自分たちがいつか映画のスクリーンに登場することを夢見て、マーロン・ブランドやアル・パチーノに憧れ、フィルム・ノワールやギャング映画から殺人技術を学んでいた。現実の殺人の際の細かな方法は映画のシーンを真似た。映画を見て引用することが殺しの弾みとなる。こうした加害者たちはすすんで取材や撮影に応じ「未来に歴史を記録しなければならない」と自らの虐殺行為をカメラの前で再現しようとした。つまり彼らは虐殺を恥じたり悔いたりするどころか、誇らしいものと認識していたのだ。ジョシュアはもともと虐殺の被害者の映画をつくろうと取材を進めていたのだが、インドネシア当局から被害者への接触を禁じられ、仕方なく取材対象を加害者側へ変換させていった。

虐殺から半世紀が過ぎ長い時間の果てに加害者がカメラの前でかつての殺人を再演した時、いったい何が起きるのか。再演しながら、加害者たちは記憶の中でかつて見たギャング映画を追体験しているのか、実際に遂行した殺人を再現しているのか次第にわからなくなってゆく。逆に考えると彼らは実際の殺人の時、映画を模倣するという思い込みで自分を消し去ることができた。しかしカメラの前で再び殺人を演じることは一九六五年の現場を追体験し、同時に消し去られた自己を深い部位から汲み上げることでもあった。抑圧されたものは抑圧したもの自体から立ち現れる。そのような奇妙なメカニズムを軸にしたことで映画は特殊な真実性を溢れさせる。映画の全編に漂う予測のつかない、闇に引きずり込まれてゆくような不穏な緊張感はそれゆえだろう。長い間、「非表示」にしていたはずの殺人行為の意味が、再演することで一挙に吹き出してくる。

2. 亡霊たちのいる場所

ジョシュア・オッペンハイマーは二〇〇三年から二〇〇五年まで二年間をかけ、北スマトラで探し出すことのできたこの事件の加害者をすべて撮影している。「アクト・オブ・キリング」の主人公アンワル・コンゴと呼ばれる老ギャングはその四十一番目の加害者だった。当時の〝共産主義者狩り〟に関与し、その手で一〇〇〇人を殺したと豪語する男である。虐殺実行部隊のリーダーであり、スマトラのメダンの映画館周辺でチケットを売りながら、軍部の要請で暗殺を手掛け、多数の人間を殺したが、現在は二人の孫を溺愛する良き老人に見える。

アンワルは、とあるビルの屋上で殺人行為を再現しながら、初めは棒を使い撲殺していたが、出血と匂いがあまりに酷く、ギャング映画の手法を真似て、針金を使い絞殺することにしたと告白し、カメラの前でその通りにやって見せる。かつて実際の殺人が行われ、また殺人の再現が行われたこの何もないガランとしたビルの屋上をオッペンハイマーはこう語る。

「アンワルの居た場所は死者の場所だった。そこは亡霊に満ちていた。私はその場所に彼と一緒に入ることができなかった。亡霊がそこここにたむろし、呻いていた。アンワルもそこにはおびただしい幽霊が蠢いていると言っていた」

こうした場の特別な気配は「アクト・オブ・キリング」（二〇一二）の続編と言える「ルック・オブ・サイレンス」（二〇一四）でも重要な作用を果たしている。

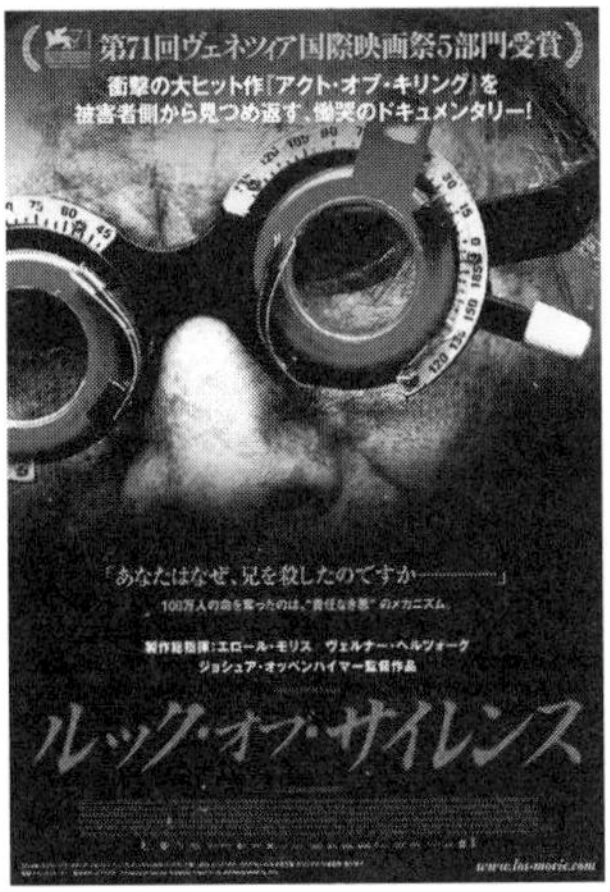

ジョシュア・オッペンハイマー
「ルック・オブ・サイレンス」

「ルック・オブ・サイレンス」では加害者ではなく、被害者が主役となる。主人公アディ・ルクンは虐殺で兄ラムリが殺害された後、その弟として生まれた。老いた母は加害者たちが今も権力者として同じ村で暮らすため、殺された息子への思いを封印し、アディにも多くを語らずにいた。

二〇〇三年にアディはオッペンハイマーが撮影した加害者たちの映像を目にし、兄を殺したむごたらしい様子を彼らが誇らしげに語る様を見て慄然とする。そして眼鏡技師だったアディは虐殺事件の関係者たちを訪ね歩き、沈黙を守り続けてきた彼らにその罪を直視させるため〝狂った眼鏡〟の調節をしようとするのだ。

人間は過去そのものである。しかしこの映画では「過去はそのままにしておけ」という言葉がリフレインされる。殺害に関わった者たちは脅しの文句としてその言葉を口にし、残された遺族はその言葉を恐怖心から発し、加害者が存在する限り怯え続けなくてはならない。過去は生きたまま立ち止まり、耳を澄ませば霊が騒めき、殺された者たちの震える音が聞こえてくる。

「アクト・オブ・キリング」と「ルック・オブ・サイレンス」という合わせ鏡のような二作品の出発点は、川辺で一万人以上の人々を殺したと呟く二人の加害者側の男たちをオッペンハイマーが取材し、その告白を記録したことだった。アブラヤシのプランテーションで虐殺を行った部隊のリーダーだった二人は川辺に彼を案内し、どうやって人を殺したのかを滔々と語り始めた。殺された男はラムリという名だった。偶然にもアディの兄ラムリを殺した加害者たちにそこで出会ったのだ。オッペンハイマーがそのことを告げると、アディはその撮影した映像を見せてくれと懇願する。アディ一家はこうして初めてラムリの死の具体的な詳細を知ることになる。

「ルック・オブ・サイレンス」に収録されたこのシーンをじっと見ていると、二人の男が雄弁に過去の殺戮を物語る背後で、何か見えないものが揺れ騒いでいるように思えてくる。その印象は「アクト・オブ・キリング」のビルの屋上でアンワルが嗚咽するラストシーンと重なってゆく。つまりこの二作品は、見つめ続けることで見えなかった霊が拠って立つ場所が明らかになる映画なのだ。

特別な存在のあり様をそこに定位させようとする。

3. 彼岸の岸辺

蛇川と呼ばれる不吉な川での問題のシーンは二〇〇四年に撮影された。このシーンでは虐殺に加担した、イスラム教徒のコマンド・アクシのメンバーであり共産主義を嫌悪していたイノン・シアとアミール・ハサンが交互に加害者と被害者を演じる。ハサンは自分の村だけで三二人を殺したコマンド・アクシのリーダーであり、虐殺の〝功績〟で小学校教員から教育文化省の役人に昇進し、自分の殺人の詳細をイラスト入りの本にしてまとめていた。二人の元殺人部隊の指導者が川の岸辺へ案内し、どのように一万人もの人々を殺したかを得々として語る。その背後で何か言いようのないものが呟いている。オッペンハイマーはこのシーンを撮影した晩、宿へ帰り泣き崩れたという。インドネシア人のアシスタントも同様だった。心が騒いで眠ることができなかった。しかしその撮影があったために彼は、単に一九六五年の出来事を描くのではなく、現在に過去が今なお木霊している状況を描く映画にしようと決意した[2]。

「ルック・オブ・サイレンス」はその名の通り、沈黙についての映画であり、岸辺でオッペンハイマーが味わった衝撃を見る者へ伝えたい思いから始まっている。川の縁で二人の男が斬首の話をしているシーンの後に、そこで兄を殺されたアディがそのシーンの映像を黙って見つめている情景が続く。次の場面でアディは大量虐殺から生き残ったケマと一緒に川へ降りてゆく。虐殺の標的になりながら進行中のトラックから命懸けで飛び降りて助かったケマは、死者たちがそこにいるように話しかけ、霊たちの眠りの邪魔をしたことを深く詫びる。アディとケマのこのシーンは二分間のワンショットで撮影され、その後に霊が蠢く川のショットが続き、ガランとした広場のショットへ繋がってゆく。つまり川から霊たちが這い上がり、やがて社会へ拡散してゆく様が暗示された。

アディの老いた母が殺された兄ラムリについて「お前さんから母さんは見えても、母さんからお前は見えない」と呟く。この映画には常に彼岸からの眼差しが貫く。この映画は彼岸からこの世の岸辺に霊たちが滲み出てくるのを待つ映画なのである。

カメラは何もないところに何かが現れることを可能にする。映画も何かが現れる瞬間を留め、何かを招き入れる。それは持続という問題と関連する。イメージを一定の時間持続させると、観客は物語の枠組みを超え、この持続するイメージに何か深い意味が込められているのではないか、その意味は自分にとってなんなのだろうと考えざるをえないようになってゆく。つまり持続するイメージの意味とは、何かを待ち構え、それを受け止めるということなのだ。あるいはこの二作品は、霊たちがカメラにより招聘され、その現われや存在に観客が気づいてくれることを待つ映画だ。それは霊と観客との間の、ほとんど神秘的な接触の可能性と言っていい。

4. 正しいというフィクション

ジョシュア・オッペンハイマーはアメリカのテキサスに生まれ、ハーバード大学とロンドン芸術大学で学んだ後に、政治的な暴力と想像力の関係を研究するため、民兵や暗殺部隊、戦争や内乱の犠牲者たちを取材してきたが、ある人権団体の依頼で一九六五年のインドネシアの虐殺事件の被害者を調査することになった。しかし当局から被害者への取材を妨害され、対象を加害者側へ変更する。その過程で「ルック・オブ・サイレンス」は、悪とは何かという問題も扱わざるを得なくなっていった。

　悪とは私たちの本質的な要素なのか。そうではなくてある種の関係や逸脱によって善なるものが悪へ変質してゆくのか。すべての人間に悪の種が孕まれているのか。映画に登場する普通の生活を送る人々が、ハンナ・アーレントが『エルサレムのアイヒマン　悪の陳腐さについての報告』（大久保和郎訳　みすず書房）で抉り出したアイヒマン像に重なってくるのはどうしてなのか。アイヒマンは浅はかな人物だったが、その浅はかさが彼の罪だった訳ではない。彼は感情の機微を欠いた無慈悲で冷酷な人間だったのでもなく、自分が生きていた文脈の必然性により、自分が受けた教育や訓練により、自分が属した官僚や軍隊の制度ゆえに、眼前の現実の奥に隠された背後の光景を見ることができなくなり盲目化した。

ジョシュア・オッペンハイマー
「アクト・オブ・キリング」

　「ルック・オブ・サイレンス」の登場人物たちも、政府に守られる立場にあったり自らを英雄視しているという理由もあるのだろうが、なぜこのように進んで殺戮を演じようとするのか明確な答えは見つからない。そこに人間の錯綜した心理的力学のようなものが働いている。そのメカニズムを見つめることが大事だ。実際、この映画でアディが話を聞くために出会う多くの加害者たちの反応は複雑で多様である。彼らの多くには罪と恥の意識が刻まれていた。自分のやったことが誤りだったと認識していた。そうでなければ、誰しもがあのように防御的で、何かに恐れ、おどおどした態度を示すはずはない。彼らは道徳意識を持っていた。つまり彼らは自分たちの行為が正しいというフィクションを作りだし続けなくてはならなかった人々なのだ。そして私たちが悪というものを作動させているのは、実はこの人間的とされる道徳のメカニズムに他ならない。誤りとわかっていたことをやってしまうと、それが誤りであるが故に繰り返すという想定外のシステムに嵌り込んでしまう。間違いだと認めたくない思いが持続する。罪を全面的に認めてしまうことが恐ろしい事態を招くが故に、それを繰り返す。

アディは加害者たちを訪ね歩き、あの事件を想いださせようとするが、そのことでアディは鏡と化し、彼らが見たくないと思い続けていた彼ら自身の姿を現前化させる。この映画はあらかじめ記憶と忘却の絶え間ない鬩ぎ合いをインストールされている。五十年が過ぎても死んだ息子の姿を眼の前に思い起こすことのできるアディの母親や、息子がいたことさえ忘れてしまった重い認知症を患う父親など、日常生活の細かな描写を通し、映画全体が記憶と忘却の物語として編まれている。

またアディとその子供たちとの愛情溢れる接触が丁寧に描かれることで、アディの勇気と覚悟が際立ち、自らの記憶と経験を子供たちに伝えようとする意志が示される。両親の状況や子供たちとの関係こそが、加害者と直面することへアディを駆り立てたものだった。

5. 復讐と謝罪

ジョシュア・オッペンハイマーが「ルック・オブ・サイレンス」をつくるためにインドネシアを訪れ、アディと再会したのは二〇一二年のことである。しかしその時点ではまだアディを主役にしようとは考えていなかった。アディは協力者の一人に過ぎなかったが、自分で加害者たちを訪ねたいとオッペンハイマーに提案する。今も権力者である加害者たちに被害者家族が正面から対峙することは危険だが、アディは眼鏡技師という立場を利用し、その罪の解明へ迫ろうとした。

インドネシアは今でこそ世界最大のイスラム国家だが、もともとはヒンドゥー教国であり、それ以前の原初的なアニミズム世界が濃厚な土地も多い。アディは殺された兄ラムリの生まれ変わりとされたが、スマトラでもジャワでも今なおこうした輪廻転生を信じる人々はいる。アディが兄ラムリの生まれ変わりとするなら、この映画は兄の生まれ変わりであるアディが自らを殺した人間を五十年後に探し歩く物語にもなる。

眼鏡技師アディが無料の視覚検査の名目で加害者たちを訪れ、話を聞くという設定も驚きだ。というのも被害者たちは目隠しをされた後に、目を抉りだされるという殺され方をしていたからである。その加害者たちの目を検査し、視力測定器を掛けさせると、彼らは舌を出したり、唇を歪めたり落ち着きを失ってゆく。そうした細かな表情の変化が様々なことを語りかける。アディはオッペンハイマーにこう言った。

「僕はこの七年間ずっとあなたが撮影した加害者たちの映像を見続けてきた。その結果、僕は以前とはまるで違う人間になってしまった。そして今は兄を殺した人間たちと直接会い、話を聞かなければならないと思っている」

アディは映画の構想のヒントになるものを撮影して欲しいとオッペンハイマーから言われ、カメラを渡されていた。しかしそれまで一度も映像を送ったことはなかったが、再会したその時にアディは撮影済みのカメラを差し出す。あまりに個人的な映像だと思い送らなかったものであり、その映像を見てオッペンハイマーは強いショックを受けた。

そのシーンは「ルック・オブ・サイレンス」に挿入されている。映画の中で唯一、アディが撮影した映像で、アディの父が家の中で迷子になり、這いずり回わり、誰かに助けを求めているシーンだった。いや、家に居ながら父はずっと迷子のままだったのだ。

「これを撮影した日にとうとう父は、僕たちのことも子供たちのことも母のことさえわからなくなってしまった。ラマダン（断食）の最後の日であり大切な休日なので、家族全員が集まっていた。しかしその日に父は本当の迷子になり、一日中、怯え続けていた」

なんとか父をなだめようとしても無駄だった。そうすれば事態はさらに酷くなった。どうにもならずアディはカメラを取り出し、撮影を始めた。父はどこで迷子になっているのか。助けを求め続けているのに父を助けられず、自分はカメラで撮影している。何という事態だ。カメラは父親が迷子になっている場所を撮影できているのか。何で自分はカメラを取り出し、撮影なんかしているのだろう。アディが撮影している場所はいったいどこなのだろうか。

「その瞬間に父はもう手遅れになっているとわかった。ここではない別の場所へ行っている。息子が殺されたことも、そのために家族がめちゃくちゃになってしまったことも、父はもう想い出すことはない。なのに父は恐怖だけは忘れられなかった。恐怖という牢獄に閉じ込められてしまった。そして僕は自分の子供たちにこの牢獄だけは受け継いでもらいたくなかった。父からも、母からも、僕自身からも」

アディはそのために危険を顧みず、兄を殺し、半世紀に渡り自分たち家族を苦しめ、あらゆるものを奪ってきた人々と対面する決心する。

「彼らは僕が復讐に来たと思うだろう。しかし僕が幽霊でなくて人間だとわかることで、兄もまた人間であったことに気づくだろう。そうして彼ら自身がずっとやりたいと思ってきたことを、やってのけるチャンスがとうとう彼らに巡ってくるのではないかと思った。つまり自分のしたことを過ちだったと認め、前に進むということだ。そうすれば僕も彼らを許すことができ、加害者と被害者という関係ではなく、隣人として共に生きてゆくことができるかもしれないと思った」

この時のアディとの対話をジョシュアは心に深く刻み込み、それが映画の核となった。

6. 斬首の光景

アディもオッペンハイマーも撮影の過程で加害者からの謝罪の言葉を聞くことはできなかった。オッペンハイマーと老ギャングのアンワルは五年間もずっと一緒だったのに、とうとう自分の過ちをはっきり勇気を出して認めることはなかった。しかしオッペンハイマーは彼らから謝罪を引き出すことができなくても、その目論見が失敗するプロセスを見せられれば、つまり彼らがアディを恐れているのではなく自分自身を恐れていることを見せられれば、次の世代を行動と和解へ向かわせることができると信じていた。

オッペンハイマーが初めてインドネシアを訪れたのは二〇〇一年のことだ。アブラヤシのプランテーションで働く労働者たちが労働組合を作ろうとする様子を映画にするためだったが、彼がそこで目にしたのは防護服もなしに除草剤を散布することを強いられる苛酷な環境に喘ぐ女性たちの姿だった。女性たちは病に冒され、四〇代で亡くなる人が多かった。しかしそのことに抗議すると、雇用主のベルギー国籍の会社は民兵組織を雇って脅迫し、声を封じ込めた。そのプランテーションにはかつて大きな労働組合があったが、一九六五年の事件により組合員は共産主義者と非難され、軍や民兵により組合は潰され、人々は強制収容所での労働を強いられた。

しかしこれまで加害者たちは何の罪にも問われたことはないばかりか、政府の庇護を受け、被害者たちはいつまた虐殺が起こるかもしれない恐怖に駆られ生活してきた。そして被害者たちはオッペンハイマーにその〝恐怖の源泉〟に関する映画を作って欲しいと懇願する。

こうしてオッペンハイマーは二〇〇三年にインドネシアを再訪し、被害者たちが以前から何度も口にしていたある殺人についての取材を開始した。その犠牲者はラムリという名で、夜中に強制収容所から忽然と消えた多くの犠牲者たちと異なり、彼は何人もの人たちが目撃する中で公然と殺害され、殺害者たちは死体を彼の両親の家に近いプランテーションのそばへ置き去りにした。プランテーションの労働者たちはラムリの家族を探し出し、オッペンハイマーへ紹介する。アディの家だった。アディ一家は当局から「政治的に清潔でない」とされ、軍部からの圧力で貧困生活を強いられ、癒しがたいトラウマに悩まされ続けていた。しかし虐殺が終わってから生まれたアディは自ら声を上げ、立ち向かおうとし、映画がその踏み台となった。

恐怖と嘘の上に長い時間をかけ日常を築きあげてゆくとどうなるのかを暴いた「アクト・オブ・キリング」と、そうした日常において加害者の立場で暮らすとはどういうことなのかを探究した「ルック・オブ・サイレンス」は、見ている時、見終わった時、そして見終わって何日も過ぎた時、その時々に応じ感想が異なり印象も深くなってゆく不思議な映画である。殺すことと殺されることを演ずる「アクト・オブ・キリング」と、沈黙と静寂に浸る「ルック・オブ・サイレンス」という対照的な二作だが、両者は深く混じり合い、一本の映画のようになる。その一本になった映画は各シーンが様々な形でぶつかり合い、思いもかけない火花を散らす。

今は好々爺となり二人の孫と戯れるアンワルには消えることのない苦い記憶があった。アンワルは鉈で一人の男の首を断ち落としたが、頭だけになったその男の眼が開いたままで、その眼を閉じて来なかったことを帰り道に考えていた。それからずっとその閉じて来なかった眼にいつも見られ続けている気がする。そのことを想い出すと喉の奥から、言いようのないものが這い上がり、心を激しく掻き乱す。

いつのまにか撮影するカメラがその男の眼になっていた。カメラに見つめられることで想起のメカニズムが作動し始める。カメラの存在が無かったら、男の眼を閉じて来なかったことなど、とうの昔に忘れていただろう。想い出さなかったことや想い出せなかったことが走馬灯のように駆け回る。

「俺たちはずっと世界の終わりに生きてきた。そのことが今になるとよくわかる」

アンワルはそう言った。その闇は恐ろしい。儀礼が遠い過去を現在へ迫真的な現実として逆流させるように、映画はカメラを介した儀礼となり、特別な力の場を現出させる。[3]

アンワルたちはずっと世界の縁すれすれを生きてきたのだが、その縁を無いものとして生きてきた。「アクト・オブ・キルング」と「ルック・オブ・サイレンス」はその見えない縁の向こうの闇の奥へ原色の光を投げかける。

(1) ジョシュア・オッペンハイマーの「アクト・オブ・キリング」と「ルック・オブ・サイレンス」は、ヴェルナー・ヘルツォークとエロール・モリスの製作総指揮の下につくられている。文中の言葉はすべてこの作品から採られている。

(2) ジョシュア・オッペンハイマー:伊藤俊治対談「この映画は私たち自身を映す鏡なのです/ルック・オブ・サイレンス」、「キネマ旬報」二〇一四年四月上旬号、キネマ旬報社。

(3) 伊藤俊治「アクト・オブ・キリング/闇の奥へ」、「キネマ旬報」二〇一三年三月上旬号、キネマ旬報社。

〝陶酔の真実〟を求めて

――ヴェルナー・ヘルツォークの不思議な旅

1. 火山への突入

ヴェルナー・ヘルツォークは自分が半世紀近くにわたって追求してきたのは「陶酔の真実《エクスタティック・トゥルース》」だと言ったことがある。陶酔状態でのみ感知できる真実の次元こそが探り続けてきたことであり、映画はその陶酔の真実の場に他ならない。

一九七六年、ヘルツォークは危険に満ちた撮影旅行を決行し、「ラ・スフリエール／起こらざる天災の記録　避けられない惨劇を待ち続ける」（一九七七）を完成させた。カリブ海に点在する島の一つであるガダルーペ島のラ・スフリエール火山を訪ねるドキュメンタリーである。「ラ・スフリエール」は「硫黄の穴」という意味の仏語であり、火口から硫黄のマグマや噴煙が絶えない。

一九七六年八月、ガダルーペ島のラ・スフリエール火山の大噴火の兆候が濃厚になり、原爆一〇個分とされる破壊的な大爆発が予想され、七万五千人の全島民が島から避難した。何人かの島民だけが退却を拒み、島に残っているという新聞記事を読んだヘルツォークは、居ても立っても居られず、新たなドキュメンタリーの可能性を探るべく二人のカメラマンとガダルーペ島へ出かけることを決心した。一つの島というより一つの世界が一掃される現場を、残った島民たちと見届け記録したいと切望したのだ。「避けられない惨劇を待ち続ける」というサブタイトルはその初発のアイデアからつけられたものである。

ヘルツォーク一行は住民が完全にいなくなった火山の麓の町パテルへ突入し、死に絶えたような誰も居ない街路を延々と撮影していった。世界の終わりを告げる、爆発寸前の火山という途方も無いエネルギーを孕んだ怪物が、ゴーストタウン化した町の遥か彼方の噴煙に霞んで見える。

漁船が消えた港、誰も居ない広場、信号機がまだ点滅する十字路、路上に置き去りにされたハイヒール、マルボロの赤いパッケージ、テレビはつけっぱなしで、半ドアの冷蔵庫から光が漏れている。雨でボロのようになった段ボールや道端に散る鼠や鳥の死骸、壊れた玄関ドアが風に煽られ、ショー・ウィンドウは割れ粉々になっている。ポタポタと水滴の垂れる音が聞こえ、犬や豚が路地をさまよう。ヘルツォークは自らのナレーションでSF小説の世界のように不気味だと語るが、その言葉はパテルの街をたちまち終末の光景へ変貌させてゆく。

けれどもこうした光景は美しい。廃墟化してゆく風景の美ではなく、人間を喪失した物の佇まいは特別な心情を強く喚起する。海岸線に繰り返し打ち寄せる波に燦めく陽射し、本能的に危険を察知した数万匹の蛇の群れが原生林から這い出し海へ突入し、その死骸で岸辺が埋まった話も心に染みる。何もかもが洗い流され、空になり、無に帰してゆく風景はどこか心を魅かれる。

ヘルツォークはヘリコプターからの空撮も敢行した。ラ・スフリエールの山肌の滑らかな細部と

〝硫黄の穴〟から舞い上がる噴煙が生き物のように空から捉えられる。火口がパックリと開き、そこから音をたてて激しく立ち昇る硫黄の蒸気がたなびく。その緊迫した状況下をヘルツォークたちは麓の町から火山の方へ登っていった。

2．宙吊りのカタストロフィ

島を去ることを拒み、死の危険と向き合うことを決意した島民と出会い、危険すぎると警告されながら噴煙の奥の未知の惨劇へ魅せられ、ヘルツォーク一行はカルデラ近くまで踏み込んでいった。しかしいつまで待っても噴火は起きない。結局、火山の大噴火は起きることはなかった。「こうしてすべてはまったく滑稽な徒労に終わってしまった」とヘルツォークは語る。

「ラ・スフリエール／起こらざる天災の記録　避けられない惨劇を待ち続ける」は火山の爆発によるカタストロフィという異常な出来事のドキュメンタリーだが、爆発は起らず、その結果、映画は意図しない茶番劇なった。私たちが目撃するのは、噴火の不発で肩透かしを食い呆然とするヘルツォークの視線であり、緊張と興奮で声をうわずらせながら現地報告していた彼の哀れな姿である。

爆発が宙に浮いた結果、私たちはこの映画へ向けられていたヘルツォークの純粋で愚直な姿勢を突きつけられる。あるいはヘルツォークの眼差しの奥の、死や破壊への熱望が露わになる。人の言うがままには決してなろうとしない、じゃじゃ馬のような現実にヘルツォークは叩きのめされ、そのロマン主義的な心情がアキレス腱となり挫折を余儀なくされてしまう。

世界が崩壊し、没落し、一掃されてしまうことへの言い知れぬ陶酔の志向を、現実は引き受けようとしなかった。そのためヘルツォークの性《さが》や業《ごう》が明らかになる。ヘルツォークと世界の関わり方には避けがたいジレンマが生まれるが、そのジレンマとの格闘が無ければ映画のリアリティはまったく無くなってしまっただろう。「そこには挫折したドンキホーテのような滑稽なペーソスが滲む」とヘルツォークは素直に告白する。

皮肉なことにその三年後の一九七九年四月十五日付の新聞がラ・スフリエール火山の大爆発を告げる。

「現地当局はラ・スフリエール火山周辺一五キロ圏の住民一万七千人の安全を心配し、島内の道路は家財道具を持てるだけ持って逃げ回る島民で大混乱している。この大爆発の予兆はまったく無く、専門家たちもひどく驚いている。トリニダード・トバコ西インド大学の地震学者ウィリアム・アスピノール教授は、ラ・スフリエール火山は世界で最もたちの悪い火山の一つであり、本格的な大噴火が起これば島全体が崩壊する大惨事となることは間違いないと指摘している[1]」

ヴェルナー・ヘルツォーク「ラ・スフリエール／起こらざる天災の記録　避けられない惨劇を待ち続ける」

前兆が明確にあった三年前には爆発することはなく、爆発した時に前兆はなかった。ヘルツォークは大きく振り回され続けた。しかしそれが私たちが現実と呼ぶものである。

映画に印象深いシーンがあった。ヘルツォークは島に残った農民がどのような死への姿勢を持つか聞いてみたいと思い、大樹の根元で猫と昼寝をする老人にインタビューする。男は猫と戯れながら丁寧に言葉を選ぶように語る。

「わしは死を待っている。動物の世話もしなくてはならない。死を待っている。何も持たず、神のような暮らしだ。何も恐ろしくなく、不安はない。死も生も永遠もない。皆をお召しだ。ここを逃れてどこへ行くのか。どうしようもない。わしらには手に負えないことだから」

老人の瞳は潤み、懐かしい笑顔に変わり、声が風に紛れていった。

3. 新たな知覚の方法

暗闇を這うようにゆくとその果てに想像したことのない目も眩むような動物園があった。緑を背景に原色の花々が咲き乱れる植物園や、無数の虫や蝶が翅を震わせ乱舞する昆虫館や、時間と物が堆積する静寂に包まれた博物館が闇の向こうに控え、入り込む者たちを陶酔と忘我の世界へ誘う。人はそこでは単なる傍観者であることを許されない。何かで防御された存在ではありえず、檻や窓は取り払われ、解き放たれる場。今まで生きてきた場を引き換えにしなければならない状況に立ち会わされる。

言葉や記号に介されることのない、物が物として直接ぶつかってくる世界だ。そこでは人もまた動物園や植物園や博物館を構成する要素の一つでしかない。物と時と人が溶け合い、躍動感のある奇妙な宇宙が形作られている。生きていることが急速な求心力により原点へ引き戻されてゆく。

ヘルツォークの映画はそうした世界への扉である。事物の世界に辿り着くための、屈折しながら落ちてゆく洞穴だ。ローレンス・オトゥールが「映画作家ヘルツォークの偉大なる陶酔」で定義するように、ヘルツォーク映画は閉塞的な現実を推し進めたわれわれの日常から訣別し、新たな知覚を模索する「再突入映画」である。(2)

ヘルツォークが小人や盲人や飛びすぎるスキージャンパー、いつ爆発するとも知れぬ火山の麓で昼寝する老人やアル中のアコーディオン弾き、吸血鬼ノスフェラトゥや都市にひょいと現れた裸足の少年らを描き続けたのは、原体験を失効させ宇宙の摂理からはみ出した人間を映画で逆照射し、登場人物の考えや生活の仕方を梃子に中心へ再突入しようとしたためである。中心から遊離した人間たちにとって、彼らはまだ根元に残る人々であり、自然状態にある存在だ。

彼らは中心に最も近い位置にいる人間たちであるが故に、物や時と緊密にバランスを取り、現代から逸脱し続ける。孤独の極限にあり、孤独の極限を超えながら、自己の肉体や精神に刻まれたものを見失うことはない。私たちは既に中心から遠ざけられ、日常空間の中で奇妙なリズムの反復を強いられるが、彼らは常に世界と共にあり、厳しく刺すような旅を全うしようとしている。

4．闇と沈黙の王国

「まだ見えるわ。畑を横切る畦道が。青い空を雲がとても速く流れていった。目も見えて、耳も聞こえていた子供の頃、スキーのジャンプ競技を見に行った。あの美しいジャンパーの姿はいつまでも心に蘇ってくる。空を飛ぶ時の顔の表情まではっきり覚えてる。あなたにも見せてあげられたらねぇ」

一九七一年にヘルツォークが制作した「闇と沈黙の国」で、十代に視力も聴力も失った主人公フィニ・ストラウビンガーが少女時代の残像を思い起こしながらそう語る。老婆の記憶は深く刻み込まれた版画のように鮮やかだ。

「私はお転婆で、よくお仕置きされた。父は三三歳で死んだの。私が六歳だった。いつのまにか一人で勝手に遊ぶ癖がついてしまい、ある日、階段から真っ逆さまに落ち、背中と後頭部を酷く打ってしまった。ドスンと大きな音がするほど。大丈夫よ、だからママには内緒にしておいてと言って、這うように家に戻った。酷いショックで、ママに叱られないように祈りました。それ以来、頭痛と吐き気が続いた。お医者さんは成長期のせいだろうと診断したけど。学校では字の行が曲がってると何度も注意され、突然、行列が見えなくなった。大好きだった編物もできなくなった。目が見えないのね、と先生に聞かれたわ」

フィニの目はそれから段々と悪化し、一五歳の時に全盲となる。寝たきりの生活が長く続き、一八歳で難聴になった。初めは雑音が聞こえ、やがて何も聞こえなくなる。

「何故、返事をしないのと叱られるようになり、左右交互に聞こえなくなったり、耳は遠くなるばかりでした。宗教に救いを求めました。孤独は恐ろしすぎた。見舞う人もいなくなり、母だけが相手でした。静かに耳を澄まし、自分に言い聞かせました。なんとか生きようと。寝たままで三〇年よ。離床できそうになる度にまた動けなくなってしまう。何度もそんな状態が繰り返された。体がおかしくなり、痛み止めのモルヒネも辞め、辛さを我慢した。聾って、聞こえないことじゃなくて、頭の中に絶えず砂の流れている音がするの。雑音が混じり、気が狂うほど辛くなる。それでいつも苛々してしまう」

盲目も完全な闇ではなく、色々な色調が流れるという。黒、緑、黄、橙、赤……様々に変わってゆく。ようやくベッドを離れることができるようになり、フィニは最初に盲人用の動物剥製室に連れて行かれた。

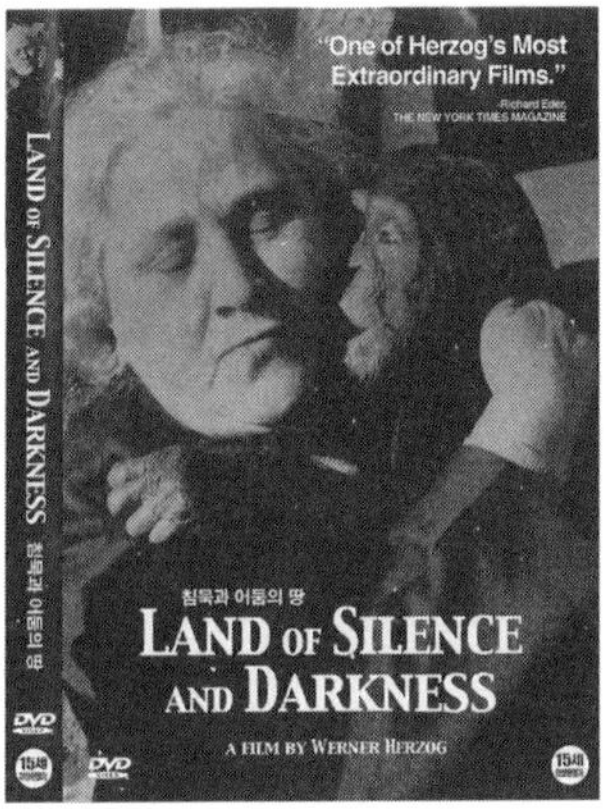

ヴェルナー・ヘルツォーク
「小人の饗宴」

ヴェルナー・ヘルツォーク
「小人の饗宴」

「一口鹿の皮は素敵な感触だったし、十二又角鹿の頭もあったわ。口が大きく裂けててね。首のところまでよ。驚いちゃった。跳んでる形のままのウサギの剝製も。ネズミの口に触れた時はぞっとしたわ。キツツキ、アカゲラ、嘴がとても長くて面白いの。孔雀の羽にも触った。あの七色の輝きが見えればねぇ」

「闇と沈黙の国」のラストは、三五歳で全盲になり、やがて読み書きを忘れ、社会から追放され、動物だけを愛し、家畜と寝て暮らしてきた五一歳のハインリッヒ・フライシュケンの身振りで締めくくられる。

ベンチで来訪者フィニと話し込む付き添いの老母から離れ、一人で老人ホームの庭をさまようハインリッヒの姿をカメラは追ってゆく。晩秋の冷たい風が吹き抜ける庭を彼は全身の感覚を込めるように手探りで辿ってゆく。すると突然、行く手を木の枝が遮った。それが何であるのかをなんとか感じようと彼はもがく。私たちとは異なるソースから感覚を掘り起こし、事態を確認し、状況を吸収し、とうとう熱い興奮と共に何かに思いあたる。そこにこんな言葉が添えられた。

「今、戦争が起こったとしても私は気づかないだろう」

「闇と沈黙の国」を見て感じるのは、忘れていた人間存在の不思議さへの驚きであり、感覚の秘密への関心であり、物のあり様の複雑さである。その瞬間に何か言いようのない陶酔の扉が開かれる。沈黙に耐えていたことがあるだろうか。闇の底に浸っていたことはあるのか。痛みや畏れの感情を失い、人であり続けることはできるのか。感覚が麻痺しているのではないか。精神の技術が偏った方向に向かっているのではないか……様々な思いが湧き上がる。ヘルツォークの映画はそうした知覚の核心へ向かう道のりを定着させようとした。

5．覚醒する現実

何十年も昔だがニューヨークのギャラリーで一枚の奇妙な写真を見たことがある。二十世紀初頭のヨーロッパの隔離された整形外科病棟の内部風景だろう。真鍮のパイプベッドに粗末な寝着を纏い、五人の患者が覆いかぶさるように重なり、厳粛な眼差しをカメラへ向けていた。手と足が顎と鼻に溶けた人がいた。二人の頭部が一つに癒着している人がいた。見ていると異次元に引きずり込まれ、生命の源へ落ちてゆく思いに囚われる。「ニュルンベルク年代記」の奇形の挿絵やメムリンクの祭壇画に登場する中世の怪物のような、少年期のトラウマを拡大し、肉体に刻んだような人たちだった。おそらく医学写真や学術資料だったのだが、その周りには天窓から漏れる光が舞い、神々しい雰囲気を醸し出していた。

「小人の饗宴」（一九六九）を初めて見た時のことは忘れることはない。その特別な写真を見た時と同様の感覚が起き、別次元からの思惟がとめどなく湧き上がり、正常な思考を遠くへ追いやった。「小人の饗宴」は、正常な人間が異次元の物の思考をなぞろうとするレッスンである。ここにはトッド・ブラウニングの「フリークス」（一九三二）やデヴィッド・リンチの「エレファントマン」（一九八〇）やフォルカー・シューレンドルフの「ブリキの太鼓」（一九七九）といったフリークスを扱った映画に見られる社会↓非社会、差別↓非差別といった図式は存在しない。敢えて言えば神話のような渾然とした小人たちの世界が起伏を持ち淡々と描かれている。ストーリーらしきものもなく、因果関係は放棄され、場景や形象がひしめき、今にも爆発しそうな不穏な世界を突きつけてくる。

「施設です。何もかもぶち壊しています。包囲されてます」

その叫び声で始まる「小人の饗宴」は良心の戦慄を描き、人間を抉り、映像を劇薬に変える。小人たちの動作が細密画のように克明に描かれる。椅子に縛り付けられたぺぺの発作的で金属的な笑い、壊れたトラックを作動させるテリトリーの蛙の鳴き声のような鳴咽、永遠に続くオンブルの恐ろしい引きつり……見ている者の血流が止められ、鋭利な刃物が当てられ、血が迸る。日常の様々な昂奮で鬱血した循環器を切り裂き、瀉血し、毒や穢れを放出させる。そのまま血が固まらず流れ尽きてしまうかもしれないが、うまくいけば新たな存在に生まれ変わる眠りにつけるかもしれない。ヘルツォークは現実意識を覚醒させ、その契機を作ろうとする。

6．引き伸ばされた神話

「小人の饗宴」は無数の鮮烈なイメージで構成されたシネ・モザイクである。悪魔崇拝、闘鶏、地獄巡り、猿の背負う十字架、錬金術、ラクダの不安体操、疥癬病みの鳥たちの自死、カニバリズム、地図の夢、反乱伝説、神降ろし、白魔術、孤絶植物、盲目の双子姉妹、火祭り、死の舞踏、天国注射、円環ドライブ……グリム童話を思わせる回帰構造を持つ寓話世界へ鋭いイメージの結晶が散りばめられる時、映像は思いがけないエネルギーを孕んで膨らみ始める。
それは映像メディアがなしうる最も有効な現実との拮抗の方法と言えるだろう。彼岸に現出していたはずの神話が、現実の苛酷さを携え、現代に突出してくる。解釈を拒み、終末を暗示し、見る者の内面の意識を夢の世界へ変える。

ヘルツォークは汚れた地層を掻きだして地下水を探り当て、自己の深層を流れる超個人的な価値観を選り分け、神話の星空に打ち上げようとした。

椅子を楽器のように鳴らす二重顎のペペや壊れたロボットのように頭を上下させる黒衣のオンブル、暴れ狂う鶏を取り押さえ喚くテクレッツや円環ドライブを仕掛けるテリトリーらは、現実が神話と二重写しになり創造されたメタキャラクターだ。ヘルツォークの世界はそれゆえ現実世界でも神話世界でもなく、その両方であり、その中間である。

ヘルツォークは物の原初の姿を見たいと願い、存在を動かす根幹の様を描きだす。現代史との関わりを慎重に吟味しながら、歴史を突き抜け神話へ至る過程を探ろうとする。そうした姿勢から人間の新しい価値や中心へ至る突破口を希求するのだ。ここでの時間は過去の時間でも未来の時間でもないが、かといって永劫回帰の時間でもない。そこは時間の外であり、生まれ出ようとする時間といっていいだろう。「小人の饗宴」には、ヘルツォークの時間形式が最も端的に表されていた。

そうした時間を貫くようにヘルツォークの映画には時間が止まったような風景が挟み込まれ、滅びの気配を巻き込みながら独特のリズムを生んでゆく。「小人の饗宴」では監禁施設の向こうに活火山を控えたかのような熔岩と石灰の丘陵が広がり、中世のネーデルランド絵画のような崖っぷちの棕櫚の木や空に溶け起伏する台地の光景は印象深い。「シュトロツェックの不思議な旅」（一九七七）でなけなしの希望を抱えベルリンからアメリカへやってきたアル中と娼婦と年金老人のトリオが西部へ向かう途中、車窓を駆け抜ける夕暮れに染まる海底のようなハイウェイ・スケープ。あるいは「跳躍の孤独と恍惚」（一九七四）で世界最長距離ジャンパーのヴァルター・シュタイナーが先鋭な線となり、ジャンプ台を跳躍する直後のシーン、シュタイナー自身の言葉を借りるなら「逃げてゆく形を取り込み、すべての力を一瞬に捉える大きな緊張に輝く時」の、眼下に何万という観衆を従え、自分を過ぎ去ってゆく木々や白いスロープや空や鳥の残影の揺らめき、そして何より「ラ・スフリエール／起こらざる天災の記録　避けられない惨劇を待ち続ける」で火山爆発の予兆により島民が逃げ出し廃墟と化したガダルーペ島の空っぽになった様相……様々な風景が厳格な時間構造の虚を突くかのように多彩に挿入されてゆく。

7. ヴィジョンの根源的無垢

大地との繋がりを拒否し、人工の荒廃が自然の風景を押し流し、社会は「人間の住む場」を失効させようとしているが、空っぽの都市は人が居ないが故に不思議な輝きを放つ。それは現実世界の中味をそっくり取り除き、その型だけを残した世界と言える。

　風景は自然と人間が結びつく界面である。私たちはその人の居ない風景に接し、いかに自分たちが汚染されていたかを知る。都市の内実を作っていた人間がどのように猥雑なイメージを風景へばら撒いていたかを感じる。長い間、目隠しされ、ようやく覆いを解かれた少年のように風景の無垢に震えてしまう。ヘルツォークはこうした自然や廃墟の風景を映画に散りばめ、人間の〝原風景〟に固執し、映像によりそれを呼び戻せると考えた。

「僕はヴィジョンの根源的無垢と名付けているものに次第に強迫観念を持つようになっていった。違う星の生物が地球へやってきて、森や畑を初めて見たらどう思うだろうか。どうしたらヴィジョンの純粋さを取り戻せるか。汚され、ボロボロになった私たちのヴィジョンにもう一度、溢れるようなイメージを取り戻さなくてはならない(3)」

ヘルツォークは風景のために人は何もやってこなかったと繰り返す。人は風景を疲労させ、困憊させてきた。そうした文明は生きたイメージを失い、効力ある言葉も無くし、恐竜のように絶滅してゆくだけだと警告する。ヴィム・ヴェンダースが小津安二郎の跡を追ったドキュメンタリー映画

ヴェルナー・ヘルツォーク
「シュトロツェックの
不思議な旅」

ヴェルナー・ヘルツォーク
「跳躍の孤独と恍惚」

「東京画」（一九八五）に突如として現われたヘルツォークは東京タワーの展望台でこう言う。

「地上に残っている映像なんてほとんどない。この傷ついた風景の中からまだ何かを発見しなければならない。それには危険が伴うし、危険には正面から立ち向う。我々の文明の現況と我々の内面の最深部の両方に照応する映像が必要だ[4]」

ヘルツォークが中世の村や森の暗がりに満ちた小宇宙を切望し、影や闇に身を寄せ、新しい原風景へ辿りつこうとしたのも、現代が排除した死のメタファーと共存することが日常を流動化し、社会と生活を緊密に結びつけていたと考えるからだ。ヘルツォークは原風景を保持する人々により現代を断罪しようとした。

インディアンの居留区に逃げ込み自爆する「シュトロツェックの不思議な旅」のブルーノのように、原風景を身体化する人々は、攻撃されやすい体質が引き起こす被加虐性に耐えきれず破滅の道を歩む。しかし破滅は悲劇ではない。それは原風景を抱えたまま運命を全うすることであり、滅びの向こうに次の生命が準備されている。ブルーノが病院の早生児保育室で、カプセルから引き出された生まれたばかりの赤ん坊の手足を握るシーンが象徴的だ。ブルーノは赤ん坊の反応の強さに驚き、慌てて振り離そうとするが、小さな手は恐ろしい力を込めて強くしがみつき離れない。

「跳躍の孤独と恍惚」の最後のジャンプシーンに重なるシュタイナーの言葉も印象的だ。そこには破滅の限界を飛び越え息を飲む自由の瞬間がある。飛び過ぎることの不安を抱え、ゼッケンをはためかせ、肉体の周りに眩いボケができ、スロープ上の点影が消え、目の前が青い薄明から暗闇へ、さらに白く抜けてゆくスローモーションの光景である。

シュタイナーはその時、記憶喪失の忘我状態に陥るという。世界と一体になり、現代空間からできるだけ遠く離れることで不安も苛立ちも霧散してゆく。肉体も魂も溶融し、孤独と超絶の果てに崇高な場所へ限りなく近づくことができる。

「僕はこの世界にたった一人でいるべきなのだ。このシュタイナー一人だけで、他には誰もいない。裸で、岩の上に立って…そうしたらもう決して不安に襲われることはない[5]」

シュタイナーの飛ぶ姿は、映画という領域から飛び続けることで中心へ再突入しようとするヘルツォークの姿であり、それは誇り高き反抗のスタイルとなった。

8．深淵からの鐘の音

ヘルツォークの「深淵からの鐘の音」（一九九三）が撮影されたのは、ロシア連邦が成立してまもない一九九一年のことである。「ロシアの信仰と迷信」という副題のついたこの映画は、ロシアの広大な大地に根付く神秘主義的な精神へのヘルツォーク独自の考察である。

一九九一年以前にロシア連邦はソビエト連邦と呼ばれていた。一九一七年のロシア革命後、一九二二年に共産主義政権のソビエト連邦が誕生し、その独裁下に数多くの悲劇と混乱が繰り返された。さらに第二次世界大戦後はソビエトとアメリカという二大国による冷戦構造が続く。しかし盤石と思われたソビエト連邦も、ベルリンの壁が崩壊した一九八九年以降、雪崩のように崩れ落ちていった。

共産党の独裁崩壊により七〇年以上継続したマルクス・レーニン主義政権は留めを刺されるが、この映画の撮影はそうした混乱の只中であり、結果的にロシアの人々のあてどない魂の行方が写しとめられる。

ロシアと言っても私たちが知るモスクワを中心としたクレムリン体制のことではない。多種多様な人種や民族が住み着くユーラシアの大地の下から、幽かな鐘の音が聞こえてくる。その鐘の音の在り処を探し求める信仰の映画といったほうがいいかもしれない。

映画は大きく二つのパートに分かれる。前半は主としてロシアで信仰治療を行う治療師《ヒーラー》とキリストの生まれ変わりと称する男に焦点をあてたものだ。ヘルツォークは様々な人々にインタビューしながら彼らの話を聞き、要点を絞り、多数の宗教儀礼や伝承の過程に光をあててゆく。

後半はキーチェシュという伝説の都市に関わるものである。この失われた都市伝説はグレゴリィ二世治世下の十三世紀に、モンゴルがロシアに襲来し、略奪を繰り返し、街が壊滅したことに端を発する。危機に瀕した住民たちは祈りを繰り返し、神に救いを求めた。

キーチェシュは中央ロシアのスベトロヤール湖の岸辺にあったとされる幻の町だが、住民たちの祈りの強さを感じた神は町ごと湖の底へ沈め、今なお人々は湖底で暮らしているとされる。この伝承が最初に記されたのは十八世紀後半の作者不詳の書『キーチェシュ年代記』だった。

今もスベトロヤール湖の近くに暮らす人々は、湖からキーチェシュの教会の鐘が朝から聞こえてくると証言する。この鐘の音を聞こうと多くの人々が湖に巡礼にやってくる。つまり信仰心の厚い住民たちや伝承を信じ各地からやってくる巡礼者たちにより、キーチェシュ伝説は比較的最近に形成されたことがわかる。

ヘルツォークはこのロシアの信仰に関するドキュメンタリーでやらせを行なった。というより映画の中でこのキーチェシュの言い伝えに脚色を加えた。自らのナレーションで彼はこのやらせを素直に告白する。

「私は凍りついた湖上で巡礼者が這いつくばり、失われた町の面影や鐘の音を呼び寄せようとしているシーンが欲しかった。しかし私たちが行った時に巡礼者はいず、仕方なく二人の呑んだくれを雇い、彼らを湖の氷上へ追いやった。そのうちの一人は顔を氷面に付け、じっと鐘の音を聞きながら瞑想をしているかのようだった。実際は男は酔いつぶれ眠り込んでいるだけだった。そのシーンを撮影し終わると私たちはその男を起こし、湖上から二人掛かりで運びださねばならなかった」

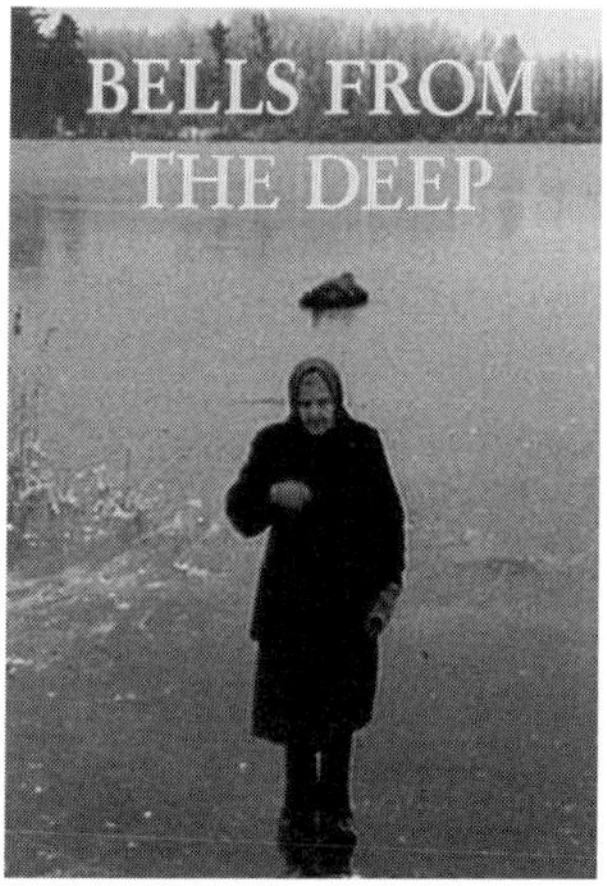

ヴェルナー・ヘルツォーク
「深淵からの鐘の音」

ヘルツォークは真実に近づくために作り物であることを拒もうとしない。

彼はこのシーンがロシアの運命と魂を他のどんなシーンより雄弁に物語っていると信じている。

ヘルツォークは映画で〝陶酔の真実〟という概念を打ち出した。陶酔状態によって辿り着ける真実があり、映画は歴史的記述であるより詩そのものだという表明である。人間の内奥の光景を目に見えるものにすることがヘルツォークの役割だった。深い洞察に導かれた〝陶酔の真実〟こそが映画が示すべきものであり、リアルとかフィクションとかを超えた「真実のより深い層」を明るみに出し、私たち自身の内面のイメージを開示することが大切だと彼は考える。

9. シネマ・ヴェリテを超えて

ヘルツォークはフランスの映像人類学の先駆者ジャン・ルーシュらが表明した〝シネマ・ヴェリテ（映画の真実）〟という考えに反対の意を示した。シネマ・ヴェリテは人類学的な記録映画制作において、作り手の存在が映画のフレームからあらかじめ締め出されているというフィクショナルなトリックを廃し、映画の作り手が被写体と関わる行為を記録する手法と言っていい。語源はロシアの記録映画作家ジガ・ヴェルトフが一九二〇年に自作のニュース映画に用いた「キノ・プラウダ」であり、その仏語訳が「シネマ・ヴェリテ」だった。

手持ちカメラや同時録音装置といった新たな機材を駆使し、取材対象に真実を語らせるシネマ・ヴェリテの典型として、ジャン・ルーシュとエドガー・モランの共作「ある夏の記録」（一九六一）が挙げられることが多い。撮影対象にインタビューを行い、その返答や反応を微細に捉えることで通常の映画撮影では現れない真実の姿を明るみに出そうとした映画として知られる。しかし近年では、作為が無いように見せかけるこうした手法の欺瞞性も指摘されるようになった。

「シネマ・ヴェリテの映画作家たちは私に言わせれば、事実という古代の抜け殻のような廃墟で写真を撮りまくるツーリストのようなものだ。彼らはファクト（事実）とトゥルース（真実）を取り違えている」[6]

ヘルツォークのドキュメンタリーは一見してシネマ・ヴェリテらしいリアリズムの気配を含んでいるように見えるが、むしろそれを逆説的に使い、異化効果や混合効果を生み出すよう映画の方向をシフトさせている。

ヘルツォークは半世紀に及ぶ長いキャリアの中で、自分の関心は人間の深い内面の光景であると言い続けてきた。だから映画作家は、ヘルツォーク流の言葉によれば「会計士があてにするような真実」を示してはならない。そうした真実は、外面的真実であり、人類学や歴史学の記録資料として存在するうわべの光景なのだ。

もちろん映画作家はリアリティに対する独自の判断と責任を持ち、それによって行動を起こさねばならない。しかしもっと重要なのはこの可視的な外部の光景がどのようにして埋もれた内面的な光景と共振し、立ち上がってくるのかを示すことである。映画作家はどのように自分をその内面の光景へ入り込ませていったかを独特のスタイルで表出しなくてはならない。

事実や現実を尊重しつつ、事実や現実を操作することで、その外膜を破り、事実や現実の内奥に特別な光をあてることができることを示さなくてはならない。つまり人間に潜む暗闇に一瞬の鋭い光をあてなくてはならない。ヘルツォークはこの闇に光をあてる驚くべき才能を持ち、その闇のレッスンを繰り返してきた。その力は予言的とさえ言っていい。

「私たち自身の内面に沈む曖昧で流動的なイメージを明確にする能力を私は持つ。私はそれらの不確かなものへ鮮明なイメージを与えることができる」

〝陶酔の真実〞とは世界の存在に戦きながら、イメージの群れと対峙し、そのフォルムを示すことである。「深淵からの鐘の音」は見い出し難い真実のゾーンへ辿り着くためにどうしても必要となった演出により、ヘルツォークの映像の意味を表す明示となった。その演出が無ければヘルツォークの意図する真実は明らかにはなることはなかったのである。

10. 〝陶酔の真実〞へ

湖に沈んだキーチェシュの人々はまだ生きていて、湖底の教会で鐘を鳴らし続けている。

「私は事実を撮影した。詩であるような理解や直感のレベルに辿り着くために。〝真実〞を演じてもらい、〝事実〞を撮った。失われた幻の町が最後に存在していた場所がこの湖であることを信じている人々はたくさんいる。呑んだくれが氷上に這いつくばっているシーンはロシアであなたが見ることのできる最も深い真実かもしれない。何故なら一つの国の魂を描くことは既に失われたキーチェシュを密かに探しだそうとするようなものだからだ。私はこの氷上シーンでロシアの運命と魂を描こうとした。そしてロシアの状況を知る多くの人々がこのシーンを最も忘れ難い光景だと言ってくれた。その男が巡礼者ではなく、私が雇った呑んだくれだと打ち明けても彼らはそのシーンがとても愛おしいと言ってくれた。それはその光景が〝エクスタティック・トゥルース（陶酔の真実）〞を捕まえていたからだと思う[7]」

ぶ厚い氷越しに耳を傾ける男のイメージは他界から送られてくる力の媒介のヴィジョンである。湖上は死者と生者が行き交い、交感し、融合する場で、氷はその界面である。それは幻視かもしれないし、ヘルツォークの作り出した物語かもしれない。しかしそれが現実に生きる人々の人生を導く。一九九〇年代のロシアを彷徨う、寄る辺なき人々の心の深淵が幻視という賜物に集約されている。

「理性的な段階をたどる合目的的なプロセスを経てロシアを理解することはできない。ロシアは常識では理解できない国だ。ロシアは今なお独自の形式と構造を持ち続けている。ロシアはそれを信じるしかない(8)」

人間は遠い兆しや弱々しい印を最も強く感じとり、その事態が眼前に現出しているように感じ、それを畏怖し、憧憬する能力を持つ。

人間には誰しもどこかで大切な鐘の音が鳴り響いていることを聞き分ける知覚がある。人には図形のように明確な輪郭を捉える能力と共に、有るか無きか判然としない兆候を感知する能力が備わっているのだ。この認知のシステムが両輪となり、人の情動を動かす。そして実は幽かな兆しを聞き分ける能力のほうが明確な図形を捉える能力以前から人間に備わっていた認知の方法だった。そうでなければ人間はとっくの昔に絶滅していただろう。

もっと重要なのは、この幽かな予兆を聞き取り、遠くのものを感知しようとする感覚が人間に機微や陰影を与え、表情や瞳の輝きをもたらし、感情の奥行きや揺らぎを与えるということである。遠く、幽かに、深く、暗いところから聞こえてくる鐘の音が、人に生の味わい深さをもたらしてくれる。ヘルツォークはその真実を体得していた。その音が魂の深部を震わせていることを映画の初めから知っていたのである。

（1）「ヴェルナー・ヘルツォーク回顧展1983」カタログ収録テキスト（東京ドイツ文化センター／一九八三年）より。

（2）Lawrence Otoole,The Great Ecstacy of Film Maker Herzog, Film Comment, November-December, 1979.

（3）I feel that I am close to the center of thing, Werner Herzog Interview, Film Comment, November-December,1979.

（4）ヴィム・ヴェンダース「東京画」（一九八五）より。

（5）Werner Herzog, Screen Play / Tanam, 1980.

（6）Werner Herzog and Russia's ecstatic truth, Some comments on *Bells from the Deep*: Faith and Superstition in Russia, East European Film Bulletin, March 1, 2013.

（7）同上。

（8）同上。

終わりに

雨を吸った羽根のような樹々が光で青く和らげられ、その隙間から背後のものを揺れ動かす。名も知らぬ花を分けて進むと、緑の奥にさらに羊歯のはびこる蘚苔の壁が姿を現す。陶酔映像を手探りしながら辿り着いたのはそのような厚い壁だった。陶酔の森に閉じ込められ、闇に抱きすくめられながら、映像という無意識に溶けてゆきそうになる。本書はその陶酔映像を巡る旅の軌跡である。

陶酔（ecstasy エクスタシー）は人間存在の根本をなす位相であり、始源的な現象へ誘う。私たちは陶酔により、現実世界を裏で織りなす別の秩序に目覚めさせられる。感情の燃焼や精神の高揚を通し、神秘的なヴィジョンを垣間見せられる。

人はまたエクスタシー体験により、底知れない真実の深みを覗き見る。この現実世界ではないものに制御され、あらゆるものが自己に流れ込み、同時にあらゆるものが自分から溢れ出てゆく。陶酔の最中で人は従来の自己の枠組みを超えた多元的なモデルを実装せざるをえなくなってしまう。陶酔映像はそうした精神を召喚する引き金でもあった。陶酔により人は定まったコードを強制される思考回路を外れ、選択肢が入り組む回路を開き、眼前の現実という界面をすり抜け、別の現実に近づいてゆく。生を一度、ランダムな状態に戻すことによってしか私たちの深い生は開かれないのかもしれない。

陶酔映像を辿ってゆくと、あらためてその流れが特別な性質を持つことに気づく。それらの映像は陶酔の核心を隠しながら進行するということだ。しかし隠蔽されながらもその核心は感じることができる。夜の森の奥の漆黒の影の間にちらつく赤い松明のように、その核心は揺らめき、深い余韻をたなびかせる。

陶酔映像は見る者に閃光を浴びせ、魂を変色させる。その体験も一筋の光跡となり、消え去ることはない。私たちは陶酔のドラムをバネにどのような叫びをあげることができるのだろうか。そんなことを思いながらこの本は書き進められた。

本書の刊行にあたっては、「キネマ旬報」連載や特集の担当だったキネマ旬報社の平嶋洋一さんに大変お世話になった。また「ユリイカ」等で多くの執筆の機会を与えていただき、一冊の本にまとめてもらった青土社の西館一郎さんには格別の励ましや助言をいただいた。この場を借りて深く感謝したい。

二〇二〇年　四月

伊藤俊治

初出一覧

1

映画の未来の陶酔のために　書き下ろし
逃げ去る映画／新しい記憶　「ユリイカ」一九八三年五月号
光と瞬間の奇跡　書き下ろし

2

オリンピアの身体　書き下ろし
身体、影の詰まった袋　「ユリイカ」一九八二年六月号
肉体の抑圧と再帰する性の欲望　「キネマ旬報」二〇一二年一一月上旬号

3

陶酔する映像　伊藤俊治・港千尋編『映像人類学の冒険』(せりか書房) 所収、一九九九年七月
感覚民族誌と世界霊　「キネマ旬報」二〇一四年八月下旬号
シネトランスの彼方へ　『ジャン・ルーシュ』(森話社) 所収、二〇一九年一〇月

4

転生と精霊　『アピチャッポン・ウィーラセタクン』(フィルムアート社) 所収、二〇一六年一二月

イメージの山へ　『フィオナ・タン――アセント［和テクスト］』（IZU PHOTO MUSEUM）所収、
二〇一六年七月
旋回する想起　書き下ろし

5
夜汽車のメタモルフォーゼ　「ユリイカ」一九八一年六月号
サイレント・デスマスク　「ユリイカ」二〇一三年一一月増刊号
閃光／記憶と忘却　書き下ろし
〝陶酔の真実〟を求めて　書き下ろし

（収録にあたっては、各編に大幅な加筆と訂正を施した）

陶 酔 映 像 論

2020 年 6 月 10 日　第 1 刷印刷
2020 年 6 月 20 日　第 1 刷発行

著者——伊藤俊治

発行人——清水一人
発行所——青土社
東京都千代田区神田神保町 1 − 29　市瀬ビル　〒 101-0051
電話　03-3291-9831（編集）、03-3294-7829（営業）
振替　00190-7-192955

組版——フレックスアート
印刷・製本——シナノ印刷

装幀——鈴木一誌

ISBN978-4-7917-7281-0　　Printed in Japan